W0257877

X.media.press

Thorsten Stocksmeier

Business-Webdesign

Benutzerfreundlichkeit, Konzeptionierung, Technik, Wartung

Mit 28 Abbildungen

 Springer

Thorsten Stocksmeier

Holztwete 15
32657 Lemgo
autor@business-webdesign.net
http://www.business-webdesign.net

ISBN 978-3-642-62697-5   ISBN 978-3-642-56204-4 (eBook)
DOI 10.1007/978-3-642-56204-4

Die Deutsche Bibliothek – CIP-Einheitsaufnahme
Stocksmeier, Thorsten: Business-Webdesign: Benutzerfreundlichkeit,
Konzeptionierung, Technik, Wartung/Thorsten Stocksmeier.
Berlin; Heidelberg; New York; Barcelona; Hongkong; London; Mailand;
Paris; Tokio: Springer, 2002
(X.media.press)

Umschlaggestaltung: KünkelLopka, Heidelberg
Satz: Belichtungsfertige Daten vom Autor
Gedruckt auf säurefreiem Papier   SPIN: 10848117   33/3142   543210

Erfolg hat, was einfach ist

Wenn man sich die Geschichte der Technologie anschaut und dabei die erfolgreichen Beispiele herausgreift, so spielt ein Thema eine zentrale Rolle: die Handhabung. Je einfacher ein Produkt oder Dienst zu benutzen ist, desto lieber wird er auch wieder eingesetzt. Eine einfache und intuitive Bedienung setzt geringe Vorkenntnisse voraus und somit die Schwelle für die Anwender herunter, die Sache zu benutzen.

Wer kennt das nicht? Blinkende Videorekorder und Autoradios, deren Uhren nicht eingestellt werden, weil niemand mehr weiß, wie das geht. Solche Produkte sind ein Albtraum, weil sie nicht einfach zu bedienen sind. Trotzdem haben sie sich zum Teil durchgesetzt, weil es keine Alternative gab. In Bereichen, wo es sie gab, sind Produkte mit dieser Art von Benutzerführung komplett verschwunden. Gibt es heute beispielsweise Mobiltelefone, die *nicht* quasi selbsterklärend sind? Vor fünf Jahren war die Benutzung noch ein Albtraum, wenn das Handbuch nicht griffbereit war.

Seit Anfang der neunziger Jahre wurde nun eine neue Welt um uns herum aufgebaut: der Cyberspace, in dem sich immer mehr Menschen tummeln und erfolgreich sein wollen. Obwohl man anfangs davon ausging, dass mit dem Internet alles anders wird, hat sich in der Zwischenzeit herausgestellt, dass das Internet zwar ein anderes Medium als die bisherigen ist, aber sehr viele Regeln aus der realen Welt weiterhin gelten. Besonders, wenn es um Geschäftsmodelle geht, sind viele Firmen dem Irrglauben aufgesessen, dass man im Internet völlig anders vorgehen kann als im normalen Geschäftsalltag. Daher kann man in der Regel sagen, dass das, was für die physikalische Welt gilt, auch für den Cyberspace richtig ist.

Unter anderem gilt die Prämisse, dass ein einfaches, aber effektives Design auch und besonders im Internet eine wichtige Rolle spielt, wenn ein Auftritt Erfolg haben soll. Darum geht es in diesem Buch: mittels einfacher Regeln eine Website zu erstellen, deren Prozesse sich von selbst erklären, und deren System dem Benutzer stupide Arbeit abnimmt, wie zum Beispiel die regelmäßige Eingabe von Kundendaten.

Einfaches Design bedeutet aber auch, dass die Inhalte und Dienste von einer großen Anzahl von Benutzern erfasst werden können. Nicht gerade förderlich für die Verbreitung von Informationen und Diensten sind deshalb Meldungen wie „Diese Website ist optimiert für Browser XYZ“. Das ist genauso sinnvoll, wie etwa eine Zeitung nur für Rechtshänder anzubieten und es den Linkshändern explizit zu verbieten, diese Zeitung zu lesen, obwohl sie dazu technisch in der Lage wären.

In der Zwischenzeit hat sich auch die Erkenntnis durchgesetzt, dass nicht jeder Mensch einen PC mit Internet-Verbindung benutzen wird. Alternative internetfähige Geräte werden deshalb immer wichtiger: Mobiltelefone, Fernseher, Kioske und sogar Kühlschränke sind bereits an das Internet angeschlossen. Da diese Geräte unterschiedliche Ausstattungsmerkmale besitzen, kann man Informationen und Dienste im Internet vernünftigerweise gar nicht mit dem Siegel „Optimiert für Browser XYZ“ versehen. Möchte man einen größeren Kundenkreis ansprechen, so muss man diese alternativen Anzeigemöglichkeiten einplanen. Die korrekte Darstellung der Informationen kann man dann allerdings nur gewährleisten, wenn die eigentlichen Daten vom Layout strikt getrennt werden. So kann die Ausgabe an das Gerät angepasst werden.

Wer nun glaubt, dass gutes Webdesign nur anhand von Farben und Grafiken bestimmt werden kann, liegt falsch. Gutes Design wird bereits durch die DIN-EN-ISO 9241 beschrieben, in der es heißt: „Gutes Design basiert auf den folgenden Grundsätzen:

Aufgabenangemessenheit, Selbstbeschreibungsfähigkeit, Steuerbarkeit, Erwartungskonformität, Fehlertoleranz, Individualisierbarkeit und Lernförderlichkeit." Nur ein Teil ist durch das Visuelle wirklich abdeckbar. Klare Prozesse sind mindestens genauso wichtig wie eine gut gegliederte Internetseite. Sie bilden die Basis für eine klar strukturierte Website.

Thorsten Stocksmeier hat sich nun mit dem vorliegenden Buch die Aufgabe gestellt, die Welt ein wenig einfacher zu machen, indem er die Grundlagen für gutes Web-Design zeigt. Dabei erklärt er nicht nur die grundlegenden Elemente, sondern reichert das Grundthema mit interessanten Ausflügen an, die das Verständnis des Gesamtprozesses vereinfachen. Er schafft den schwierigen Spagat, komplexe Sachverhalte durch einfache Erklärungen verständlich zu machen. Durch gutes Design können die Produktivität erhöht, der Stresslevel auf niedrigem Niveau gehalten und die Umsätze gesteigert werden.

Ich wünsche Ihnen nun viel Spaß beim Lesen und Entwickeln neuer und noch besserer E-Business-Websites.

Stuttgart, 24. Oktober 2001
Daniel Amor (`danny@ebusinessrevolution.com`)

Daniel Amor arbeitet als Chief Technologist E-Commerce bei der E-Solutions Division von Hewlett-Packard in Böblingen. Dort berät er mittlere und große Unternehmen in Europa und im Nahen Osten bei der Konzeption und Umsetzung von E-Business-Lösungen. Er hat drei Bücher zum Thema Internet veröffentlicht:

- The E-Business (R)Evolution, Prentice Hall, New York, 1999
  `http://www.ebusinessrevolution.com/`

- Dynamic Commerce, Galileo-Press, Bonn, 2000
  `http://www.dynamiccommerce.org/`

- Internet Future Strategies, Prentice Hall, New York, 2001
  `http://www.internetfuturestrategies.com/`

Inhaltsverzeichnis

1. Einleitung

Als das Experiment ARPANET, das spätere Internet, 1969 an zwei amerikanischen Universitäten aus der Taufe gehoben wurde, konnte sich noch niemand vorstellen, dass dieses Experiment einmal Zeitung, Fernseher, Flugblatt, Brief und Schallplattenspieler ersetzen könnte. Es musste geradezu verrückt erscheinen, dass es Menschen in allen Ländern praktisch ohne Zeitverlust verbinden, die Arbeit in der modernen Gesellschaft revolutionieren und politische Systeme untergraben könnte.

Mit diesem Buch verfolge ich zwei unterschiedliche Ziele. Den Neueinsteigern möchte ich erklären, was das Internet überhaupt ist und wozu man es gebrauchen kann — hier sind Führungskräfte, Firmeninhaber und Projektleiter angesprochen, die sich bisher nur beiläufig mit dem Thema beschäftigt haben und von denen nun erwartet wird, dass sie ein „Internet–Projekt" erfolgreich durchführen oder überwachen können. Zwar ist es in diesem Rahmen nicht möglich, diesen Lesern jede Feinheit des großen Gebiets „Internet" zu erläutern, aber die wichtigsten grundsätzlichen Konzepte, die für einen Erfolg dringend verinnerlicht werden sollten, sollen gebührenden Raum erhalten. Dies soll kein weiteres von Fachwörtern und Computerjargon gesprenkeltes Buch werden, mit dem einige andere Autoren ihre Leser quälen. Wenn Fachworte vorkommen, werde ich versuchen, sie so gut wie möglich zu erklären.

Zweites Ziel ist es, den Einsteigern und den „alten Hasen" im Geschäft zu zeigen, wie ein Internet–Auftritt noch besser und gewinnbringender werden kann, und wo sich meistens Optimierungspotenzial versteckt. Ich habe in den letzten Jahren (wie unzählige

Viele Fehler im Internet vermeidbar

andere) tausende, wenn nicht zehntausende, Seiten von diversen Anbietern im weltweiten Internet besucht, und dabei fiel mir auf, dass viele Fehler immer und immer wieder gemacht wurden und werden, obwohl sie sehr einfach zu vermeiden wären. Ebenso merkte ich dabei, dass häufig Möglichkeiten ungenutzt blieben, die große Vorteile gebracht hätten, aber offensichtlich im Erstellungsprozess entweder untergegangen waren oder nie für möglich gehalten wurden. Die Wahrnehmungspsychologie und Arbeitslehre bieten dabei eine Fülle an interessanten und nützlichen Erkenntnissen, wie Bildschirmgeräte (auf solchen wird ja gerade das World Wide Web angezeigt) die beste Benutzbarkeit liefern, doch sieht man dieses Wissen erst sehr selten im Internet umgesetzt.

Ich habe mich entschieden, im gesamten Buch die Perspektive des Auftraggebers eines geschäftlichen Internet–Auftritts zu berücksichtigen, da mir der derzeitige Trend nicht gefällt, den Gestalter eines Internet–Auftritts wie eine goldene Kuh zu verehren, aber den Auftraggeber wie ein Anhängsel zu betrachten. Wenn Sie als Bauherr ein Buch über Hausbau lesen, möchten Sie ja auch nicht gerne dauernd hören, dass nur die Handwerker wichtig sind, und Sie nur ein lästiges Übel.

Ziel ist selbständiges Erstellen von Auftritten

Am Ende des Buches sollen Sie in der Lage sein, Entscheidungsprozesse beim Gestalten von Auftritten im Internet zu verstehen und begleiten zu können. Sie sollen eigenständig beurteilen können, welche Technik und welche Erscheinung die beste für die gewünschte Aufgabenstellung ist. Ich möchte Ihnen das Schicksal ersparen, das der Internetladen boo.com 1999 exemplarisch für viele andere Internet–Auftritte innerhalb kürzester Zeit erfahren hat:

Am Anfang stand die Idee, Luxusmode über das Internet zu verkaufen. Schlecht daran war nur, dass die 135 Millionen Dollar Startkapital (also fast 150.000.000 Euro!) von Wagniskapitalgebern dahin schmolzen wie Vanilleeis in der Sonne[1]. Allein 42 Millionen Dollar wurden für die Werbekampagnen des gerade

---

[1] „Boo! And the 100 Other Dumbest Moments in e–Business History" bei `http://www.ecompany.com/`

erst gegründeten „Dotcoms"[2] ausgegeben, das noch nicht einmal im Internet vertreten war. Man hatte sich so viel Mühe gegeben, gerüchteweise versanken dabei allein tausende Dollar jeden Tag in einen Verkaufs-Avatar, einen Roboter-Verkäufer für den Internet-Auftritt. Doch nur ein kleiner Bruchteil der sowieso schon wenigen Besucher konnte diesen Verkäufer überhaupt jemals benutzen, da der Rest mit (absehbaren) Technikmängeln kämpfte.

Bereits an diesen Zahlen sieht man, dass hier irgend etwas nicht mit rechten Dingen zugehen konnte. — Eine frisch gegründete Firma investiert bereits zu Beginn ihres Bestehens 42.000.000 Dollar für Werbung? Im gerade erst entstandenen Verkaufsmedium Internet Edelkleidung verkaufen? Selbst mit einer Milchmädchenrechnung und optimistischem Blick auf den recht kleinen Kundenkreis dieser Ware konnte man das Ergebnis absehen: Die Firma rauschte im Mai 2000 in eine grandiose Pleite, und das Geld der vorher gehätschelten Kapitalgeber und Aktionäre war ein für allemal verloren. Es war so ziemlich alles schief gelaufen, was schief laufen konnte. Dem „Beispiel" von boo.com folgten noch unzählige andere Firmen der hochgepriesenen „neuen Wirtschaft", und immer wieder war das gleiche Schema zu erkennen:

Dass viele Konzepte in den Zeiten des Internet-Booms einfach nicht funktionieren konnten, war eigentlich glasklar. Da gab es Firmen wie AllAdvantage, die Internetbenutzern Geld bezahlten(!), damit sie im Internet „surften" und sich Werbung zwangsweise ansahen. In kurzer Zeit entstanden viele solche Hinterhofunternehmen mit enormem Geldhunger, die hauptsächlich auf einer Idee gegründet waren — „Warum machen wir nicht dies oder jenes im Internet?" — Und in den Boomjahren reichte das Zauberwort „online" schon fast immer, um viele Millionen Mark Wagniskapital einzustreichen und sich damit eine gigantische Computer- und Personalausstattung zu sichern. Das Motto auch der deutschen Firmengründer war „Profit is for losers", Gewinn ist für Verlierer. Uninteressant war für die Planung, ob das,

Wagniskapital löst viele Probleme nicht

---

[2] Bezeichnung für eine Internet-basierte Firma, benannt nach der derzeitigen kommerziellen Internet Namensendung Punkt „com"

was man machte, überhaupt jemand interessierte, also ob überhaupt eine Kundschaft existierte — Gewinn(planung) war eben nebensächlich. Die Börsenkurse stiegen erst in der amerikanischen Hightech–Börse NASDAQ und später auch auf dem eigens gegründeten deutschen „Neuen Markt" wie Raketen in den Papiergeldhimmel. Als die Firma „VA Linux", die Spezialrechner verkauft, im Oktober 1999 das Ziel vieler Gründer erreichte — den Gang an die Börse *(IPO, initial public offering)* — raste der Kurs schon am ersten Tag von 30 Dollar auf unfassbare 240 Dollar[3]. Eine Steigerung von fast 700%, die wohl einmalig in der Geschichte der NASDAQ bleiben wird und auch demonstriert, was Roger de Weck in einem Artikel in der ZEIT[4] folgerichtig als „Bingo–Börse" bezeichnet hat.

Die Anleger stürzten sich auf alles, was auch nur entfernt mit Computern zu tun hatte, und bei all dem war das Spielerische wichtig und die kindliche Gier plötzlich auch für Studienanfänger erlaubt, die massenweise aus den Hörsälen in die Reichtum versprechenden „Dotcoms" strömten (um nach kurzer Zeit gefeuert zu werden). Substanz war leider selten hinter den Unternehmungen, die oft den Internetauftritt nur als Rechtfertigung ihrer Existenz benutzten und damit das Wagniskapital zum Fließen brachten. Die Pleiten folgten Schlag auf Schlag, und der Kurs von „VA Linux"[5] dümpelt inzwischen (Mitte 2001) um den Wert von etwa drei Dollar, was unter anderem an den verheerenden Verlusten der Firma liegt[6].

Ein Querschnitt durch viele Gebiete

Damit Ihnen solche Fehlschläge nicht passieren, möchte ich Ihnen zeigen, was im Internet zu einem wirklich erfolgreichen Auftritt verhilft. Da es sich um einen Querschnitt durch die sehr unterschiedlichen Bereiche Marketing, Konzeptierung, Ergonomie und Computertechnik handelt, möchte ich Sie auf eine Rundreise durch das Internet mitnehmen. „Grau ist alle Theorie" sagt

---

[3] „VA Linux IPO soars almost 700%"
`http://www.nwfusion.com/news/1999/1210linux.html`
[4] DIE ZEIT 16/2000 — „Managerwahn"
[5] VA Linux besitzt die Wertpapierkennung „LNUX" an der NASDAQ. Inzwischen will man aber aus psychologischen Gründen das ungeliebte „Linux" wieder aus dem Firmennamen entfernen.
[6] `http://www.heise.de/newsticker/data/odi-24.08.01-000/`

man, deshalb werde ich so oft wie möglich nützliche Methoden vorstellen, mit denen Sie die Grundlagen dieser Gebiete auch in die Praxis übertragen können. Die Nutzung des Internets als Kommunikationsmedium ist keine Zauberei, sondern für jeden möglich!

Unsere Reise ist ein Kurztrip. Wir können einfach nicht jedes Gebiet besuchen, die andere Bücher in inzwischen wohl hunderttausenden Seiten behandeln. Die Reiseroute ist bewusst so gewählt, dass besonders die bisher stillen Orte einmal die Beachtung finden, der sie eigentlich bedürfen.

Den Vorwurf, das Buch sei nicht „komplett", akzeptiere ich; ja, ich weise Sie sogar hiermit darauf hin! Die Entwicklung des Internets und seine Auswirkungen auf die Wirtschaft und die Bevölkerung sind ausgesprochen komplex und heute noch gar nicht vollständig abzusehen. Es war keine leichte Aufgabe, aus dem Wust an Informationen die Dinge auszuwählen, die sowohl für Entscheider als auch für Webdesigner von Bedeutung sind. Entsprechend ist die jetzige Auswahl subjektiv, obwohl es oft nicht leicht fiel, Themen auszulassen oder auf eine Randbemerkung zusammenschnurren zu lassen.

Kein Kompendium

Ich hoffe, dass Ihnen unsere Reise gefallen wird und wünsche Ihnen weiterhin viel Erfolg bei Ihren eigenen Projekten! Falls Sie Anregungen oder Kritik haben, teilen Sie mir diese ruhig mit! Sie erreichen mich einfach per EMail unter `autor@ business-webdesign.net`.

Da auch dieses Buch, wie alle anderen, ohne die Hilfe vieler Menschen überhaupt nicht möglich gewesen wäre, möchte ich mich bei allen Beteiligten ganz herzlich bedanken.

Ich danke besonders Dr. Franz Kaiser von der TU-München für seine ausführliche und fachkundige Hilfe. Dr. Kaiser und Bernd Holz auf der Heide gaben mir die Möglichkeit, mich ausführlich in das Thema Ergonomie einzuarbeiten. Markus Illenseer und Daniel Amor haben mir auch dann wertvolle Zeit zugestanden, wenn sie eigentlich gar keine hatten. Sabine Halbfas, Tino Wildenhain, Ralf Deifel, Dr. Thomas Wirth, Alexander Reifinger und Mathias Ortmann gaben mir wichtige Anregungen. Sabine Brauch und Tobias Walter haben es sogar auf dem Weg in den Urlaub in Kauf genommen, mein Manuskript zu lesen und zu verbessern. Bernhard Möllemann war von großer Hilfe und hat mir schon vor Jahren die verborgenen Wunder des Netzes nahe gebracht. Mein Onkel Dr. Holger Schönmann hat mir mit seiner Erfahrung sehr helfen können, chapeau!

Christian Bednarek und Volker Schmidt halfen mir nicht nur sehr beim Satz des Buches, sondern auch in vielen Detailfragen der Ergonomie.

Ein spezieller Dank sei hiermit auch meinem Stammchat #amigager ausgesprochen, dessen Einwohner trotz Dada mit dazu beigetragen haben, dass dieses Buch so werden konnte, wie ich es wollte.

Ganz besonders danke ich Hermann Engesser vom Springer Verlag in Heidelberg, der meinem doch etwas abenteuerlichen Projekt (ein Buch über Webdesign für Nicht-Techniker?!) von Anfang an vertraut und es hervorragend begleitet hat. Dorothea Glaunsinger und Gabriele Fischer, auch vom Springer Verlag, haben ebenso Dank verdient für ihre problemlose Unterstützung. Da noch deutlich mehr mir nicht namentlich bekannte Personen beim Verlag zum Gelingen des Buches beigetragen haben, danke ich auch ihnen sehr.

Herzlichen Dank möchte ich meiner Familie sagen, die mich besonders in der „heißen Phase" der Manuskripterstellung sehr unterstützt hat.

Mein größter Dank gilt meiner Freundin Jessica, die auch dann noch Verständnis hatte, wenn ihr Freund wieder einmal Stunden paralysiert vor dem Bildschirm verbrachte und außer Klickgeräuschen und dem Konsum von Johannisbeerschorle keine weiteren Lebenszeichen aussandte. Sie war es auch, die mir mit vielen der Illustrationen geholfen hat und nie um einen hilfreichen Kommentar zum Text verlegen war.

Ein Dank fehlt noch, aber er ist allgemeiner gehalten als die anderen. Ohne die Pioniere, die das Netz vor über dreißig Jahren aufgebaut haben, und ohne die Nachfolger dieser Wegbereiter, die bis heute für ein weitestgehendes reibungsloses Funktionieren der Infrastruktur sorgen, gäbe es dieses Buch überhaupt nicht. Ohne die Menschen, die das Internet mit wertvollen Inhalten füllen, wäre es für mich nicht möglich gewesen, es zu schreiben. Ich danke allen Menschen, die sich am Internet positiv beteiligen, und in deren Fußstapfen ich gehen konnte.

2. Die Grundlagen

Dies ist der Anfangspunkt unserer Reise. In diesem allerersten Kapitel möchte ich Ihnen erklären, worum es sich beim Internet eigentlich dreht, woher es kommt und wozu man es gebrauchen kann. Zwar gehe ich davon aus, dass ein großer Teil der Leser bereits ausreichend informiert ist, aber erfahrungsgemäß kann ein kurzer Überblick nie schaden und kleine Wissenslücken sehr gut stopfen. Am Ende des Kapitels haben Sie idealerweise verstanden, was das Internet einzigartig in seiner Art zu kommunizieren macht und verstehen, warum es sich lohnt, dieses neue Medium gewinnbringend einzusetzen.

Überblick

2.1 Was ist das Internet?

„Na das weiß doch jedes Kind!" würden auf diese Frage viele antworten, aber ich versichere Ihnen, dass nur wenige Gelegenheitsnutzer wirklich wissen, worum es sich dabei überhaupt handelt. Mitte der Neunziger Jahre war in einer Umfrage zu lesen, dass mehr als die Hälfte der Top-Manager „Internet" für ein Produkt vom Betriebssystem-Quasi-Monopolisten Microsoft hielten. Heute haben fast alle Menschen unter fünfzig Zugang zu einem Computer, der Zugang zum Internet zur Verfügung stellt, um Nachrichten per elektronischer Post *(e-mail)* auszutauschen oder Informationen mit einer Suchmaschine zu finden. Das Internet ist ein Computernetz — eine Platitüde. Was aber ist ein Computernetz? Das ist nicht einmal leicht zu erklären, aber ich werde es jetzt versuchen.

Wenn man heute auf der Straße Menschen nach den Ursprüngen des Internets fragen würde, könnte man in den Antworten vermutlich oft in Ansätzen diese Geschichte herauslesen: Das Internet wurde irgendwann Mitte der Neunziger von der Firma Netscape erfunden, dann von Microsoft aufgekauft und einige Zeit später auch den Privatnutzern zugänglich gemacht.

Aber an dieser (zugegeben, erfundenen) Geschichte ist nichts, aber auch gar nichts dran.

2.1.1 Ein Blick in die Vergangenheit der Computer

Internet hat
eigene
Kultur

Um den Geist und die gewachsene Kultur des Internets zu verstehen und das Netz richtig verwenden zu können, muß man verstehen, woher es wirklich kommt und welche Prinzipien ihm eigen sind. Holen Sie noch einmal tief Luft, denn wir reisen jetzt in der Zeit!

Im Laufe der fünfziger und sechziger Jahre kam man auf die Idee, dass Computer nicht nur schweigende, mit elektronischen Bausteinen gefüllte Kästen oder mannshohe Schränke voller klappernder Relais[1] sein mussten wie der erste vollprogrammierbare Rechenautomat, die von Konrad Zuse 1941 entwickelte Zuse III [2]. Es war mehr mit ihrer Hilfe möglich als die Lösung kurioser mathematischer Probleme und die ballistische Berechnung von Raketenbahnen — viel mehr! Der erste Computer, der (unfreiwillig, aber gewollt) Musik ausgeben konnte, war ein raumgroßes Rechenmonster namens TX-0, genannt Tixo. Mit diesem Schrank mit meterlanger Konsole wurden unter anderem einige der ersten Computerspiele der Welt erstellt.

Computer
wurden
immer
vielseitiger

1959 programmierte der damalige MIT[3]-Student Peter Samson das Gerät so, dass ein Kontrollton des Rechners sich zu Noten

---

[1] Ein Steuerelement in der Elektrotechnik. Ein kleiner Steuerstrom „schaltet" dort einen größeren Hauptstrom.

[2] „Konrad Zuse's Z3" — `http://www.rtd-net.de/Z3.html`

[3] Massachusetts Institute of Technology, eine der angesehensten technischen Universitäten der Welt

*formen ließ (LEVY, 1994). Der technische Trick dahinter war kompliziert aber genial — Computer konnten Lieder spielen! In den frühen Siebzigern wurden dann Grafikcomputer verbreiteter. Ihre Darstellungsfähigkeit war minimal, sie erzeugten ein Bild auf dem Bildschirm zwar nur aus sehr groben Klötzchen (pic-*ture element *oder abgekürzt* Pixel *genannt), aber der Weg war jetzt klar: Mehr Farben, bessere Darstellung durch immer kleinere Pixel. Sie werden lachen: Auch heute noch benutzen Computer diese Methode, Grafiken darzustellen. Sie zerlegen sie in abertausende winzig kleine Klötzchen. Wenn Sie einen Computermonitor mit der Lupe betrachten (das ist übrigens keinesfalls gefährlich), können Sie jedes einzelne Pixel betrachten! Je weiter die technische Entwicklung gedieh, desto erstaunlicher wurden die Fähigkeiten der Geräte. Man fand Mittel und Wege, auch bewegte Bilder zu realisieren. Ende der Sechziger Jahre war es gelungen, zwischen zwei amerikanischen Universitäten die erste Internet-Verbindung aufzubauen.*

*Es waren kleine Stromstöße, die 1969 in einem Draht von der University of California in Los Angeles zum Research Institute in Stanford wanderten, doch mit ihnen begann eine neue Zeit der Informationsübermittlung. Zu dieser Zeit waren Computer wie gesagt noch mindestens so groß und schwer wie Kühlschränke, üblicherweise so teuer wie zehn Mittelklassewagen und oft so stromfressend wie eine kleine Wohnsiedlung. Nichts bei diesem Experiment war sichergestellt, wie so oft in der Wissenschaft, und vieles konnte schiefgehen. Die ersten Stromstöße brachten erfolgversprechende Ergebnisse: Drei Buchstaben waren fehlerfrei über den Draht gewandert, und obwohl der Großrechner in Stanford danach abstürzte, war der Versuch geglückt: Zwischen den beiden ohrenbetäubend lauten Computerräumen der Forschungseinrichtungen tauschten zwei Spezialrechner, Inter-*face Message Processors (IMPs) *genannt, das erste Mal Informationen über das sogenannte ARPANET aus, ein Computer–Kommunikationssystem, benannt nach der Advanced Research Projects Agency, die im Jahr 1958 von Präsident Eisenhower aus der Taufe gehoben worden war (HAFNER/LYON, 1997). Das ARPANET war der Urvater des Computer-Netzwerks, das heute gemeinhin „Internet" genannt wird und dabei ist, in unglaubli-*

Marginalien:

Zeichnen mit Klötzchen

Internet entstand 1969 als Forschungsprojekt

100
Millionen
Computer
sind im
Internet

cher Geschwindigkeit die Bürger und Firmen der Industrieländer miteinander zu vernetzen und über kurz oder lang auch in den anderen Ländern der Welt eine große Verbreitung erfahren wird. Waren Anfang der Achtziger Jahre noch wenige hundert gut vor der Öffentlichkeit gehütete Großrechner im noch jungen Internet vertreten, brachten es Schätzungen zur Jahrtausendwende schon auf die unglaubliche Zahl von 100.000.000 verbundenen Computern.

Bereits an diesen Zahlen merkt man, dass gerade eine enorme Umwälzung der Informationsverbreitung stattfindet, vergleichbar der Ausbreitung des „Fernsprechers", der 1861 von Philipp Reis erfunden und von Alexander Graham Bell 1875 gebaut worden war, denn auch hier gab es dann schon „Ende 1897 [...] in Deutschland 529 Orte mit Telefonanlagen und ca. 144.000 Sprechstellen."[4]

Die Entwicklung des Internets geschah lange Zeit, ohne dass ein normaler Bürger davon viel mitbekommen hätte — Computer waren sonderbare, geheimnisvolle Maschinen, so wie Roboter schienen Sie aus einer fernen Zukunft auf die Erde gefallen. Banken besaßen sie, um die immer größer werdende Zahl von Kunden zu bedienen und die Verwaltungszeiten drastisch zu reduzieren. Versicherungen versuchten das Gleiche, und eine wachsende Anzahl von Universitäten schafften sich die damals „Elektronengehirne" genannten Rechner an, um an ihnen forschen zu können. Oft wird vergessen, dass viele Bürgerrechtler in den Siebziger und Achtziger Jahren sogar die Verbreitung von Computern verhindern wollten, da sie Arbeitsplätze gefährdeten und die Menschen mehr oder weniger versklaven würden. Erst Anfang der Neunziger Jahre setzte sich der Computer langsam aber sicher als Alltagsgegenstand durch, und es sollte noch einmal zehn Jahre dauern, bis das Internet in die Haushalte einzog – ein Meilenstein.

Sowohl das Telefon als auch das Internet ermöglichen auf unterschiedlichen Wegen und mit verschiedener Komplexität die

---

[4] `http://www.microcall.de/telefon.htm`
„Die Geschichte des Telefons"

Übermittlung von Informationen, und beide wurden nach einer gewissen Zeit von den Bürgern akzeptiert, ja geradezu in das tägliche Leben integriert. Können Sie sich heute noch ein Leben ohne Telefon vorstellen? Vor der Zeit des Telefons war der Austausch von Informationen fast unweigerlich an ein langwieriges Ritual gebunden — man schrieb Briefe und traf sich erst nach gemeinsamer Vereinbarung zu einer Unterredung. Wenn nicht gerade die Leitung besetzt ist, ist Kommunikation per Telefon heute im Vergleich dazu blitzschnell und sehr zuverlässig. So gesehen ist das Internet die logische Fortsetzung von Briefen, Telegrammen, Telefon und Fax: ein universelles, extrem schnelles Medium, durch das man mit einigen Tricks beinahe jede Information schicken kann, egal ob Sprache, Schrift, Bilder oder Filme.

Internet als universelles Transportmedium

Doch bei diesem Reichtum an Möglichkeiten stellt sich auch gleich ein prinzipielles Problem: Ein Telefon ist nicht viel mehr als ein automatisches „Fräulein vom Amt" — es verbindet zwei Teilnehmer, und dann reden sie miteinander. Ein normales Telefongespräch kann nicht „abstürzen". Ein Telefon ist praktisch immer funktionsfähig, und die Bezahlung, nämlich die Telefonkosten, laufen über eine einzige Stelle, die einmal im Monat eine Rechnung schreibt. Braucht man zum Telefonieren nur die Fähigkeit, Zahlen im Bereich von null bis neun zu wählen und zu sprechen, sind im Internet oft viel kompliziertere Aktionen gefordert. Das beginnt schon damit, dass die Benutzung des Internets derzeit auch gleichzeitig die Verwendung eines Computers voraussetzt, mit allen damit verbundenen Schwierigkeiten. Wenn Sie selber Computer–Neuling sind oder schon einmal einem solchen dabei geholfen haben, mit den vielen Widrigkeiten der Computernutzung klarzukommen, wissen Sie, was ich meine.

Internet– Nutzung erfordert derzeit einen Computer

2.1.2 Computer und Internet heute

Ein Computer ist heute vielen geläufig, man kann die Geräte inzwischen schon im Lebensmittelmarkt direkt neben der Gemüsetheke im großen Pappkarton kaufen und muss theoretisch nur

noch den Stecker in die Steckdose stecken, um sie zum Laufen
zu bringen. Nun ist ein Computer ein interessantes Werkzeug
zum Texte schreiben, Kalkulationen durchführen und spielen,
aber die Geräte befinden sich in Isolation. Sie werden über Disketten und Compact Discs mit Daten gefüttert, haben dabei
aber nie Kontakt zu ihresgleichen. Sie sind, wenn man das von
Geräten überhaupt sagen kann, in einer Art Einzelhaft gefangen,
obwohl Computer von Natur aus Kommunikationsgeräte sind —
Computer verarbeiten so ziemlich alles an Daten, was man sich
vorstellen kann. Ich werde später noch darauf eingehen, wie das
möglich wird, hier soll aber der Hinweis reichen, dass Computern vom Prinzip her kein Medium fremd ist, egal ob es sich um
Sprache, Bilder, Videofilme oder Musik handelt.

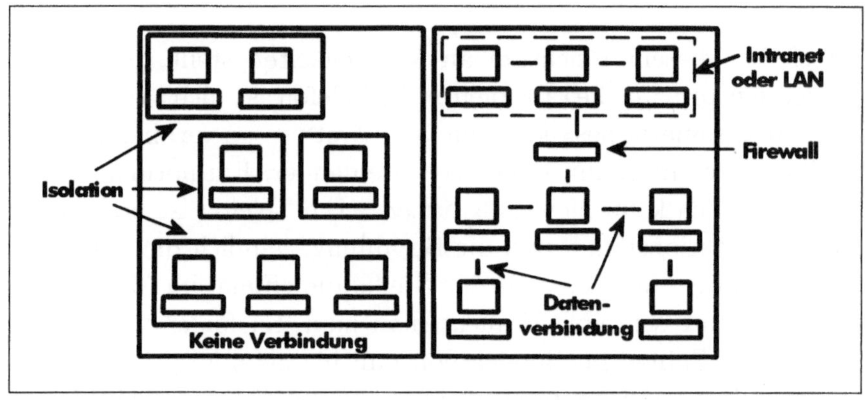

Abbildung 2.1. Links die isolierten Rechner, rechts Computer im Netzwerk

Das Internet beendet diese Einzelhaft, und zwar gründlich. Es
besteht aus Millionen Computern, die technisch gesehen mit Hilfe ein und derselben Sprache, dem Internet-Protokoll[5], alle miteinander sprechen können. Ja tatsächlich:

Jeder Rechner (im Internet nennt man diesen *host*) kann mit jedem Verbindung aufnehmen und Daten austauschen, wenn der

---

[5] Das Internet-Protokoll wird auch IP genannt. Ein Protokoll ist (wie im
diplomatischen Leben) ein streng geregelter Austausch von Handlungen
oder Daten, damit beide Seiten genau wissen, was sie über das Internet schicken können und was sie wie empfangen werden. TCP/IP ist ein
geläufiger Begriff, der noch das Übertragungs-Kontroll-Protokoll *(trans-
mission control protocol, TCP)* beinhaltet.

jeweilige Empfänger-Rechner dazu bereit ist. Das grundlegende Konzept des Netzes ist also egalitär: Keiner ist vom Prinzip her mehr wert als der andere, alle dürfen so viel und so häufig reden, wie sie möchten. Ein Computer „im Internet" wird automatisch Teil eines riesigen Ganzen, auch wenn er in seiner gesamten Lebensdauer nur zu einer Handvoll anderer Rechner Kontakt aufnimmt. Für den Benutzer eines heutigen internetfähigen Rechners ist eine Verbindung nach, sagen wir einmal, Australien von Deutschland aus genauso teuer oder billig wie eine nach Portugal — egal ob dabei Meer- und Satellitenverbindungen nötig sind oder nur einige Kilometer Draht. Das ermöglicht ungeahnte Möglichkeiten. Waren früher Ferngespräche oder gar Auslandsgespräche per Telefon sehr teuer, kann man heute praktisch umsonst Nachrichten per elektronischer Post um den Globus senden. Und das interessanteste bei allem:

Alle Computer im Internet sprechen eine gemeinsame Sprache

Das Internet gehört niemand. Natürlich gehört jeder einzelne Rechner, jede Leitung einer Person oder Firma, aber das gesamte System ist frei. Es gibt für den Endbenutzer keine Wegzölle oder Vignetten, um eine bestimmte „Datenautobahn" zu befahren. Damit meine ich allerdings nur die Preise *im* Internet. Um zum Internet zu *gelangen*, ist derzeit oft noch ein happiger Minutenpreis zu bezahlen. Das hat unter anderem damit zu tun, dass das Internet technisch gesehen in eine unglaubliche Zahl von hunderttausenden kleiner Teilnetze zerfällt, also jeweils einige oder einige hundert Rechner, die untereinander verbunden („angebunden") sind. Zwar zahlt jeder Betreiber eines Netzwerks dafür, dass sein jeweiliges Netzwerk im Internet verbunden ist, aber die Kosten des weiteren Netzverlaufs werden dann jeweils von den anderen Betreibern bezahlt. Wir werden noch darüber sprechen, wie so ein System überhaupt funktionieren kann.

Verbindungen im Internet kosten für Nutzer nichts, nur der Weg ins Netz selbst

Die ersten Benutzer des Internets in den Siebzigern waren häufig Studenten und Angestellte von Universitäten. Hier kamen das erste Mal junge Menschen mit dem Netz in Berührung, das sich damals eher sperrig als angenehm gerierte und nicht viel mehr als Textmitteilungen vermitteln konnte. Aber was kann Text nicht alles bewirken! Erst im Jahr 2000 gab es einen ähnlichen Boom von sogenannten SMS-Mitteilungen (das steht für *short message*

SMS-Boom

service), die man per Mobiltelefon abschicken konnte. Obwohl die Mitteilungen nur 160(!) Zeichen lang sein konnten und etwa 40 Pfennig pro Nachricht kosteten, wurden sie ein riesiger Erfolg unter Jugendlichen und jungen Erwachsenen. Wir bleiben für einen kurzen Moment tief in der Urzeit des Netzes, in der die meisten Benutzer über primitive Ein-/Ausgabegeräte, sogenannte *terminals*, im Schneckentempo auf Großrechner zugriffen.

Studenten nutzten Freiheit im Netz

Für die Studenten hatte eine Zeit der Befreiung von den muffigen bürgerlichen Idealen begonnen, und das Internet kam gerade zur richtigen Zeit: Kommunikation ohne Grenzen! Weg mit den Tabus und Hierarchien! Im Netz konnte der individualistische Geist seine eigene kleine Welt schaffen. Menschen kennenlernen, ohne nach Kleidung oder Nationalität beurteilt zu werden. Das ARPANET hatte die Grundlage für ein prinzipiell ungesteuertes Fließen von Information gelegt, und auch im Internet wurde das Prinzip fortgeführt. Regeln wurden unbürokratisch und basisdemokratisch beschlossen. Über alles konnte geredet werden, und

Internet soll ungesteuert bleiben

Zensur war ein absolutes Fremdwort. Auch heute noch, mehr als 30 Jahre später, gelten im Netz weiterhin die gleichen Ideale, obwohl sie kaum einer der neuen Benutzer mehr kennt. An den Schaltstellen und Zahnrädern des Netzes sitzen aber oft genug noch die damaligen Studenten und heutigen Netzwerk-Experten, die für ein ungesteuertes Internet kämpfen.

Wenige schnelle Leitungen, viele langsame

Als Vergleich können Sie sich ein riesiges System von Flüssen vorstellen, die jeweils unterschiedlich breit sind und sich von Zeit zu Zeit kreuzen. Es gibt viele kleine Seitenarme von größeren Flüssen (zum Beispiel die vielen Benutzer, die sich heute mit Anbietern wie T-Online, AOL oder World-Online in das Internet einklinken) und eine viel geringere Anzahl an miteinander verbundenen großen Strömen, die eine Unmenge an Wasser (in diesem Falle Daten) transportieren können. Hierzu gehören die schnellen Leitungen und Glasfaser-Verbindungen[6] der großen Internet-Anbieter ebenso wie die verschiedenen Netzwerke, die einen Großteil der deutschen Universitäten miteinander verbinden. Jeder Benutzer, der sich anmeldet, erhält ein Boot mit

---

[6] Glasfaserleitungen leiten Licht wie Kupferkabel den elektrischen Strom, man transportiert Information durch sie mittels unglaublich kurzer und schnell aufeinander folgender Lichtblitze.

einem bestimmten Namen, der ihn überall identifiziert (man spricht im Internet von einer *Adresse*). Es gibt sowohl Privatboote, die im Normalfall etwas teurer sind (dafür ist man immer unter dem gleichen Namen unterwegs, man spricht im Internet dann von einer statischen Adresse) oder man benutzt einen der großen Internet-Anbieter für Privatkunden, dann erhält man je Internet-Einwahl ein Leihboot mit einer immer anderen Adresse (Das nennt man dynamische Adresse, weil man eben immer eine andere erhält.). Der Benutzer kann überall hin gelangen, wenn ihn keine künstlich erzeugten Hindernisse daran hindern. Solch ein Hindernis wäre beispielsweise ein Schutz, den ein Arbeitgeber den Arbeitnehmern vorgeschaltet hat, um das Erreichen von nicht arbeitsrelevanten Seiten zu verhindern — man nennt das Ganze „Firewall", als Hinweis auf eine Feuerschutzwand, durch die verhindert werden soll, dass „Brände" (Angreifer, Datendiebe etc.) von außen (also aus den Weiten des Internets) ins Innere der Computer eines Anwenders oder einer Firma gelangen sollen und Unerwünschtes (Verbindungen zu nicht arbeitsrelevanten Seiten etwa) nicht heraus kann. Stellen Sie sich diese Firewalls vor wie eine private Schleuse, durch die nur Boote einen Hafen erreichen oder verlassen können, die „erwünscht" sind, wobei jeder Schleusenbetreiber seine eigenen Anforderungen stellt, was denn nun erwünscht ist und was nicht.

Firewall soll von innen und außen schützen

Übrigens gibt es noch verschiedene Bezeichnungen, die Sie kennen sollten. Wenn die Rechner in einem Unternehmen untereinander mit dem vorher erwähnten Internet-Protokoll verbunden sind und nach außen (für den normalen Internet-Benutzer) nicht direkt sichtbar sind, spricht man von einem LAN *(Local Area Network)*. Das Gegenstück zum LAN ist das WAN *(wide area network)*, mit dem man sehr große Netzwerke wie zum Beispiel das gesamte Internet bezeichnet. Werden in einem LAN internet-typische Dienste, etwa ein unternehmens-interner WWW-Dienst, angeboten, spricht man von einem Intranet. Wenn mehrere solcher LANs verschlüsselt über das Internet miteinander verbunden werden (obwohl trotzdem keiner der normalen Internet-Benutzer Zutritt hat), spricht man von einem VPN — einem virtuellen privaten Netzwerk *(virtual private network)*. Das Internet in einem VPN ist effektiv nur noch der Überträger

LAN (local area network) WAN

Intranet

VPN

von Informationen aus den LANs, seine Infrastruktur wird nur zum Transport benötigt. Das können Sie sich vorstellen wie Lastwagen auf der Autobahn, die verschlossene Fracht transportieren. Seit neuestem gibt es auch noch den Begriff Extranet[7], der eine Mischung aus Internet und Intranet darstellt. Der Zugriff ist hier wie beim Intranet eingeschränkt, aber auch Geschäftspartner und andere vertrauenswürdige Gruppen haben auf das Intranet-Angebot per Internet Zugriff. Wenn man über das Internet Bestellungen und Verkäufe abwickelt, nennt man dies eCommerce (also etwa: elektronischer Handel). Sind auch umfassendere interne Unternehmensprozesse über Datennetze (also beispielsweise LANs) miteinander verbunden, spricht man von eBusiness (elektronisches Geschäft). Inzwischen ist sogar vom sogenannten „Evernet" die Rede. Dies soll ein immer zur Verfügung stehendes Netzwerk sein, das per Funk seine Daten überträgt.

Wenn Sie jetzt etwas verwirrt sind, ist das normal, die Techniker sind es auch oft genug bei dem derzeitigen Begriffswirrwar. Lesen Sie den Absatz noch einmal, dann wird es Ihnen leichter fallen, diese Namen wiederzuerkennen, wenn demnächst ein Kollege versucht, Sie verbal zu überrumpeln.

2.1.3 Das Internet im Unternehmen

Die Frage ist jetzt, wie das Internet einem Unternehmen helfen kann. Der Anfang liest sich ungefähr so: Etwa 1994, als sich das Internet langsam den breiten Massen öffnete und auch für Heimanwender bezahlbar wurde, witterten die ersten Geschäftsleute große Chancen für ihre Unternehmungen. Warum, fragten sie sich, sollte man nicht dieses neue Medium auch dafür benutzen können, Werbung zu machen und Produkte und Dienstleistungen anzubieten? Warum sollte man mit großem Aufwand Anzeigen in Zeitungen und auf Plakatwänden inszenieren, wenn es ein günstiger „Auftritt" im Internet ermöglichte, ungleich mehr

---

[7] „Extranet — a reference page"
http://www.viktoria.informatik.gu.se/~kerstinf/extranet.htm

Menschen zu erreichen? Als Jeff Bezos 1995 in den USA die erste ausschließlich im Internet erreichbare Buchhandlung „Amazon"[8] eröffnete, kam das einer Revolution gleich. Im Land der Käsetuben, Katalogbestellungen und Kreditkarten war die Idee genial: Wieso zum Buchladen fahren, wenn man auch zuhause bequem am Computer einkaufen kann? Das Beispiel machte Schule, und inzwischen gibt es kaum noch eine Branche, die nicht auch einen Internet-Zweig entwickelt hat.

Amazon löst 1995 eine Revolution aus

Ich möchte hier nicht näher auf die Vernetzung und Computerisierung interner Unternehmensprozesse eingehen, da das den Rahmen total sprengen würde. Wenn Sie ein sehr gutes Kompendium zu diesem Thema brauchen, kann ich Ihnen „Die E-Business (R)evolution" (AMOR, 2000) als Lektüre empfehlen. Wir wollen uns im weiteren Verlauf mit dem Aufbau eines eigenen Internet-Auftritts beschäftigen.

Was macht das Internet nun für Firmen so interessant? Das Chaos und die Ordnung! Chaos in dem Sinne, dass eine unglaubliche Anzahl von Anbietern dem Benutzer etwas zur Verfügung stellen, im Regelfall auch noch kostenlos. Ordnung in dem Sinne, als dass all diese Information auf wenige sogenannte „Dienste" verteilt wird. Das Chaos sorgt für die nötige Vielfalt von Inhalten, die die Benutzer anlockt, und die Ordnung hilft, diese Inhalte möglichst vielen Benutzern bereitzustellen.

Internet kombiniert Chaos und Ordnung

Wichtig zu wissen ist, dass es nicht den *einen* Dienst im Internet gibt. Es gibt eine riesige Zahl von verschiedenen angebotenen Diensten, wobei jedoch der folgende der wichtigste ist.

2.2 Das World Wide Web

Die Internet-Revolution hätte wahrscheinlich nicht stattgefunden, wenn eine ganze Reihe von Zufällen nicht zusammengekommen wären. Bei fast allem im Netz fällt auf, dass keine steuernde

---

[8] `http://www.amazon.com` bzw. `www.amazon.de` für das deutschsprachige Angebot

Hand im Spiel war, sondern Menschen mehr aus Notwendigkeit und aus Spaß an der Technik denn aus einem geschäftlichen Interesse heraus viele hochinteressante Dienste realisiert haben. Im Spiel sind dabei sehr oft die bereits erwähnten Studenten und Wissenschaftler, die als allererste das Netz eroberten und einen privaten Informationsaustausch um den ganzen Erdball nutzen konnten, von dem andere in den Siebzigern und Achtzigern nur träumen konnten.

Internet entwickelte sich frei

2.2.1 Eine Genfer Erfindung erobert die Welt

Das World Wide Web (abgekürzt *WWW* oder *web*) war einer der ersten Dienste, der Informationen im Internet für die Nicht-Experten komfortabel erreichbar machte, was auch daran lag, dass das Programm, das die Daten anzeigte — der 1993 vom Zentrum für Supercomputer-Software an der Universität von Illinois entwickelte „Mosaic"-Browser[9] — sehr einfach mit der Computermaus zu benutzen war. Der Physiker Tim Berners-Lee[10] hatte das World Wide Web 1990 als Projekt am Europäischen Kernforschungszentrum CERN in Genf erfunden[11], um Daten nicht nur wie in einem Buch hintereinander schreiben zu können, sondern um Querverweise direkt mit einem Mausklick zu verfolgen. Das Konzept, das dahinter steht, gab es schon länger; es heißt „Hypertext". Der Querverweis wird „Hyperlink" (also etwa: darüber hinausgehender Verweis) genannt. Ein großes Problem bei all dem war, das World Wide Web den verschiedensten Computertypen mit den unterschiedlichsten Betriebssystemen[12] und Fähigkeiten beizubringen. Berners-Lee entwickelte deshalb eine „Sprache", HTML (*hypertext markup language*; etwa: Hypertext-Beschreibungs-Sprache) genannt, die nicht eine bestimmte Dar-

Web wurde 1990 in Genf erfunden

---

[9] Als Browser bezeichnet man ein Computerprogramm, das Daten zum Durchlesen anzeigt.

[10] http://www.w3.org/People/Berners-Lee/

[11] „A CERN invention you are familiar with"
http://public.web.cern.ch/Public/ACHIEVEMENTS/web.html

[12] Ein Betriebssystem steuert die Grundfunktionen eines Computers und bietet Computerprogrammen einfache Möglichkeiten, die Bestandteile des Computers für ihre Zwecke zu nutzen, also zum Beispiel Texte und Bilder auf dem Bildschirm anzuzeigen.

stellung des Inhalts eines Dokuments vorschrieb, sondern nur die Textstruktur selbst erläuterte. Umgesetzt in menschliche Sprache wäre dies zum Beispiel „Die Überschrift heißt »Einleitung«, der Text jetzt soll fett gedruckt werden und im Blocksatz erscheinen". Jeder WWW-Browser war dazu angehalten, diese Struktur so genau wie möglich auf dem jeweiligen Rechner wiederzugeben. Damit war das Grundproblem der Computerdarstellung beseitigt: Es wurde nicht mehr vorgeschrieben, *wie* ein Text aussehen sollte, sondern die Struktur wurde *beschrieben*, und damit erstellte das jeweilige Anzeigeprogramm *selbst* die Darstellung.

Darstellung nicht fest vorgeschrieben

Diese Sprachregelung ist bis heute Grundlage des World Wide Web, auch wenn von vielen Seiten versucht wird, sie aufzuweichen und die Inhalte an einen bestimmten Bildschirmtyp oder Programmhersteller zu binden, ohne die die Information nicht mehr abrufbar ist. Bei meiner weiteren Beschreibung, was im Internet „gut" und was „schlecht" ist, bin ich zwangsweise sehr subjektiv, weil es schlicht und ergreifend keine offiziellen Regeln gibt, sieht man von der Syntax einiger Dinge (also quasi der Rechtschreibung im technischen Sinne) ab. Besonders, was ergonomische Forderungen angeht, wird der Nutzen oft und gerne angezweifelt. „Aber warum sollen wir denn nicht so kleine Schrift benutzen? Die Benutzer sind doch nicht blind!" — „Warum darf ich denn keinen unterstrichenen Text benutzen? Das ist doch albern." sind noch die harmloseren Kritiken. Mir geht es darum, Ihnen zu zeigen, wie Sie Informationen so präsentieren können, dass möglichst viele Benutzer sie möglichst gut erreichen und umfassend nutzen können. Meine tiefe Überzeugung ist, dass etwas umso mehr akzeptiert und benutzt wird, je einfacher es zu erreichen ist. Dem stehen derzeit viele Auswüchse der modernen Internet-Programme im Wege, und ich möchte Sie überzeugen, dass Sie einen Großteil davon im Normalfall nie brauchen werden. Maschinen sollen dem Menschen helfen, etwas zu finden, und nicht das ganze Unterfangen noch komplizierter machen. In Technikerkreisen gibt es das Sprichwort *„Let the machine do the dirty work."* — „Lass die Maschine die Drecksarbeit machen", und genau das sollte stattfinden.

Kaum offizielle Gestaltungsregeln im Netz

Vorurteile

**Netscape
beginnt**

*Der erste Versuch, aus dem World Wide Web einen Gewinn
zu ziehen, wurde von einem kleinen Teil der Gruppe unternom-
men, die vorher den Mosaic-Browser mitentwickelt hatten. Sie
nannten ihr Produkt „Netscape Navigator" und hatten damit einigen Erfolg, auch finanziell. Zwar war das Produkt kostenfrei
in der ersten Zeit, aber nach einer Weile sollte es durch eine
Zahlung von 50 Dollar lizenziert werden[13]. Eigentlich viel zu
spät entdeckte nach einiger Zeit Microsoft, dass Ihnen offensichtlich die Felle davon schwammen. Bill Gates hatte nicht an
das Internet für zu Hause geglaubt, und erst kurz vor Erscheinen
des neuen Betriebssystems Windows 95 änderte sich seine Meinung. Auf Basis des gleichen Browsers Mosaic, von dem auch die
Netscape-Programmierer ausgegangen waren, entwickelte Micro-*

**Microsoft
kopiert**

*soft den „Microsoft Internet Explorer"[14]. Der Kunstgriff, mit
dem Microsoft seinen eigenen Browser verbreitete, war die Nutzung des bereits bestehenden Microsoft-Quasi-Monopols bei Betriebssystemen. Der Browser wurde mit dem Betriebssystem (das*

**Beide
Browser
kostenlos**

*über 90% der Heimnutzer mit ihrem Computer geliefert bekom-
men) verkuppelt. Der zweite Streich war, den Internet Explorer
völlig kostenlos zu verteilen, auch und besonders im Internet.
Nach einiger Zeit zog Netscape nach und machte auch den Navigator gratis verfügbar.*

Wie konkurrieren nun zwei Produkte, die in etwa das gleiche leisten und dazu auch noch kostenlos sind? Durch Marketing, Marketing und nochmals Marketing. Beide Hersteller fügten ihren
Produkten nun immer abenteuerlichere Fähigkeiten hinzu, um
jeweils den anderen Browser auszustechen. Leidtragende waren
die Nutzer des Webs. Die Web-Programmierer konnten sich nicht

**Technische
Verzierungen**

mehr auf die standardisierte Sprache HTML verlassen, sondern
nutzten mal diese, mal jene Spezialfähigkeit der Browser aus.
Dass das WWW dabei nicht auseinanderbrach in ein Microsoft-
Web und ein Netscape-Web lag hauptsächlich daran, dass sich
dank HTML als Grundlage immer noch die meisten Internet-
Auftritte einigermaßen brauchbar anzeigen ließen. Viele heute
unverständliche technische Probleme rühren aus dieser „Kriegs-

---

[13] `http://www.help2go.com/BestoftheNet/Browsers.cfm`
[14] Zum Begriff „Explorer" gibt es auch noch einen sehr interessanten Mar-
kenrechtsfall, der hier aber nicht in Länge besprochen werden soll. Material dazu gibt es unter `http://www.klostermaier.de/fvg/faq.html`

zeit" (im Englischen wird vom *browser war* gesprochen), deshalb
wollte ich Ihnen diese historische Geschichte nicht vorenthalten.
Wir kommen noch darauf zurück.

2.2.2 Das Entstehen einer Seite im WWW

Nun wissen Sie, was das World Wide Web kann, aber wie entsteht nun eine „Webseite"? Ein Internet-Auftritt besteht prinzipiell aus verschiedenen Dateien[15], die eine Vielzahl von Inhalten haben können. Die wichtigste Datei, die die erste Seite eines Auftritts enthält (man nennt sie „index.html"), ist immer
eine Hypertext-Beschreibung in der oben erwähnten Sprache
HTML (Die Namensendung deutet es schon an.). In weiteren
Dateien können dann Bilder und Klänge oder weitere Hypertext-
Dokumente lagern, auf die per Querverweis *(hyperlink)* verwiesen
wird. All diese Dateien liegen üblicherweise auf einem Spezialrechner *(server)*, der bei einem Internet-Anbieter steht und einen
Auftritt im Internet erreichbar macht.

Seit etwa 1998 ist es üblich geworden, dass ein Internet-Auftritt
(web site, etwa: Netz-Sehenswürdigkeit) unter einem eigenen sogenannten Domänen-Namen *(domain name)* verfügbar ist. Sie
kennen bestimmt einige davon, fast alle fangen mit www an.
www.yahoo.com ist der derzeit bekannteste Domänen-Name im
Internet, wir werden uns noch darüber unterhalten. Das Präfix
www ist übrigens nur ein historisches Überbleibsel, weil mit dem
Namen vor dem Domänennamen normalerweise der „Spitzname"
eines Computers angegeben wurde. Man hatte anfangs einen speziellen Rechner *(web server)*, der als Spitznamen „www" hatte
und die World-Wide-Web-Dienste anbot. Dieses Relikt ist nur

Jeder Auftritt benötigt einen eigenen Namen

---

[15] Eine Datei auf dem Computer ist eine Anzahl von Zeichen, die unter einem eindeutigen Namen (zum Beispiel „Urlaubsgrüße" oder „Index") ab-
gespeichert werden. Das Betriebssystem MS-DOS von Microsoft hängte
hinter diesen Namen einen Punkt und ein Kürzel an, was dem Computer beschrieb, welcher Inhalt sich unter dem Namen verbirgt. Im Internet wird dieser Konvention (die Microsoft übrigens nicht erfunden hatte)
meist gefolgt, obwohl dort eigentlich eine viel bessere Klassifizierung von
Dateiinhalten praktiziert werden sollte.

deshalb erhalten geblieben, weil es griffig und kurz eine WWW-Adresse erkennbar macht. Heute kann praktisch jeder Rechner im Internet ein WWW-Serverprogramm laufen lassen. Mich kitzelt es, Ihnen jetzt schon aufwendig das ganze Domänensystem im Internet zu erklären, aber es würde Sie an dieser Stelle wahrscheinlich erschlagen, ohne viel Nutzen zu bringen. Wir kommen später noch darauf zurück.

Transportdienst

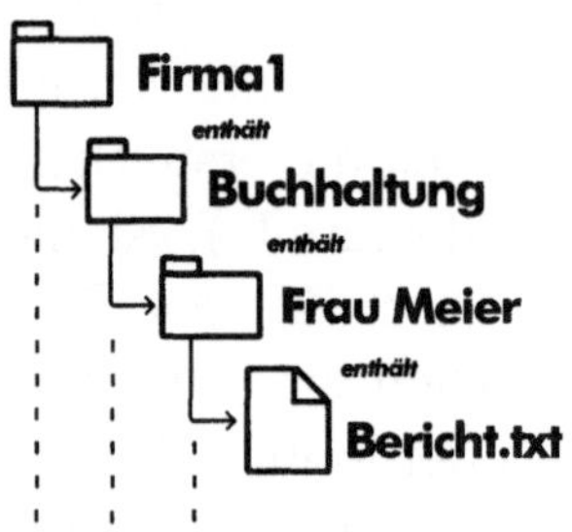

Abbildung 2.2. Drei Verzeichnisse und eine Textdatei

Ihnen mag bereits aufgefallen sein, dass vor dem Domänennamen oft noch die etwas sonderbare Zeichenfolge `http://` erscheint. Dies liegt daran, dass man mit dem Kürzel vor dem `://` bis heute angibt, mit welchem Transportdienst des Internets die Information erhalten möchte — es gibt zum Beispiel auch `ftp://`, um auf den FTP-Dienst zuzugreifen, den wir gleich besprechen. Und eben `http://`, um den mit dem World Wide Web eingeführten Transportdienst zu verwenden. Hinter dem Domänennamen

Pfad

taucht oft auch eine längere Auflistung von Zeichen auf. Hierbei handelt es sich um den sogenannten Pfad *(path)* zu einer Datei des angegebenen Auftritts. Man muß dazu wissen, dass Betriebssysteme für Dateien sogenannte Verzeichnisse *(directories)* zur Verfügung stellen, die auch wieder Verzeichnisse selbst enthalten können. Stellen Sie sich das vor wie Schuhkartons, in denen wieder kleinere Kartons liegen können. Oder wie Matrioschka-Puppen, die man ineinander stecken kann. Ein beispielhafter Pfad wäre zum Beispiel `/Firma1/Buchhaltung/FrauMeier/Bericht.txt`, wobei die Datei `Bericht.txt` im Verzeichnis von Frau Meier enthalten ist, dieses Verzeichnis wiederum im Verzeichnis `Buchhaltung` und so weiter.

Meine Beobachtung ist, dass das Verzeichnissystem eines der am wenigsten einsichtigen bei Computern ist, deshalb möchte ich es hier dabei belassen. Ich rolle das Ganze vor allem aus, um Ihnen ein besonderes Konzept im Internet zu erklären, und zwar die

URL[16] *(uniform resource locator, etwa: Eindeutige Ressourcenangabe)*. Die URL besteht aus dem bereits erwähnten Transportdienst, den drei Zeichen `://`, dem Domänennamen und je nach Wunsch auch einem Pfad. Bitte beachten Sie immer, dass der Pfad und der Dateiname einer URL nur dann korrekt sind, wenn die Groß-/Kleinschreibung genau so angegeben wird, wie Sie der Server gespeichert hat. Dies ist eine Eigenheit des Betriebssystems Unix, auf dem die ersten WWW-Serverprogramme liefen, und das auch heute noch die meisten WWW-Dienste ermöglicht. Diese Regel gilt natürlich auch, wenn Sie Internet-Verweise aus diesem Buch in Ihren Browser abtippen.

Uniform Resource Locator

Groß- und Kleinschreibung ist entscheidend

Wann immer ein Benutzer auf der Welt eine gültige URL (also zum Beispiel einen Domänen-Namen) in seinen WWW-Browser eingibt, wird der dazu passende Server-Rechner gefunden und entsprechende Daten übertragen, die dann vom Browser zum Beispiel zu einer Internet-Seite zusammengebaut werden.

2.2.3 Bereitstellung eines Auftritts

Als Unternehmen haben Sie die Entscheidung zu treffen, ob die Firma selber einen Server-Rechner für das World Wide Web bereitstellen soll, auf dem dann die Inhalte und das entsprechende Server-Programm laufen, oder ob sie dies einem professionellen Anbieter überlassen möchten *(hosting)*. Es gibt auch eine Mischform, bei der Sie einen entsprechend ausgerüsteten (gemieteten oder eigenen) Rechner bei einem Internet-Anbieter „unterstellen" können, das nennt man *housing*. Die Preise sind sehr unterschiedlich, je nach Größe und Datenmenge, die benutzt wird. Die Datenmenge nennt man übrigens auch Volumen oder Bandbreite[17].

Internet-Technik kann ausgelagert werden

---

[16] Kriege zwischen Technikern finden um das korrekte deutsche Genus statt. Klar ist nur, dass URL nicht sächlich ist. Ich werde mich auf die Seite derer schlagen, die die weibliche Form benutzen.

[17] Ein elektrotechnischer Begriff. Dort wird von sogenannten Bändern zum Beispiel beim Funkverkehr gesprochen. Das sind so-und-so breite Frequenzbereiche, die so-und-so viele Kanäle übertragen können — zum Beispiel Fernsehkanäle. Das Wort ist im Internet eigentlich völlig fehl am Platze.

Wenn Sie nur einen kleinen Internet-Auftritt (man sagt dazu auch Internet-*Präsenz*) für einen relativ kleinen Kundenkreis planen, eventuell sogar ohne Einkaufsmöglichkeit, bietet sich das Hosting bei einem großen Anbieter wie zum Beispiel Strato[18] oder Schlund[19] an. Die Kosten dabei sind betriebswirtschaftlich zu vernachlässigen, gehen sie von höchstens 100 Euro pro Monat aus. Sollten Sie große Datenmengen verfügbar halten wollen, aber möchten keine große Netzwerkanbindung dazu mieten, bietet sich das Housing an. Die Preise sind sehr unterschiedlich, liegen aber meist bei einigen hundert bis wenigen tausend Euro im Monat. Wenn Sie den Aufwand nicht scheuen und große Benutzerzahlen erwarten, wird hier der Einsatz eigener Rechner und der Aufbau einer größeren Internetanbindung interessant. Die Kosten befinden sich etwa in der Mitte der beiden anderen Angebote, rechnen Sie mit etwa 250–500 Euro, aber bedenken Sie, dass Sie wahrscheinlich mindestens einen Betreuer für die Rechner und die Internet-Verbindung benötigen, der recht viel Geld kosten kann. Glück haben Sie, wenn ein Mitarbeiter sich freiwillig mit dem Aufrechterhalten des Angebots beschäftigt und Sie ihn für diese Zeit entbehren können. (aber achten Sie *immer* darauf, dass er seine Arbeit dokumentiert, sonst wird spätestens sein Weggang für Sie zu einem enormen Problem werden.)

Je kleiner der Auftritt, desto mehr auslagern

In Tabelle 2.1 finden Sie eine kurze Übersicht der üblichen Ausstattungen. Die Preisangaben sind nur reine Schätzwerte, der Markt ist hier in dauernder Bewegung. Wenn Sie besondere Wünsche haben, kann es auch sehr schnell vorbei sein mit dem „günstigen Einstieg". Auch Sonderlösungen, zum Beispiel das Verteilen eines großen Internet-Auftritts auf mehrere Hosting-Firmen, sind hier nicht berücksichtigt. Eine unabhängige Beratung auf diesem technischen Gebiet ist derzeit sehr schwierig zu bekommen.

Preise sind im Fluß

Bedenken Sie bei all dem, dass damit nur die technischen Grundlagen für Ihren Internet-Auftritt gelegt sind, denn der Auftritt selber ist „nicht im Preis inbegriffen". Zwar entscheiden Sie hier

---

[18] `http://www.strato.de`
[19] `http://www.schlund.de/`

Bezeichnung	*Eigener Server-Rechner*	*Eigene Internet-Anbindung*	*Grundpreis circa pro Monat*	*Bemerkungen*
Hosting	Nein	Nein	Ab etwa 25 Euro, kann auch teuer werden	Für einfache Auftritte, günstiger Einstieg
Housing	Ja	Nein	etwa 250 – 500 Euro	Bei großen Datenmengen und vielen Besuchern, erfordert recht teure Wartung
Eigene Firmen-ausrüstung	Ja	Ja	Je nach Datenmenge, etwa ab 250 Euro	Bei sehr großen Datenmengen und vielen Besuchern. Teure Anschaffung und aufwändige Wartung

Tabelle 2.1. Technische Ausrüstung für einen WWW-Auftritt

über die laufenden Kosten der Technik, was Ihr Angebot jedoch vom Inhalt her kostet, ist damit noch überhaupt nicht gesagt. Falls Ihnen ein Anbieter Technik und die Erstellung von Inhalten gleichzeitig bietet, sollten Sie kritisch überprüfen, ob der Preis gerechtfertigt ist. Holen Sie auf jeden Fall Angebote von der jeweiligen Konkurrenz ein! Für das eigentliche Design des Auftritts sind die Preise so unterschiedlich, dass eine Vorhersage kaum zu treffen ist. Einige Firmen verramschen Standard-Designs nach irgendeinem Strickmuster für wenige hundert Euro, andere wiederum geben sich sehr viel Mühe und sind schnell bei vielen tausend Euro gelandet.

Designkosten sehr individuell

Um einen Auftritt im Internet bei eigener Anbindung verfügbar zu machen, brauchen Sie noch einen sogenannten Webserver. Dies ist, einfach gesagt, ein Computer im Internet, auf dem ein Serverprogramm läuft, das Webseiten an Benutzer abliefert, wenn sie danach verlangen. Browser und Server arbeiten also so

Der Server

zusammen, dass der Server dem Browser auf Anfrage Daten liefert. Man nennt dieses Prinzip technisch *client-server*, vergleichbar einem Anwalt und seinen Klienten. Der Anwalt liefert den Klienten bei Bedarf rechtliche Unterstützung.

Apache

Etabliert hat sich schon seit langer Zeit der Apache-Webserver[20], der unter praktisch jedem Betriebssystem funktioniert und kostenfrei verfügbar ist. Sein Marktanteil pendelt relativ stabil bei etwa zwei Dritteln, was unter anderem an seiner freien Verfügbarkeit und der ausgezeichneten Leistung liegt. Der Apache entstand direkt aus der Internet-„Gemeinde" heraus und ist jahrelang bewährt. Fehler und Sicherheitslücken, die jedes Programm dann und wann zeigt, werden schnell und kompetent gestopft.

Microsoft IIS

Weit abgeschlagen hinter dem Apache-Server (etwa 60% Marktanteil) befinet sich laut der Statistik von Netcraft[21] der „Internet Information Server"[22] (IIS) aus dem Hause Microsoft wieder. Dieser war bisher als eigenständiges Produkt käuflich zu erwerben, ist inzwischen aber in das Betriebssystem Microsoft Windows 2000 integriert worden. Windows 2000 ist wiederum hauptsächlich ein neuer Name für das bisherige Betriebssystem Windows NT.

Sun iPlanet

Die Firma Netscape hat neben dem Navigator-Browser (s.o.) auch einen recht verbreiteten Server entwickelt. Inzwischen wurde dieser von Sun Microsystems aufgekauft und firmiert unter dem Namen „iPlanet"[23]. In der Statistik landet er auf dem dritten Platz hinter Apache und IIS, bietet jedoch eine dem Apache vergleichbare Leistung. Die Installation dieses Servers ist kostenlos, jedoch muß für Unterstützung des Serverbetriebs (logischerweise) bezahlt werden.

Es gibt zwar noch einige andere Server, diese haben sich jedoch nicht weit verbreitet und führen ein Schattendasein. Dies hat

---

[20] http://www.apache.org
[21] http://www.netcraft.com/survey/ (Stand: Oktober 2001)
[22] http://www.microsoft.com/iis/
[23] http://www.iplanet.com

oft wenig mit der technischen Qualität als vielmehr mit dem schlechten oder nicht vorhandenen Marketing der Hersteller bzw. Programmierer zu tun. In der o.g. Netcraft-Statistik finden Sie alle nennenswerten Server inklusive kurzer Vorstellung.

Fürs Erste soll dies reichen als Einführung ins World Wide Web. Zwar gibt es noch viel zu erzählen, aber ich möchte Ihren Blick erst einmal auf die weiteren Möglichkeiten des Internet richten. Das Web ist eben nicht „das" Internet, sondern nur ein (populärer) Teil davon.

2.3 E-Mail-Kommunikation

Praktisch der zweitwichtigste Dienst ist das E-Mail-System. Elektronische Post war, ist und bleibt die wichtigste Kommunikationsform, wenn zwei Menschen sich über das Netz etwas mitteilen möchten. Das Postsystem arbeitet dabei nachrichtenorientiert, das heißt: Wenn Sie per E-Mail etwas verschicken möchten, tun sie dies immer in Form einer kompletten Nachricht, vergleichbar mit einer Postkarte. Zu dieser elektronische Nachricht können Sie je nach Notwendigkeit eine Datei hinzufügen, man spricht dann davon, ein *„Attachment* anzuhängen", was auf Deutsch etwa einer Anlage bei Briefen entspricht. Die Zustellung einer E-Mail-Nachricht dauert derzeit wenige Sekunden bis einige Minuten, dann ist Sie durch das Internet hindurch gelangt und kann vom Empfänger „abgeholt" werden, zum Beispiel per installiertem E-Mail-Programm. Früher war es üblich, dass Internet-Benutzer einen lokalen Internet-Anbieter benutzten und bei diesem ein virtuelles Postfach *(mailbox)* mieteten. Inzwischen hat sich diese Situation grundlegend geändert. Das Gros aller E-Mail-Postfächer wird von kostenlosen, werbefinanzierten Sites verwaltet. Praktisch alle Portale (Yahoo, Freenet[24], web.de[25] usw.) und einige spezialisierte Anbieter (GMX[26], Mi-

E-Mail als schnelle Netz-Postkarte

Kostenlose EMail-Anbieter

---

[24] `http://www.freenet.de`
[25] `http://freemail.web.de`
[26] `http://www.gmx.de`

crosoft Hotmail[27], ePost der Deutschen Post[28]) sind dabei relevant. Leider sind kostenlose Dienste im Internet meist mit einigen Mängeln versehen, wie zum Beispiel die Stiftung Warentest feststellte[29]. Für die professionelle E-Mail-Nutzung im gewerblichen Bereich verbieten sich viele dieser kostenlosen Angebote, schon aus Gründen der Datensicherheit.

2.3.1 Postverteiler erlauben viele Empfänger

E-Mail-
Verteiler

Die Kommunikation per E-Mail ist nicht auf zwei Personen beschränkt. Man hat schon sehr früh Verfahren entwickelt, mit denen man eine sogenannte Mailingliste aufbauen kann, hierzulande nennt man so etwas Postverteiler. Es gibt eine geschlossene Gruppe von Personen, die in diesem Verteiler stehen und jede Nachricht, die geschickt wird, erhalten automatisch alle Mitglieder. So kann ohne große Mühe und Kosten ein virtuelles[30] Stelldichein organisiert werden.

Im Internet existieren heute zigtausende solcher Listen[31] (einige privat, andere öffentlich), die einen riesigen Themenkreis abdecken. Über das Postverteiler-Konzept realisieren auch viele private und gewerbliche Nutzer das Versenden ihrer Informationen. Wer gerne über neue Entwicklungen informiert werden möchte, trägt sich einfach in die jeweilige Mailingliste ein und erhält dann alle Neuigkeiten.

2.3.2 Werbung via E-Mail

Bei der gewerblichen Nutzung des E-Mail-Systems gibt es einige Fallstricke zu beachten:

---

[27] `http://www.hotmail.de`
[28] `http://www.epost.de`
[29] `http://www.heise.de/newsticker/data/thd-26.07.01-000/`
[30] Im Internetbereich heißt „virtuell" ungefähr „nicht physisch existent" bzw. „nur im Internet verfügbar"
[31] Ein umfangreiches Verzeichnis finden Sie unter `http://www.lisde.de`

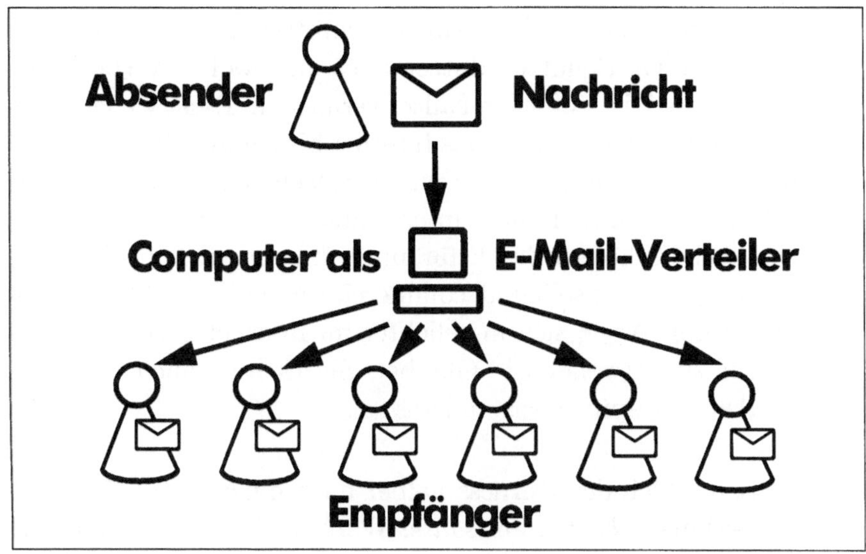

Abbildung 2.3. Schicken einer E-Mail an einen Rechner mit Verteiler-Programm

- Wenn Sie an PR für Ihre Firma interessiert sind, sagen Sie sich vielleicht wie viele andere: *„Warum soll ich mich mit Werbung per E-Mail beschränken? Ich schicke einfach jedem erreichbaren Menschen eine Werbenachricht. Die, die es nicht interessiert, werden es einfach wegwerfen. So kann ich mir die ganze Arbeit sparen und zahle praktisch nichts für hunderttausende Werbebriefe. "*

Aber das ist leider *ein total falscher Ansatz* im Internet. Werbung wird hier ungefragt nicht akzeptiert, weil sie den Benutzern auf die Nerven geht, die Empfänger (und nicht den Absender!) viel Zeit und Geld (die Zeit für den Empfang) kostet und grundsätzlich für etwas wirbt, das einen überhaupt nicht interessiert. Die Nutzer haben den Begriff „SPAM" für Werbebelästigungen erfunden[32].

Ungefragte Werbung schlecht

Man schickt E-Mail-Nachrichten nur dann an Benutzer, wenn sie dem *zugestimmt* haben. Der unkontrollierte Missbrauch,

---

[32] Dessen Ursprung sehr wahrscheinlich aus einem Sketch der britischen Gruppe Monty Python stammt, in dem Frühstücksfleisch der Marke SPAM eine Rolle spielt, das niemand haben will. Siehe auch `http://www.spamgift.com`.

**E-Mail
niemals
mißbrauchen**

der heute grassiert, bei dem in Schrotschußmanier jedem zu ermittelnden Benutzer dutzendfach ungewollt Werbung geschickt wird, ist auf jeden Fall zu vermeiden! Es ist vielleicht interessant zu wissen, dass das Internet bis Anfang der Neunziger fast frei von unnützer Werbung war, weil einfach die damalige Internet-Population nicht interessant genug für Werbung war.

UCE

Der technische Ausdruck für unerwünschte E-Mail-Werbung ist übrigens „unsolicited commercial e-mail" (UCE), und es gibt wenig Wege, sich unbeliebter im Internet zu machen, als diesen zu verwenden.[33] Glauben Sie es mir, auch wenn ihr Marketinggespür etwas anderes sagt.

**Gute
Werbung per
E-Mail**

Jetzt muß ich der Fairness halber noch hinzufügen: Natürlich ist E-Mail ein *hochinteressantes Werbemedium*, aber man muss sehr, sehr vorsichtig damit sein. Wenn Sie sich einen Kundenstock aufgebaut haben, und dieser gerne neue Angebote per E-Mail erhalten möchte, ist dies ein hervorragender Weg! Sie brauchen keine Aufwendungen mehr für Kuverts, Papier, Druck und Briefmarken betreiben, eine einzige gut gestaltete E-Mail-Nachricht *(newsletter)* kann Ihnen tausende Euro sparen. Sie brauchen für diese Form der Werbung für Ihren Auftritt ein Formular, in dem sich Interessierte für diesen Dienst anmelden (und auch wieder abmelden!) können und ein Verteilerprogramm, das die E-Mail-Adressen verwaltet und beschickt. Achten Sie immer darauf, dass eine korrekte Antwort-

**Antworten
unbedingt
bearbeiten**

adresse in den E-Mails enthalten ist und Rückantworten auch kompetent und zügig bearbeitet werden. Wider Erwarten gibt es im Internet eine riesige Zahl von Firmen, die auf eingegangene E-Mail-Nachrichten kaum oder gar nicht antworten[34]. Das ist unbedingt zu vermeiden.

- Der Verkauf oder das „Verschenken" von Datenbanken mit E-Mail-Adressen, dem der Nutzer nicht zugestimmt hat, ist noch schlimmer für den Ruf als „nur" unerwünschte Werbung zu verschicken. Benutzer erwarten im Internet, dass ihre Adressen

---

[33] Das haben inzwischen sogar die Befürworter eingesehen, siehe
`http://www.spiegel.de/netzwelt/ebusiness/0,1518,143429,00.html`

[34] `http://www.heise.de/newsticker/data/lab-13.09.01-000/`

da bleiben, wo sie sie „abgegeben" haben, wenn sie nicht ausdrücklich(!) einer Weitergabe zustimmen. Als seriöser Anbieter sollten sie sich unbedingt an diese Regel halten, auch wenn die rechtliche Situation derzeit noch unklar ist. Privatsphäre ist besonders in Deutschland ein sehr wichtiger Vertrauensfaktor, und

Kein Verkauf von E-Mail-Datenbanken!

Vertrauen ist eins der wichtigsten Dinge, die Sie im Internet brauchen.

Verstecken sie auch aus diesem Grund nicht irgendwelche automatischen Zustimmungsklauseln in ihren allgemeinen Geschäftsbedingungen (AGBs), und bedenken Sie, dass das deutsche AGB-Gesetz[35] vor allem den Verbraucher schützt. Im Zweifelsfall zieht man den Kürzeren, wenn man mit diesen Bedingungen Schindluder treiben will. Nichtsdestotrotz ist es in deutschen Firmen ein Sport geworden, AGBs zu furchterregender Größe und Wirksamkeit aufzublasen. Viele Regelungen würden vor keinem Gericht auch nur ansatzweise Stand halten. Als kleines Beispiel am Ende hier ein Auszug aus den allgemeinen Geschäftsbedingungen der derzeit existierenden Firma Flatpark:

Die AGB-Mär

> »Der Kunde verpflichtet sich, bei evtl. kommenden Insolvenzen der Flatpark GmbH Hilfe zu leisten, und das Unternehmen wieder populär zu machen, das beinhaltet Werbung bei Bekannten und Freunden des Kunden und auch Geldzahlungen außerhalb der angegebenen Kosten. Diese Kosten werden von dem Provider vorgesetzt und müssen eingehalten werden. Bei Nichtzahlung kann der Provider gerichtliche Schritte einleiten lassen.«[36]

Von einer solchen Selbstbedienungsklausel (die wohl ein Betriebswirt direkt aus der „Nachschussregelung" bei GmbH-

---

[35] „Gesetz zur Regelung des Rechts der allgemeinen Geschäftsbedingungen" `http://dejure.org/gesetze/AGBG/`

[36] zitiert aus `http://www.flatpark.de/agbs.htm`

Teilhabern entlehnt hat) träumt wohl jeder Chef. Aber kommen wir wieder zurück zum Thema:

E-Mails kurz und knapp halten

- Die Zeit Ihrer Benutzer sollte Ihnen wichtig sein. Seien Sie höflich, was bei E-Mail heißt: Schicken Sie keine ellenlangen Nachrichten, die mit Bildern oder länglichen Kataloglisten oft viele Sekunden oder gar mehrere Minuten zum Empfang brauchen. In dieser Zeit blockieren Sie bei Ihren Benutzern die Möglichkeit, wichtigere persönliche Nachrichten zu empfangen. Beschränken Sie sich bei Text auf eine Maximalgröße von etwa 10000 Zeichen. Wenn Sie viel zu sagen haben, verweisen sie mit einem Hyperlink auf weitere Information, die bei ihrem Internet-Auftritt zum Abruf bereit steht. Denken Sie daran, dass viele Benutzer immer noch hohe Minutenpreise für ihre Internet-Verbindung bezahlen.

Du oder Sie

- Vor der großen Kommerzialisierung des Internets war es üblich, Gesprächspartner in E-Mails grundsätzlich zu duzen. Dies ergab sich einmal deshalb, weil E-Mail aus dem englischen Sprachraum kam und der Unterschied zwischen Du und Sie dort nur am Namen selber erkennbar ist (wie etwa *„Dear Sirs!"*, *„Dear Lisa!"*) und die ersten Benutzer des Mediums wieder einmal Studenten waren, die sich in Deutschland spätestens nach '68 untereinander duzten. Auch wenn es Sie reizt, dies fortzuführen, sollten Sie darauf achten, dass Ihnen das je nach Zielgruppe übel genommen werden kann. Ein 52-jähriger Kunde wird nicht begeistert sein, wenn er von einem 30-Jährigen geduzt wird. Sie sollten in geschäftlichen E-Mails erwachsene Kunden grundsätzlich siezen, auch wenn das zuerst einmal förmlich klingt.

HTML-Mails möglichst vermeiden

- Seit Netscape und Microsoft jeweils ihre E-Mail-Software verbreitet haben, ist es möglich geworden, mit einfachen Mitteln E-Mail-Nachrichten nicht nur als Text zu versenden, sondern auch in dem bereits erwähnten HTML-Format. Man nennt dies *rich text*, also quasi angereicherten Text[37]. Auch wenn viele Werbe-E-Mails inzwischen davon Gebrauch machen, möchte ich doch in den meisten Fällen abraten, diese Möglichkeit zu

---

[37] Interessanterweise ist nie von *poor text* als Gegenteil die Rede.

nutzen. HTML-Nachrichten sind bei erfahrenen Anwendern nicht beliebt, weil sie sich nur langsam auf dem Bildschirm aufbauen und ohne Wissen des Benutzer Verbindung zu fremden Internet-Auftritten aufnehmen können. So ist es möglich, dass der Rechner jedes Lesers einer solchen E-Mail immer wieder einen Hinweis abschickt, dass die Nachricht gelesen wurde[38]. Sogar schwere Sicherheitslücken sind mit dem HTML-Format offengelegt, so dass an der Seriosität solcher Nachrichten oft genug zu zweifeln ist. Bauen Sie Vertrauen auf, indem Sie reinen Text verschicken. Das wirkt angenehmer und vertrauenswürdiger. Sollten Sie die Möglichkeit von HTML-E-Mails doch für Postverteiler verwenden wollen, achten Sie darauf, dass sie genauso gründlich gestaltet werden wie eine Ihrer Webseiten. Benutzen Sie wenig bis gar keine Grafiken (vielleicht außer einem kleinen Logo) und gliedern Sie den Text, so dass er angenehm zu lesen ist.

2.3.3 Die Nachteile von E-Mail

Sie sollten beachten, dass E-Mail auch zu kriminellen Zwecken verwendet werden kann. Die oben bereits erwähnten Dateianhänge können auch Computerprogramme enthalten (man spricht von „ausführbaren" Dateien), die den Computer selbst steuern dürfen und die Sicherheit Ihres internen Netzwerkes oder des Arbeitsrechners empfindlich stören können. In der Vergangenheit gab es Dutzende „gefährliche" E-Mails, die oft Millionenschäden durch Unterbrechung der Kommunikation innerhalb eines Unternehms oder Personalkosten verursacht haben. Das erste mit großem Medienecho bedachte „Virus", wie man Computerprogramme nennt, die sich selbst weiterverbreiten, war ILOVEYOU[39]. Getarnt als angeblicher Liebesbrief, handelte es sich um ein Programm, das sich selbst aggressiv weiterverbreitete und in kurzer Zeit über die Rechner der gesamten Internet-Welt hereinbrach. Tausende Benutzer haben dazu gutgläubig

Die Schattenseite: E-Mail-Viren

---

[38] Unter anderem praktiziert sogar Yahoo diese Überwachungsmanöver. Siehe z.Bsp. `http://privacy.yahoo.com/privacy/de/pixels/details.html`

[39] `http://resnet.ucsd.edu/documentation/iloveyou.htm`

die Anlage der Nachricht geöffnet, weil sie nicht gewarnt waren. Ein kompletter Schutz ist leider mit den gängigen E-Mail-Programmen nicht möglich, da letztendlich immer der Benutzer entscheidet, welche Anlagen er sich ansieht und welche nicht. Vorsorgen können Sie, indem Sie darauf bestehen, dass die Sicherheitseinstellungen der jeweiligen E-Mail-Programme vor dem Ausführen von verdächtigen Dateien warnen. Diese Warnung sollten Sie, falls Sie eine Führungsposition inne haben, ausdrücklich allen Mitarbeitern erläutern und die Wichtigkeit klar machen.

Verlassen Sie sich auch nicht auf die Absenderadresse als Vertrauensbeweis, diese kann sehr einfach gefälscht werden. Dies gilt übrigens generell für E-Mail-Nachrichten: Fast nichts ist sicher. Vertrauen können Sie E-Mail nur, wenn der Inhalt, der Absender und Sie als Empfänger im nicht-virtuellen Kontext zusammenpassen. Wenn Ihr bester Geschäftspartner Ihnen also sonderbare Anhänge in holprigem Englisch schickt, werden Sie mißtrauisch. Fragen Sie lieber einmal zuviel als einmal zu wenig per Telefon nach, ob das denn alles seine Richtigkeit hat. Die einzige halbwegs brauchbare Sicherheit ist die Verschlüsselung und sogenannte „elektronische Unterschrift"[40] (Signatur).

Auch wenn Sie im Internet Handel betreiben wollen, ist E-Mail nicht vollkommen geeignet, um die Richtigkeit von Informationen sicherzustellen. Verlangen Sie immer nach einer „echten" Adresse, zum Beispiel einer Lieferanschrift, die Sie überprüfen können. Lieferungen an Postfächer oder Adressen ohne Straßenangabe sollten Sie mißtrauisch machen. Dass auch andere Dienste vor so etwas nicht gefeit sind, musste vor kurzem ein Ilmenauer Student feststellen, der nach dem Verlust seiner Börse plötzlich durch eine Internet-Versteigerung in den vermeintlichen Besitz eines Bootes, eines Autos und eines Flugzeugs gekommen war.[41]

---

[40] `http://www.spiegel.de/netzwelt/ebusiness/0,1518,135413,00.html`

[41] siehe `http://www.heise.de/newsticker/data/wst-03.07.01-005/`

Bedenken Sie, dass nicht verschlüsselte E-Mail-Nachrichten an diversen Stellen im Internet abgehört werden können. Verbreiten Sie nichts per E-Mail, was auf gar keinen Fall jemand anders hören sollte außer dem Empfänger. Erst recht keine wichtigen Forschungsergebnisse oder Betriebsgeheimnisse. Je wertvoller die von ihnen versandten Informationen sind, desto mehr wird investiert werden, um Ihre Kommunikation anzuzapfen.

Abhören ist einfach möglich

Wenn Sie als Führungskraft E-Mail als Medium für interne Kommunikation einsetzen möchten, denken Sie auch daran, dass Textnachrichten einen großen Teil der üblichen zwischenmenschlichen Verständigung entbehren und so für ein sehr „kaltes" Betriebsklima sorgen können. Ihre Mitarbeiter können teilweise verlernen, miteinander in der Realität umzugehen und Probleme durch Unterhaltung zu lösen, weshalb sogar einige Firmen inzwischen E-Mail-Kommunikation intern untersagt haben. Obwohl dieser Schritt sehr extrem ist, zeigt er doch, dass nicht jede Unterhaltung per E-Mail geführt werden sollte. Praktisch ist E-Mail vor allem für den internen Versand von Schriftstücken, die so leicht geprüft und korrigiert werden können.

Beeinflussung des Betriebsklimas

Denken Sie auch daran, dass E-Mail inzwischen besonders in den USA als (unfreiwilliges) Beweismittel benutzt wird. Oft können Nachrichten auch wiederhergestellt werden, selbst wenn sie eigentlich gelöscht sind. Microsoft Outlook Express 4 löscht beispielsweise Nachrichten nur, wenn sich sehr viele gelöschte Nachrichten angesammelt haben. Bis dahin kann alles wiederhergestellt werden. Mir fiel dies beim Schreiben eines Programms auf, das ich aus Sicherheitsgründen für meine vier Jahre umfassenden E-Mail-Archive entwickelte[42]. Es kann Outlook-Dateien ohne Installation von Outlook selbst anzeigen, inklusive bereits gelöschter Nachrichten[43].

Gelöschte E-Mails als Beweismittel

Es ist zu erwarten, dass auch in Deutschland immer mehr zu diesem rechtlichen Mittel gegriffen wird, obwohl die gesetzli-

Auch in Deutschland

---

[42] `http://www.flavour-technologies.com/MailWalker/`
[43] Für neuere Outlook-Versionen kann ich dies nicht nachweisen, da Microsoft den Aufbau der Archivdateien grundlegend geändert und verkompliziert hat.

che Grundlage bei der Sicherstellung von privaten E-Mails eher wacklig ist. ROSEN (2000) beschäftigt sich sehr ausführlich mit dem Konflikt zwischen Privatsphäre (die in den USA sowieso recht schutzlos der Öffentlichkeit ausgeliefert ist) und dem Interesse der Allgemeinheit an Information. Nun gibt es in Deutschland zum Glück ein recht fortschrittliches Datenschutzgesetz[44], wohingegen die Amerikaner oft genug bei diesem Thema mit den Geistern kämpfen, die sie selber riefen — das sogenannte „first amendment"[45] der amerikanischen Verfassung schützt dort oberflächlich gesehen fast alles, was gesagt oder geschrieben wird und damit auch die „Öffentlichkeit".

2.4 File Transfer Protocol

Ein unauffälliger Transportdienst

Das FTP ist etwas schwierig zu beschreiben, weil es seinen Dienst fast immer unsichtbar erledigt und heute praktisch nur noch als „Lastesel" auf WWW-Seiten auftaucht. Wir hatten bereits besprochen, dass das World Wide Web mit Dateien arbeitet, die oft in der „Sprache" HTML geschrieben sind. Nun müssen zwei Computer im Internet aber einig sein, wie sie diese Dateien hin- und her übertragen. Das WWW hat dazu seinen eigenen Hilfsdienst namens HTTP *(HyperText Transfer Protocol)*, der beiden Hosts beschreibt, wie die Zeichen aus den Dateien übertragen werden sollen.

Stellen Sie sich das wie eine sehr umständliche Unterhaltung vor:

Host1: „Hallo! Ich möchte gerne die Datei XYZ von dir erhalten. Ist das möglich? Ich kann diese und jene Dateien anzeigen, also such dir das passendste aus!"

Host2: „Alles klar, ich werde jetzt anfangen zu senden, und zwar so-und-so viele Zeichen. Bereite dich vor!"

---

[44] `http://www.datenschutz-berlin.de/recht/de/bdsg/bdsg1.htm`
[45] `http://www.law.cornell.edu/constitution/constitution.`
`billofrights.html`

Host1 empfängt nun, bis die Datei komplett von Host2 gesendet wurde und beendet danach automatisch die Unterhaltung.

Natürlich kann das ganze auch fehlschlagen, wenn der fragende Rechner eine nicht existierende Datei vom anderen Rechner verlangt. (Das ist die immer wieder auftauchende Meldung „404", die sie mit Sicherheit schon kennengelernt haben, wenn Sie öfter das WWW benutzen.)

Übertragungs-
fehler

Ein FTP-Dienst arbeitet sehr ähnlich und wird gerne auf Internetseiten für größere Dateien verwendet. Er ermöglicht eine Trennung der Übertragungslast vom eigentlichen Internet-Auftritt und einzelnen großen Dateien (Bildern, Musik, ausführbare Programme). Bei großer Anfragenlast werden dadurch die Übertragungen von großen Dateien langsamer, aber der Internetauftritt ist selbst nicht blockiert. Wenn Sie noch selten oder gar nicht mit Datenlasten hantiert haben, mag das für Sie auf den ersten Blick unlogisch erscheinen, ich möchte die Lastenteilung nochmal mit unseren Flüssen von vorhin erklären:

Trennung
von
Datenlasten

In unserem Fluss-Beispiel wäre das die Einrichtung von zwei unterschiedlichen Häfen — ein kleiner aber tiefer und ein größerer, aber flacher. Der kleine Hafen (FTP) ist da für die großen Containerschiffe, die größere Fracht (Dateien) transportieren möchten (wo es aber ruhig langsamer gehen darf), während der große, aber flache Hafen (HTTP) für die vielen kleinen Jollen dient, die „nur" den Internet-Auftritt sehen möchten (und das bitte schnell!). Je nach den Anforderungen kann man diese Häfen (Server) auf zwei unterschiedliche Flüsse (Netzwerkleitungen) verteilen. Letzteres lohnt sich besonders, wenn ein großer Teil des Angebots aus dem Herunterladen *(download)* größerer Dateien besteht.

Stellen Sie sich FTP als eine Art Arbeitstier vor. Sein Einsatz lohnt sich genau dann, wenn Sie dem Benutzer viele große Dateien zum Herunterladen anbieten möchten. Wenn Sie zum Beispiel neben dem normalen Internet-Auftritt noch eine große Bildergalerie zur Verfügung stellen möchten und mit vielen Benutzern

Lohnt bei
großen Da-
tenmengen

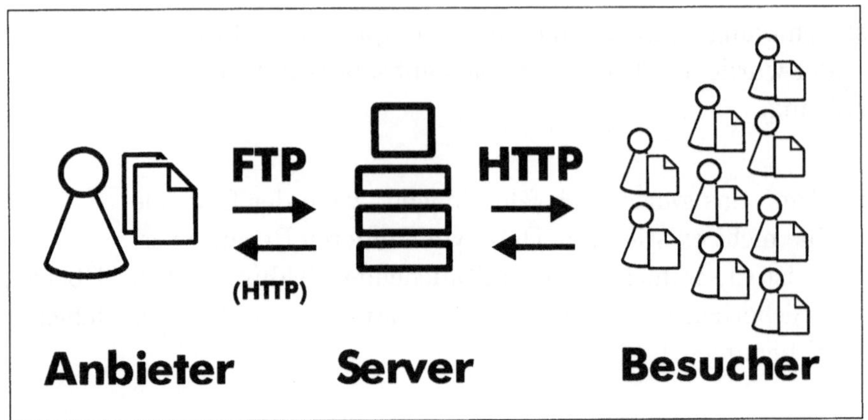

Abbildung 2.4. Übliche Nutzung von FTP und HTTP im World Wide Web

rechnen, lohnt es sich, die Dateien der Bilder auf einen FTP-Server zu bringen. Wenn Sie sehr große Datenmengen verwalten möchten, empfiehlt sich der Einsatz eines eigenen Systems zur Verwaltung dieser Daten, man spricht von einem Content-Management-System.

Oft wird auch vom Betreiber eines Auftritts FTP benutzt, um den Serverrechner (der ja meist ausgelagert ist) mit neuen Daten zu füttern *(upload)*. Die Benutzer, die einen Auftritt besuchen, benutzen dann aber wieder ganz „normal" HTTP.

Die Zukunft des FTP-Dienstes sieht nicht gerade rosig aus, da praktisch alles genauso mit dem bereits erwähnten HTTP möglich ist.

2.5 Schwarze Bretter

Das Konzept vom „schwarzen Brett" im Netz ist fast so alt wie die E-Mail-Idee, erfunden wurde das passende Übertragungsverfahren für das Internet dazu 1980 von Steve Bellovin, Jim Ellis (verstorben 2001), Tom Truscott und Steve Daniel an der Duke

University in North Carolina[46]. Der Grundgedanke ist, dass man
nach Themen geordnet eine Diskussion ermöglicht, an der sich
jeder beteiligen darf, und die Nachrichten jeder Personen daraufhin für alle sichtbar werden. Dies ermöglicht eine sehr schnelle
und effiziente elektronische Unterhaltung mit mehreren Personen. Wenn Sie so wollen, ist es eine freiere Form der bereits
erwähnten Postverteiler.

*Jeder
diskutiert
mit jedem*

2.5.1 Historische Entwicklung

Über die Zeit hat sich im Internet eine riesige, unüberschaubare
Vielzahl solcher Newsgroups gebildet, die unter einem Namen,
Usenet, zusammengefasst geliefert werden. Dazu wird wieder ein
Serverprogramm benötigt, das Internet-Anbieter ihren Kunden
bereitstellen. Ein Newsgroup-Browser *(newsreader)* ermöglicht
dabei die komfortable Verwaltung der verschiedenen Diskus-
sionsstränge, die sich entfalten. Zum Jahrtausendwechsel waren annähernd zwanzigtausend(!) verschiedene öffentliche Newsgroups verfügbar, wobei nur in einem Bruchteil davon tatsächlich
diskutiert wird. Es gibt sogar eine alte Internet-Tradition[47],
Newsgroups mit einem Scherznamen als Titel einzuführen, zum
Beispiel „alt.adjective.verb.noun.noun.noun", wobei das „alt"
für „alternative Gruppe" steht, was historische Gründe hat. (In
der Frühzeit des Usenet gab es sieben Hauptarten von Diskussionsgruppen, und die „alternativen" Gruppen sollten als Auf-
fangbecken für die nicht ganz ernst gemeinten davon dienen.)

*Tausende
verschiedene
Gruppen*

Überhaupt ist im Usenet vieles historisch, und die Nutzer, die
sich des Usenets bedienen, um zu diskutieren, sind eine Art Eli-
te unter den vielen Nur-WWW-Benutzern. Über die Zeit haben sich in den Diskussionsgruppen Benimmregeln entwickelt,
die auch für die E-Mail-Verständigung sehr nützlich sind, man
nennt sie „Netiquette"[48], ein Konglomerat von „network" und

*Benimm-
regeln*

---

[46] The Jargon File 4.3.0, „Usenet"
   `http://www.tuxedo.org/~esr/jargon/html/entry/Usenet.html`
[47] The Jargon File 4.3.0, „Verb Doubling"
   `http://www.tuxedo.org/~esr/jargon/html/Verb-Doubling.html`
[48] `http://www.use-net.ch/Usenet/netiquette_de.html`

```
alt.aeffle.und.pferdle
alt.books.wizard-of-oz
alt.comedy.jerrylewis
alt.culture.tibet
comp.graphics.apps.paint-shop-pro
de.alt.naturheilkunde
de.rec.fotografie
microsoft.public.win32.programmer.tools
sci.techniques.microscopy
uk.politics.philosophy
```

Abbildung 2.5. Ein kleiner Auszug aus den USENET-Newsgroups

„etiquette". Die Nutzerschaft der öffentlichen Diskussionsgruppen ist für Sie möglicherweise sehr interessant, aber gleichzeitig sehr kritisch. Im Usenet blüht die Mund-zu-Mund-Propaganda, aber direkte Werbung ist im Normalfall absolut verpönt. Auch hier gilt wie bei E-Mail: Sie machen sich bei einer sehr sehr großen Anzahl von Personen damit ziemlich sicher sehr unbeliebt.

Werbung oft unerwünscht

Eine weitere Verschrobenheit im Usenet ist die bizarre Folklore über völlig absurde Themen. So gibt es seit etwa zehn Jahren eine blühende Verschwörungstheorie, dass die Stadt Bielefeld nicht existiert[49]. Ein anderes interessantes Projekt ist die Rautavistische Universität Eschweilerhof[50]. Koordiniert werden viele dieser wunderlichen Aktionen von einer Usenet-Newsgroup namens `de.talk.bizarre`[51]. Eine ganze Sammlung davon gibt es im sogenannten Net-Digest[52].

Und noch ein Hinweis am Rande: Einige Firmen haben clevere Wege entwickelt, um das Usenet zu nutzen: Sie bieten eigene Newsgroups an, die dann von Internet-Anbietern verbreitet werden! So kann zum Beispiel die Firma Novell, ein Hersteller von Netzwerklösungen, elektronisch an Diskussionen mitwirken und stört keine anderen, „freien" Gruppen dabei.

---

[49] `http://members.surfeu.de/awin/bielefeld.html`
[50] `http://www.ru-eschweilerhof.de/`
[51] `http://fsinfo.cs.uni-sb.de/~hirvi/dtb/`
[52] `http://best-of-netdigest.de`

2.5.2 Newsreader und interne Diskussionsforen

Der heute meistgenutzte Newsreader ist das mit vielen Computern ausgelieferte Programm Outlook[53] von Microsoft, das unter anderem E-Mail und Newsgroups verwaltet, gefolgt vom Erzrivalen Netscape, der mit seinem Messenger[54] ein sehr ähnliches Programm anbietet. Sie sollten einmal ins Usenet geschaut haben, wenn Sie ernsthaft erwägen, internet-relevante Produkte zu entwickeln. Der direkte Kontakt mit Kunden kann sehr wertvoll und kostensparend sein und Ihnen auch noch eine Menge Pluspunkte in Sachen Öffentlichkeitsarbeit bringen.

Eine interessante Möglichkeit, die schwarzen Bretter zu nutzen, ist die Verwendung unternehmensinterner Diskussionsforen, die nur für Mitarbeiter gedacht sind. Die Kommunikation in einem Unternehmen kann so angeregt werden und die Dokumentation von Entscheidungsprozessen wird vereinfacht. Der Einsatz eines solchen Systems ist mit relativ geringen Kosten (wenige tausend Mark) verbunden und kann einen großen Produktivitätszuwachs bedeuten, wenn die Mitarbeiter eine Einführung in das System erhalten und an der Teilnahme interessiert sind. Die meistverwendeten Server-Programme sind das frei verfügbare InterNetNews[55] (kostenlos in der Anschaffung, jedoch komplizierter in der Bereitstellung) und das von Microsoft angebotene, kommerzielle Exchange[56].

2.5.3 Diskussionsgruppen im WWW

Das Prinzip Newsgroup ist so praktisch, dass es inzwischen eine unübersehbare Zahl an sogenannten Webforen gibt[57] Diese tun genau das gleiche wie Newsgroups (also erlauben den freien Aus-

---

[53] `http://www.microsoft.com/office/outlook/` — „Outlook Homepage"
[54] `http://home.netscape.com/communicator/messenger/` — „Netscape Messenger"
[55] `http://www.isc.org/products/INN/` — „INN: InterNetNews"
[56] `http://www.microsoft.com/exchange/` — „Exchange Server Home"
[57] Zum Beispiel bietet die Firma Yahoo solche Dienste unter der Adresse `http://de.clubs.yahoo.com/` an.

tausch von Nachrichten in Diskussionen), aber sind mit jedem WWW-Browser benutzbar. Der Benutzer muss also kein eigenes Programm mehr einrichten, sondern kann direkt ein solches Forum benutzen.

Wenn Sie diese Idee fasziniert und Sie ein solches Forum gerne auf Ihren Seiten betreiben wollen, muß ich sie jedoch ein wenig warnen. Schon viele wurden von der einsetzenden freien Meinungsäußerung kalt erwischt, die dort anonym betrieben werden kann. In solchen Foren entsteht sehr schnell eine schlechte Stimmung und diese kann sich rasant aufschaukeln. Sie selber (oder ein Mitarbeiter) sollten unbedingt das Forum mindestens einmal am Tag überprüfen und offensichtlich beleidigende oder kriminelle Meldungen herausnehmen. Sonst entsteht sehr schnell „Wildwuchs".

> Webforen brauchen viel Wartung

2.6 Virtuelle Unterhaltungen

Wenn einer der Dienste den schlechtesten Ruf bei Außenstehenden und die Liebe der Benutzer hat, dann ist es mit Sicherheit der *Chat*, zu Deutsch Schwatz. Wenn Sie aufmerksam die Medien verfolgt haben, werden Sie bei diesem Wort sofort an Unzucht, Diebstahl und Mord denken. Wie kommt es dazu?

Der Chatroom bietet Benutzern eine ausgesprochen einfache, im Normalfall anonyme Nutzung des Internets, um eine Unterhaltung per Text zu führen. Sie können Sich das wie eines der oben erwähnten Newsgroups vorstellen, nur läuft die Unterhaltung um ein Vielfaches schneller. Die entsprechenden Programme sind darauf ausgerichtet, die sekundenschnelle Eingabe von Meldungen zu ermöglichen und die Antworten anderer möglichst komfortabel darzustellen. Entsprechend leben sich die Benutzer auch aus, und so findet sich im Chat sowohl völlig legale, heitere Kommunikation wie auch dunkle Machenschaften, jedoch im Normalfall strikt getrennt. Man kann im Chat Jahre verbringen, ohne auch nur eine einzige kriminelle Aktion mitzubekommen.

> Sehr schnelle Diskussionsform

Das Chat-Konzept ist im Internet so erfolgreich, dass es eine
Vielzahl von Realisierungen gibt. Das urtümlichste Medium dazu ist der sogenannte IRC[58] *(internet relay chat)*, dessen Nutzer in tausenden verschiedenen „Kanälen" über diverse Themen
schwatzen. Der Dienst wurde 1988 von Dr. Jarkko Oikarinen[59]
während seines Studiums in Finnland entwickelt und entwickelte
sich zu einem Dauerbrenner, der auch über zehn Jahre danach
noch tausende Menschen jeden Tag miteinander verbindet. Das
meistgenutzte Programm dafür unter Windows ist mIRC[60].

IRC

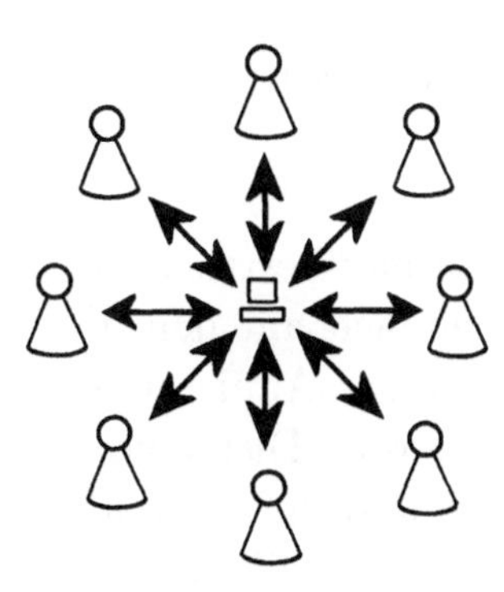

Abbildung 2.6. Der Chat:
Jeder kann mit jedem kommunizieren

Über die Zeit, in der die Benutzer immer mehr das WWW benutzten, haben sich unzählige sogenannte „Webchats" herausgebildet. Das
sind Programme, die nur im Internet-
Browser, nicht jedoch auf dem jeweiligen Rechner des Benutzers, laufen
und über einen WWW-Server die
Benutzer miteinander verbinden. Die
Auswahl ist zu riesig, um einen Fa-
voriten zu nennen, Sie sollten selber
einen Blick auf das Angebot im Internet werfen.

WWW-Chat

Eine Sonderform der Chats ist das von Yair Goldfinger, Arik
Vardi, Sefi Vigiser und Amnon Amir 1996 in Israel aus der Taufe gehobene System ICQ[61] (buchstabiert auf Englisch: I seek you
— Ich suche dich). ICQ war der Pionier im sogenannten „Instant
Messaging" (was etwa so viel heißt wie Sofortmitteilungsdienst),
einer Mischung aus E-Mail und Chat, die die Vorteile von beidem
verbindet. Sind Freunde oder Bekannte im Internet erreichbar,
erscheint automatisch ein Hinweis auf dem Bildschirm und man
kann sich mit ihnen per Chat unterhalten. Die Firma hinter ICQ,
Mirabilis Inc., wurde inzwischen vom Online-Giganten America
Online[62] aufgekauft, damit hat ICQ eine noch viel weitere Ver-

ICQ

---

[58] `http://www.irc.pages.de` — „Internet Relay Chat"
[59] `http://www.kumpu.org/jto/`
[60] `http://www.mirc.co.uk` — „mIRC — An Internet Relay Chat program"
[61] `http://www.icq.com`
[62] `http://www.aol.com`

breitung gefunden. Wie schon bei vielem Anderen zog Microsoft kurz darauf nach und kopierte ein bereits bestehendes Konzept, um mit der Marktmacht des auf vielen Rechnern schon eingebauten „Microsoft Internet Explorers" den MSN Messenger[63] auf dem Markt vorzupreschen. Die beiden Programme unterscheiden sich in der Grundfunktion praktisch gar nicht, und der Versuch glückte wie in fast allen anderen Fällen solcher Epigonie. Inzwischen hat der MSN Messenger den ICQ-Dienst von AOL offenbar nach Nutzerzahlen überflügelt[64].

2.7 Internet-Telefonie und Videokonferenzen

Wenn man im Internet Sprach- und Bilddaten übertragen kann, warum soll man nicht das (Bild)telefon einfach mit dem Computer ersetzen? Das dachten sich auch einige Anbieter Mitte der Neunziger Jahre und entfachten eine große Diskussion, ob denn das alte Telefon verschwinden würde und die Zukunft der Bildtelefonie über das Internet gehöre. Eine ganze Branche entstand um diese Idee, jedoch stellte man recht schnell fest, dass die Bürger das Konzept nicht annahmen. Sowohl Bildtelefonie (die es schon in den Achtzigern gab!) als auch Internet-Telefonie führen heute in der Öffentlichkeit ein Schattendasein, was auch mit den langsamen Internet-Verbindungen und handfesten technischen Problemen zu tun hat bzw. hatte[65]. Ganz davon abgesehen sind Bildtelefone (die es zum Beispiel für das ISDN-Netz schon lange gibt) sündhaft teuer und daher derzeit höchstens ein Luxusgegenstand. Interessant ist die Telefonie über Computer jedoch, wenn unternehmensweite Telefonkonferenzen in verschiedenen Zentralen geführt werden sollen. Hier kann ein Intranet bzw. Extranet (s. Abschnitt 1.3) Gold wert sein, weil es die horrenden Telefonkosten drastisch absenken kann.

Konnte sich noch nicht durchsetzen

---

[63] http://messenger.msn.com/ — „MSN Messenger service home"

[64] „Microsoft's Instant Messaging Victory"
http://www.geek.com/news/geeknews/2001mar/gee20010319004886.htm

[65] „Billiger telefonieren — Internet-Telefonie"
http://www.teltarif.at/i/inettel.html

2.8 Zusammenfassung

Das Internet bietet eine Vielzahl an unterschiedlichen Kommunikationsmöglichkeiten, unterschieden vor allem durch die Schnelligkeit der einzelnen „Wortmeldungen". Die gewerbliche Nutzung, zum Beispiel durch Werbung, ist je nach Dienst möglich oder nicht möglich, und es sollte vorher genau überlegt werden, welcher Dienst sich für den jeweiligen Internet-Auftritt zur Verwendung anbietet.

Ich habe einmal versucht. die Eigenschaften der einzelnen Dienste möglichst knapp zusammenzufassen. Hierbei handelt es sich teilweise um persönliche Erfahrungswerte, und nicht jedem Nutzer wird diese grobe Vereinfachung gerecht. Die Auflistung ist mehr als Übersicht zu verstehen denn als genaue Sozialstudie.

Dienst	*Nutzerzahl*	*Werbung?*	*Leicht bedienbar*	*Nutzer*
WWW	hoch	Ja	unterschiedlich	versch.
E-Mail	hoch	(Ja)	Ja	versch.
FTP	hoch	Nein	Ja, mit WWW	versch.
News	mittel	(Nein)	Nein	eher älter als 20 Jahre
Chat	gering	Nein	Nein	eher älter als 20 Jahre
Instant Messaging, Webchat	hoch	Ja	Ja	eher jünger als 20 Jahre
Internet-Telefonie, Video-Konferenz	gering	Nein	(Nein)	Computer-Experten bzw. Technologiefirmen

Tabelle 2.2. Wichtige Eigenschaften der großen Internet-Dienste

3. Gründe für einen Internet-Auftritt

Wir sind auf unserer Reise aus den Anfängen heraus. Sie wissen inzwischen, welche grundlegenden Dienste es im Netz gibt und wozu man sie verwenden kann. In diesem Kapitel möchte ich Ihnen erklären, wann und wozu Sie einen Auftritt im Internet nutzen sollten und was Sie dort anbieten können. Schon hier soll kurz angesprochen werden, was Ihre Benutzer in spe von Ihnen dort erwarten und was sie bereits gewohnt sind.

3.1 Gründe, das Internet zu benutzen

Sie mögen jetzt fragen: Warum denn überhaupt nach Gründen fragen? „Das Internet ist eben da und man muss es nutzen.", würden da einige antworten, aber ich bestreite das. Ein Internet-Auftritt, der grundlos existiert, wird das auch nach außen hin ausstrahlen. Pro-forma sollte nie ein Internet-Auftritt in Gang gesetzt werden, dazu ist das Ganze unter anderem auch viel zu teuer.

Auftritt nicht grundlos starten

Als Hauptgründe, warum man das Internet als Unternehmen benutzen sollte, möchte ich drei nennen:

3.1.1 Ziel I: Image verbessern

Als primäres Ziel vieler Auftritte gilt dabei dieses: Sie wollen ihr (vielleicht angestaubtes?) Image dadurch aufpolieren, dass sie im

Internet präsent sind. Nur ich muss Sie jetzt etwas enttäuschen: Allein nur durch Anwesenheit läuft im Internet nichts.

Auf fast jedem Werbeplakat, das überhaupt gedruckt wird, steht eine Internet-Adresse der Form `www.irgendein-name.de`. Im Marketing-Bereich wird ein Auftritt im Internet sehr einfach betrachtet: Informationen im World Wide Web unterstützten dort eine bereits in der „normalen Welt" laufende Werbekampagne. Wenn etwa eine Limonadenfirma einer Marke neuen Pfiff geben will, schießt sie werbetechnisch aus allen Rohren — Plakate, Kinowerbung, Fernsehwerbung, Zeitschriftenwerbung, und inzwischen gehört zu diesem Repertoire auch das Internet. Sie erkennen solche Internet-Auftritte schon von weitem daran, dass sie sehr bunt aufgemacht sind (man will ja auffallen) und praktisch bar jedes Inhalts sind, der über Werbung hinausgeht. Die meist jungen Besucher versucht man, mit Gewinnspielen und bunten Kurzfilmen zum Verbleiben zu nötigen. Versuchen Sie einmal, den Internet-Auftritt eines üblichen Hollywood-Films zu besuchen, sie werden normalerweise nicht viel dort finden, was Sie fesseln würde.

Marketing-Auftritte

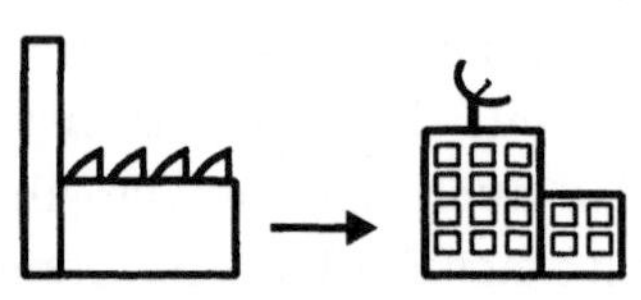

Kurzum: Offensichtlich handelt es sich hier um reine Marketingauftritte als Teil einer großen Werbekampagne. Wirklich neue Informationen findet man hier kaum, aber das Webdesign ist sehr aufwendig gestaltet — bunt, blinkend und blitzend und mit allen Möglichkeiten der Marketingkunst versuchend, den Besucher da zu behalten. Ich persönlich zweifle die Wirksamkeit einfacher Werbeauftritte stark an. Das Marketing ist bisher gewöhnt, Werbung dort zu machen, wo sich die Menschen dem nicht verschließen können — schauen Sie mal *nicht* auf ein Plakat, wenn Sie davor stehen! Aber im Internet ist die Situation eine andere. Das World Wide Web wird vom Benutzer zuhause gesteuert, und dieser hat im Normalfall gar kein Interesse, sich auch noch freiwillig purer Werbung auszusetzen.

Pure Werbung funktioniert im Netz nicht

Im weiteren Verlauf des Textes möchte ich mich nicht groß um
reine Werbeauftritte kümmern, denn hier treten die Aspekte
Benutzungsfreundlichkeit und schnelle Bedienbarkeit kaum auf.
Auch das Konzept ist meist nicht eigenständig, sondern passt
sich größtenteils einer bereits bestehenden Kampagne an. Die
Möglichkeiten des Internets werden bei Werbeauftritten sowieso
kaum ausgeschöpft. Um es noch einmal kurz zu fassen:

**Im Internet bestimmen nicht Strategen, was gese-
hen wird, sondern die Besucher bestimmen, was
sie sehen wollen. Je öfter sie enttäuscht werden,
desto weniger werden sie sich für ein bestimmtes
Genre von Internet-Auftritten interessieren.**

Geschickte Werbeauftritte sind eine Form von Symbiose: Der
Anbieter stellt interessante Informationen bereit (und sei es auch
nur zu seinem Produkt), der Nutzer lässt sich dafür auch Wer- **Symbiose**
bung in Form von Bannern, Logos etc. gefallen. Das Image und **anstreben**
eine eventuell gewünschte Markenbindung bzw. -bildung, die sie
damit erzeugen, ist viel wertvoller als ein purer PR-Auftritt, der
auch noch eine Unmenge an Geld verschlingt.

Eine wichtige Leistung, die Kunden an ihren Auftritt außerdem
bindet, ist besonders:

3.1.2 Ziel II: Direkter Kundenkontakt

Ein unglaublich wichtiger, aber oft übersehener Faktor im Internet ist der direkte Kontakt von Kunde zu Anbieter. Viele Unternehmen können sich gar nicht vorstellen, dass so etwas wichtig
sein könnte. „Schließlich können die uns doch einen Brief schreiben!" tönt es aus den Sekretariaten und PR-Abteilungen, aber
das ist genau der falsche Weg. Eine der großen Stärken des Internets ist E-Mail (wir hatten es im ersten Kapitel besprochen),
und Sie sollten sie sich zu Nutze machen. Es kommt etwas darauf
an, was Sie herstellen oder welche Dienstleistung Sie anbieten,

Immer E-Mail-Adresse anbieten

jedoch sollten Sie **immer** eine gut sichtbare E-Mail-Adresse beziehungsweise eine WWW-Seite zum Informationsaustausch anbieten. Sobald eine E-Mail eingetroffen ist, sollte diese mit einer automatischen Antwort-E-Mail quittiert werden, in der in etwa steht, dass sie herzlich dafür danken, und sich ein Mitarbeiter sobald als möglich um die Beantwortung kümmern wird. Wenn Sie ausländische E-Mails erwarten bzw. sowieso international tätig sind, sollte es natürlich auch in Englisch dort stehen.

E-Mails unbedingt korrekt beantworten

Das sollen nun aber keine hehren Worte bleiben, Sie sollten sich unbedingt auch daran halten. Man sollte meinen, dass das immer der Fall sei, aber in meinen Jahren im Internet habe ich auf schätzungsweise mehr als die Hälfte meiner Anfragen als Kunde, die beantwortbar gewesen wären, nie eine Antwort erhalten. Besonders im Netz fällt so ein Auftritt sehr schnell in Ungnade. Einer der Gründe für miserables Antwortverhalten von Firmen mag dabei auch sein, dass letztendlich E-Mail als Medium nur ausgesprochen halbherzig gebraucht wird. Viele Kundenabteilungen scheinen davon auszugehen, dass E-Mail-Nachrichten hauptsächlich ein Grund sind, Kataloge zu verschicken, egal, was in der Nachricht stand. Wenn Sie erwägen, einen Internet-Auftritt zu erstellen, planen Sie **immer** jemand ein, der sich um die hereinkommenden E-Mails kümmert. Dieser Jemand sollte natürlich nicht der Praktikant sein, der derzeit nichts zu tun hat, sondern ein kompetenter Mitarbeiter (bzw. Sie selber, wenn es sich anbietet), der im Umgang mit Kunden geübt ist. Um es kurz zu machen:

> **Jede vernünftige E-Mail muss kompetent innerhalb weniger Tage beantwortet werden. Sollte mehr Zeit nötig sein, ist der Absender darüber höflich zu informieren.**

B2B

Mit direktem Kundenkontakt ist aber je nach Unternehmen auch gemeint, von Firma zu Firma Bestellungen abzuwickeln *(business-to-business, B2B)*. In diesem Fall ist noch wichtiger, dass die Bestellfunktionen des Auftritts möglichst einfach und schnell zu benutzen sind. Vielleicht wollen Sie in dieser Situation sogar ein automatisches Bestellsystem einsetzen. Einer der größten Anbieter neben IBM ist dabei in Deutschland die Waldorfer Firma SAP[1], deren Erfolg hauptsächlich darauf gegründet ist, dass IBM sich Anfang der Siebziger Jahre querstellte, schnellere und besser angepasste Programme für die kleinere und mittlere Industrie herzustellen und nicht nur Großprogramme (HENKEL, 2000). In diese Lücke sprang SAP. Weitere Anbieter solcher Lösungen sind beispielsweise Baan[2] und Oracle[3].

Kommen wir zu dem für Besucher interessantesten Angebot, das aber für Anbieter am schwierigsten zu realisieren ist:

3.1.3 Ziel III: Bereitstellen von Informationen

Hier spielt das Internet und besonders das World Wide Web viele Stärken aus. Jede halbwegs interessanten Informationen, seien es Nachrichten oder Hinweise, die mit ihren Produkten oder Dienstleistungen in irgendeiner Form zu tun haben, binden ganz erheblich Benutzer an ihre Seite. Nehmen wir einen Gärtner als Beispiel — er möchte gerne einen Auftritt im Internet haben, um mehr Kunden erreichen zu können. Wenn Benutzer auch verweilen sollen und ihnen klar werden soll, dass dieser Gärtner der beste für den Job ist, sollte der Auftritt das auch unterstützen. Er sollte interessante Referenzen enthalten (natürlich mit Fotos!) und jede Dienstleistung kurz beschreiben. Vielleicht wäre es interessant, die Blumen der Saison kurz zu portraitieren, und immer sollte auch die Möglichkeit bestehen, einen Auftrag online zu bestellen. (Natürlich darf bei einem recht bodenständigen Unternehmen wie einem Gärtnerbetrieb auch die Adresse und Telefonnummer nicht fehlen.) Das ist natürlich nur ein Beispiel, jede Branche erfordert andere Schwerpunkte im Internet.

Information bindet Benutzer

Mit dem World Wide Web können Sie in Windeseile neue Informationen, egal welcher Art, zur Verfügung stellen. Zur Be-

---

[1] http://www.sap.de/
[2] http://www.baan.de/
[3] http://www.oracle.com

reitstellung von Informationen zähle ich hier auch einen brauchbaren Internet-Laden *(shop)*. Wenn Sie einen Benutzer schon lang und breit über Produkte informiert haben, sollten Sie ihm auch Gelegenheit geben, diese direkt zu bestellen. Ein unrühmliches Gegenbeispiel waren lange Zeit die großen deutschen Elektronikmärkte, die tatsächlich jahrelang im Internet vertreten waren, aber ein lächerlich geringes und mit Spielereien überfrachtetes Angebot zur Verfügung stellten, ohne auch nur den Gedanken an einen Online-Katalog zu verschwenden. Über die technischen Gepflogenheiten beim Online-Einkauf werden wir später noch sprechen, sie sollten jedoch schon darauf vorbereitet sein, dass so etwas verlangt wird.

Internet-Shop

Ein Beispiel für cleveres Anbieten von Informationen liefern die großen Paketzusteller im Internet. Die interessanteste Funktion ist hier oft die Sendungsverfolgung[4] — eine Funktion, mit der man herausfinden kann, wo ein Paket sich gerade aufhält, das man abgeschickt hat oder erhalten soll. Geschäftskunden wissen genau, wo sich Lieferungen befinden und wann sie mit dem Eintreffen rechnen können. Natürlich ist so etwas kein einfach aufzubauendes System, und die Sendungsverfolgung für Privatkunden ist eigentlich nur ein Abfallprodukt der internen Logistik, aber die Kunden fühlen sich verstanden und umsorgt, und was kann es besseres für den Erfolg einer Firma geben, als dieses Gefühl zu vermitteln?

Paket-verfolgung

---

[4] Zum Beispiel `http://www.ups.com/europe/de/tracking/gertracking.html` oder `http://www.deutschepost.de/euroexpress/tto2000/de/track/ueber_trac.html` bei der Post

3.2 Derzeitige Internet-Angebote

Grundsätzlich kann man die derzeit bereits bestehenden Internet-Angebot in drei verschiedene Arten einteilen:

- **Private Seiten**

- **Firmenseiten**

- **Portale**

Natürlich wird diese Einteilung nicht jeder Seite gerecht, das wäre auch schlichtweg unmöglich bei einem Angebot von Milliarden(!) Seiten im World Wide Web. Jeden Tag entstehen neue Auftritte und neue Ideen, Informationen zu präsentieren, die diese Liste problemlos durch ihre Vielfalt sprengen könnten. Es gibt auch Verquickungen von privat und gewerblich oder von Portal und Privatseite (einen Moment noch, ich erkläre die Begriffe gleich), aber grundsätzlich ist eine Einteilung wie oben beschrieben zum Einstieg einfach hilfreich zur Orientierung. Sie sollten sich entscheiden, welcher Art ihr Auftritt eigentlich sein soll, bevor sie sich ins Reich von Konzepten und Prototypen stürzen.

Nur grobe Einteilung

Ich möchte noch vorausschicken, dass ich von Zeit zu Zeit von einer „Seite" im Internet sprechen werde. Dieser Slang hat sich im Internet eingebürgert, weil HTML (Erinnern Sie sich? Die Sprache, mit der WWW-Auftritte „gemacht" werden.[5]) prinzipiell seitenweise arbeitet. Von dieser Seite verzweigen dann wieder andere Seiten und so weiter. Meistens ist mit einer Webseite schlicht und ergreifend der ganze Auftritt gemeint. Die Überlegung war, Ihnen diese verschiedenen Begriffe zu ersparen, aber sie werden ihnen immer wieder begegnen, und so schwierig sind sie denke ich auch nicht zu verstehen.

Seite vs. Auftritt

---

[5] Eine ausführlichere Erklärung tauchte schon in 2.2.1 auf, falls Sie kursorisch gelesen haben.

„Homepage"

Eine weitere Mehrdeutigkeit hat sich auch beim Wort „Homepage" ergeben. Eigentlich ist damit nur die *erste Seite* eines beliebigen Auftritts gemeint, aber schon seit vielen Jahren wird damit gleichzeitig auch eine private Seite im Internet gemeint — vielleicht, weil zur Anfangszeit des World Wide Web viele private Auftritte wirklich nur aus einer Seite, der Homepage eben, bestanden.

3.2.1 Private Homepages

Der erste Typ, die privaten Homepages, stellen das Gros der „alten Welt" im Internet dar, der Boom begann etwa 1994. Die großen Internet-Anbieter gaben ihren Privatkunden eine gewisse Menge an Speicherplatz auf ihren Serverrechnern, und die Kunden füllten diesen dann mit Be-

Kein Gewinn-interesse

schreibungen von sich selbst, mit Fotos und Reiseberichten und was es nicht alles gibt. Obwohl oft auch Werbebanner im Spiel sind, die auf den Seiten erscheinen, ist der Ertrag dabei normalerweise sehr gering und die gesamte Seite nicht gewerblich. Die große Zeit der privaten Seiten klang bis zum Jahr 2000 reichlich ab, je mehr kommerzielle Homepages die Besucher anzogen. Meistens sind private Homepages nur für den engsten Bekanntenkreis des Autors interessant, und da keinerlei Werbung für sie geschaltet wird (sieht man einmal von sogenannten *Banner-Exchanges* ab, wo private Seiten sich untereinander bewerben[6]), dümpeln sie oft genug mit wenigen Besuchern pro Woche vor sich hin. Es gibt natürlich auch sehr aufwendig und interessant gestal-

Niveau schwankt sehr

tete private Homepages im Netz, die sich konstanter Beliebtheit erfreuen. Bis heute bilden private Homepages im Internet eine Art familiäre Grundsubstanz. Das Niveau schwankt sehr stark von armselig bis ganz hervorragend, und einige berühmt gewordenen Homepages wie etwa die von Apple-Mitbegründer Steve

---

[6] Es gibt eine Unmenge solcher Angebote im Internet — zu viele, um sie aufzuzählen.

Wozniak[7] zeigen, dass man über sich selbst schreiben kann, ohne arrogant und langweilig zu sein.

3.2.2 Firmenseiten

Firmenseiten sind, wie natürlich der Name schon sagt, Seiten, die gewerblichen Zwecken dienen sollen, zum Beispiel der Werbung oder des Kundendienstes (Also dem, was neudeutsch „Kundensupport" heißt.).  Seiten dieses Typs sorgen dafür, dass eine Firma im Internet „präsent" ist. Im Design spiegelt sich unumgänglich die „corporate identity", zum Beispiel mit dem Firmenlogo, das gut im Blickfeld plaziert wird. Allerdings können normalerweise nicht alle Aspekte der Corporate Identity durchgesetzt werden, zum Beispiel eine eigens für die Firma entwickelte Schriftart (im Internet haben Sie im Idealfall zwei oder drei „übliche" Schriftarten zur Verfügung). Eine gute Firmenseite informiert über die Geschichte der Firma, über die Produkte oder Dienstleistungen, die angeboten werden und (wenn das machbar ist) über eine Bestellmöglichkeit per Internet. Auf jeden Fall sollte eine komplette Kontaktinformation vorhanden sein, also die „echte" Postanschrift sowie E-Mail-Adresse bzw. ein Rückantwort-Formular. Je nach Bedarf bieten sich auch noch Seiten mit Stellenangeboten an.

Corporate Identity im Netz

Die derzeitigen Kaufangebote im Internet sind (das Medium schreibt es quasi vor) hauptsächlich von Versandanbietern geschaltet. Das Internet ist bei solchen Anbietern recht leicht als neuer Bestellweg in das bisherige System (Telefon, Fax, Briefe) zu integrieren. Viele andere Branchen betrachten das Internet vor allem als Werbemedium.

Versand stark vertreten

---

[7] `http://www.woz.org/`

3.2.3 Die Portale

Bei Portalen handelt es sich um Auftritte, die dem Nutzer ein „Rundum-Sorglos"-Angebot mit einer großen Auswahl von WWW-basierten Diensten anbieten. Der Begriff kommt vom lateinischen „porta" — „die Tür". Ein Portal soll eine Tür ins Internet sein, durch die der Benutzer immer wieder geht. Das bekannteste Beispiel hierfür ist die 1994 von den Doktoranden David Filo und Jerry Yang in Stanford entwickelte „Yahoo!"-Idee. Filo und Yang waren nicht zufrieden mit den damaligen Suchmöglichkeiten im Internet und erfanden einen Internet-Katalog: Jede interessante Seite wurde kurz beschrieben und in verschiedene Untergruppen einsortiert. Das Konzept schlug ein wie eine Bombe, und bis heute ist Yahoo[8] eine der meistbesuchten Firmen im gesamten Internet[9].

Der ursprüngliche Katalog bietet inzwischen für jeden Besucher eine eigene E-Mail-Adresse, Chatrooms, Nachrichten, das aktuelle Wetter, Einkaufsläden und eine Menge mehr an. Ein Portal im Internet können Sie sich vorstellen wie einen riesigen Einkaufsmarkt mit viel kostenloser Information dazu. Ökonomisch gesehen stellt sich natürlich die Frage, wie hier die gemachten Investitionen Gewinn bringen können. Derzeit ist die einzige etablierte Finanzierungsmöglichkeit das Schalten von Werbung.

Das Betreiben eines Portals ist für sich allein genommen ein sehr hartes Brot und sollte im Idealfall mit einer anderen Art Auftritt, zum Beispiel einer Firmenseite, gekoppelt werden. Lassen Sie

---

[8] `http://www.yahoo.de` bzw. `http://www.yahoo.com`
[9] „Yahoo! attracts most global visitors"
`http://news.zdnet.co.uk/story/0,,s2081149,00.html`

sich nicht von Nutzerzahlen im Internet blenden, diese sagen im Normalfall sehr wenig über die ökonomische Lage aus.

3.3 Zwei Prinzipien

Abgesehen von privaten und gewerblichen Seiten und den Portalen möchte ich noch zwei weitere Prinzipien vorstellen, nach denen sich Seiten einteilen lassen. Zwar werden Sie diese Einteilung in der Internet-Realität eher selten finden, aber ich halte es trotzdem für wertvoll, Sie auf den Unterschied aufmerksam zu machen.

3.3.1 Informationsseiten

Diese Seiten wollen hauptsächlich informieren. Der Informationsfluss geht also vom Betreiber zum Besucher, jedoch nicht zurück. Viele Firmenseiten, aber auch viele private Seiten nutzen genau dieses Schema. Sie halten eine bestimmte Menge an Information zum Abruf bereit, ermöglichen aber kaum die Beteiligung der Besucher.

So könnte zum Beispiel ein Kindergarten über sich und entsprechende Termine informieren. Eine Selbsthilfegruppe könnte Materialien zur Verfügung stellen, die es sonst nirgendwo gibt. Es kommt dabei also darauf an, Informationen zur Verfügung zu stellen, die den Benutzer „fesseln" und die sonst schwer zu finden sind. Glauben Sie nicht, dass Agenturmeldungen eine Seite automatisch interessant machen, dem ist nicht so. Besonders wertvoll sind im Internet die Informationen, die man sonst nicht erfahren kann. (Was natürlich nicht heißt, dass Nachrichtenseiten nicht *auch* interessant wären.)

3.3.2 Kommunikationsseiten

Austausch von Informationen

Auf Kommunikationsseiten geht es um den direkten Dialog einer Firma mit den Nutzern oder auch von Nutzern allein zu einem bestimmten Thema, sei es durch ein WWW-Forum, einen Chatroom oder Postverteiler *(mailing lists)*. Der Informationsfluss verteilt sich dabei meistens auf alle Benutzer. Sie können miteinander interagieren oder sich zumindest am Auftritt beteiligen. Viele Portale sind inzwischen bis zur Unkenntlichkeit mit Kommunikationsmöglichkeiten der einen oder anderen Art verziert.

Urheber kann bei Kommunikationsseiten grundsätzlich jeder sein — Privatmensch oder Firma, Organisationen oder Vereine. Seiten mit diesem Ziel allein sind heute jedoch eher selten geworden, sie sind wie gesagt meist eingebaut worden in die großen Internet-Portale. Wenn Kommunikationsseiten oft frequentiert werden und tatsächlich Unterhaltungen stattfinden, können sie ein Magnet sein, der Benutzer anzieht. Vielleicht möchten Sie auch eine Kommunikationsfunktion in Ihren Auftritt integrieren?

3.4 Welche Zielgruppen es im Netz gibt

Obwohl es selbstverständlich sein sollte, werden derzeit noch viele Internet-Auftritte geplant und realisiert, ohne eine Zielgruppenbestimmung durchzuführen. Dabei ist die Kenntnis der Gewohnheiten und Wünsche der jeweiligen Besucherschaft (und damit hoffentlich späteren Kundschaft) die allerwichtigste Überlegung im Vorfeld eines Auftritts.

Eine enzyklopädische Zielgruppen-Aufzählung ist im Moment sehr schwierig zu bewerkstelligen, da das Internet gerade dabei ist, die Gesellschaft zu durchdringen. Was auch immer man derzeit also schreibt, man hat schlicht und ergreifend nie eine auch nur halbwegs feststehende Beobachtung. Sie können davon ausgehen, dass sich in den nächsten Jahren noch sehr viel an der Internet-Nutzerschaft ändern wird. Je weiter das Internet ins allgemeine Leben vordringt, desto mehr werden auch spezielle Zielgruppeneinteilungen überflüssig. Das Netz ist dann nur eines von vielen Medien. Ich möchte dem schon einmal vorgreifen und nach der Einteilung der Werbeagentur Michael Conrad & Leo Burnett (zitiert nach SCHNEIDER (2000), S. 239ff) vorgehen. Dabei halte ich folgende Abschätzungen für angebracht:

Nutzer schwierig zu fassen

Durchdringen des Alltags

3.4.1 Traditionelle Lebensstile

In dieser eher konservativen Gruppe wird das Internet eher selten oder gar nicht genutzt. Insgesamt herrscht ein Mißtrauen gegenüber neuer Technik vor, und die Versorgung mit (modernen) Computern ist recht gering. Obwohl diese Gruppe über eine üppige Kaufkraft verfügt, ist sie recht mißtrauisch bei allem, was mit Kauf/Verkauf im Internet zu tun hat. Wenn überhaupt Handel getrieben wird, dann eher mit den auch vom Katalogeinkauf gewohnten Möglichkeiten (Paket oder Päckchen, Nachnahme-Lieferung). Wenn Sie wirklich diese Zielgruppe haben, sollten Sie Wert auf ein sehr konservativ dekoriertes Webdesign legen und viel Werbung in (lokalen) Zeitungen schalten, wenn das machbar ist.

Misstrauen ggü. Technik

Kaum Onlinekäufe

Gewohnheiten nutzen

3.4.2 Gehobene Lebensstile

Wenn das Internet in dieser eher individualistisch eingestellten Gruppe[10] von Menschen eine Rolle spielt, dann hauptsächlich als Informationsmedium. Diese Gruppe von Menschen steht meist

Informationsmedium

---

[10] Was eigentlich ein Widerspruch in sich ist. Aber wer wird denn kleinlich sein.

so sehr im Leben, dass längere Aufenthalte im Internet inklusive Einkaufsmöglichkeiten nur sporadisch benutzt werden. Falls aber doch Online-Einkäufe getätigt werden, handelt es sich eher um Waren wie Bücher und andere preisgünstige Schnäppchen. Online-Shops sind hier interessant, wenn sie Arbeitsrelevantes anbieten. Da diese Zielgruppe vom Alter her schon etwas fortgeschritten ist, sind viele Kaufgewohnheiten bereits gefestigt. Bezahlung erfolgt hier häufig mit Kreditkarte, aber auch die Nachnahme und die Rechnung spielen weiterhin eine Rolle. Interaktive Medien und das Fernsehen werden hier nicht als primär wahrgenommen, sondern als Ergänzung zum Selbsterlebten. Vom Webdesign her sollte nicht allzuviel Überfrachtung mit Dekoration und bunten, interaktiven Elementen (Filmchen, Animationen etc.) den Weg zum Einkauf verstellen. Konzentrieren Sie sich auf die tatsächliche Information, die Sie haben.

3.4.3 Moderne Lebensstile

Dies ist die Hauptzielgruppe, wenn es um Online-Geschäfte geht. Menschen mit diesen Lebensstilen haben oft das Internet schon in ihren Alltag integriert und finden ebenfalls die Zeit (vor allem am Wochenende), online etwas einzukaufen. Man ist ehrgeizig und auch konsumorientiert, und das ist interessant für Anbieter im Internet. Sinnvoller Einsatz von interaktiven Elementen wird hier akzeptiert und geschätzt. Da diese Gruppe üblicherweise im Berufsleben steht und reichlich Kaufkraft besitzt, achten Sie darauf, dass Sie Ware, die Sich zum Impulskauf eignet, gut positionieren. Wie bei der vorigen Zielgruppe erfolgt hier die Bezahlung meist per Kreditkarte. Sie werden lachen: Diese Zielgruppe wird derzeit im Internet recht wenig bedient, denn der Fokus der meisten Auftritte liegt bei der nun folgenden Gruppe.

3.4.4 Jugendlich-moderne Lebensstile

Das ist die derzeitige Hauptzielgruppe der überwiegenden Zahl publikumswirksamer Auftritte im Netz. Mit bunten Hilfsmitteln wird nicht gekleckert, sondern geklotzt. Junge, von Fernsehen und Videospielen geprägte Besucher sind gewohnt, dass möglichst schnell möglichst viel auf einmal „passiert", sich bewegt und Geräusche macht. Die großen Markenfirmen haben zum Angriff auf das Konsumverhalten der Jugend geblasen, und das schlägt sich auch in den dazugehörigen Internetseiten nieder. Falls Sie eine solche Zielgruppe bedienen möchten, bieten Sie den Besuchern interaktive Elemente, kurze Texte und viel visuelles Dekor (im Englischen *eye candy* genannt). Gewinnspiele und Sonderaktionen können Ihnen dabei helfen, aber „echte" Marketingseiten stehen eher erratisch im Internet und müssen extensiv durch Plakate, Fernsehwerbung etc. bekannt gemacht werden. Diese Zielgruppe bei einem bestimmten Auftritt zu halten, ist ausgesprochen schwierig. Sie sollten überlegen, ob Sie eventuell Portaldienste (siehe 2.2) anbieten können.

Angriff auf das Kaufverhalten

Handel mit dieser Zielgruppe ist nicht gerade leicht, da besonders im Altersbereich bis 18 Jahren noch keine volle Geschäftsfähigkeit vorliegt[11], d.h. (Kauf)Verträge dürfen nicht ohne Erlaubnis des gesetzlichen Vertreters — üblicherweise sind das die Eltern — geschlossen werden oder sind durch sie widerrufbar. Sie sollten mißtrauisch werden, wenn Jugendliche bei Ihnen Bestellungen über größere Summen tätigen.

Vertragsprobleme

Vielleicht noch eine Notiz am Rande: Eine schlechte Erfahrung mit der Geschäftsfähigkeit blieb den großen Mobilfunkbetreibern T-D1 und D2-Mannesmann nach der großen Mobiltelefonwelle um das Jahr 2000 zum Beispiel erspart[12], als eine Unzahl von jugendlichen Handy-Besitzern die hohen Kosten für ihre Handys nicht bezahlen konnten. Die meisten Minderjährigen benutzten sogenannte „Prepaid"-Angebote (etwa vergleichbar mit Telefonkarten, die man „abtelefoniert"), bei denen keine Schulden anfallen konnten, und die Volljährigen wurden (korrekterweise) zur Rechenschaft gezogen, wenn sie einen rechtsgültigen Vertrag unterschrieben hatten. Das Problem war entschärft.

---

[11] siehe z.B. `http://www.betreuer-netz.de/btr/btrlex/btrn387.htm`
[12] „Schuldenfalle Mobiltelefon"
    `http://www2.tagesspiegel.de/archiv/2001/03/12/ak-be-5511420.html`

3.5 Prinzip Kostenlos

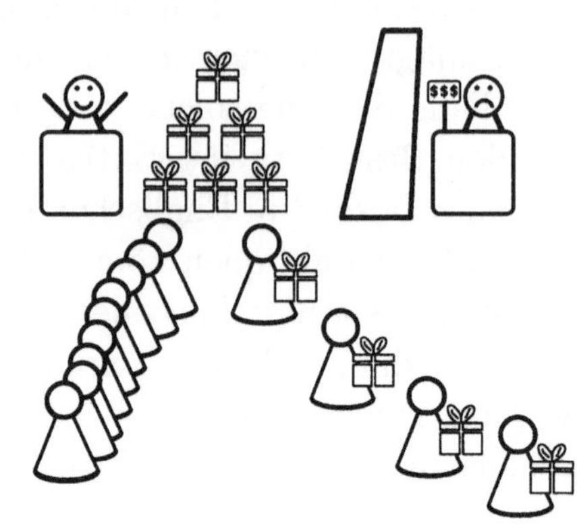

Kostenlos
lockt
Besucher an

Als meine Mutter vor kurzem umzog, hatte Sie einiges an sperrigem Hausstand über. Sie bestellte den Sperrmüll und stellte Teil um Teil an die Straße, unter anderem ein paar verrostete Fahrräder, die keiner mehr haben wollte. Schon nach kurzer Zeit, so berichtete sie mir völlig verdutzt, war bereits ein Großteil der Dinge verschwunden. Selbst nachts, die Nachbarn hatten es beobachtet[13], kamen Interessenten und luden sich etwas davon ins Auto. Am Ende hatte fast alles bis auf einige Holzbretter und einen durchrosteten Fahrradrahmen einen neuen Besitzer gefunden. Offensichtlich hatte meine Mutter ungewollt eine unmißverständliche Einladung zum Selbstbedienen ausgesprochen. Der Sperrmüll durfte von jedem durchgeschaut und mitgenommen werden, und kostenlos war es noch dazu. Ich würde Ihnen diese Geschichte nicht erzählen, wenn sie nicht etwas mit dem Thema dieses Buches zu tun hätte. **Derzeit arbeiten viele Internet-Auftritte nach genau diesem Schema!** Informationen (verschiedensten Wertes) werden kostenlos angeboten, können durchsucht und kostenlos beschafft werden. Die Nutzer kommen in Scharen, und scheinbar hat da wieder ein cleverer Jungunternehmer den Internet-Stein der Weisen gefunden. Dieses Prinzip funktioniert leider nur genau so lange, wie in das zum Auftritt gehörende Unternehmen Wagniskapital injiziert wird. Spätestens, wenn das erste Mal ein Eintreten in die Gewinnzone verlangt wird, wird der findige Chef eins und eins zusammenzählen und auf die Idee kommen, dass man die Benutzer (die ja offensichtlich interessiert am Angebot sind) einfach Geld bezahlen lassen kann. Leider hat sich bis jetzt fast jeder, der diesen Weg der Wandlung probiert hat, damit selber in den Fuß

Viele
Auftritte
sind so

---

[13] Der Vorteil und Nachteil von Nachbarn ist, dass sie alles sehen.

geschossen, denn die Benutzerzahl fällt kurz nach Einführung einer Nutzungsgebühr irgendeiner Art in sich zusammen wie ein angestochenes Soufflée. Es ist dabei ziemlich unerheblich, wie teuer das Angebot geworden ist, alleine die Notwendigkeit der Bezahlung sorgt für ein totales Zusammenbrechen der Nutzerzahlen[14]. Lassen Sie es mich noch einmal kurz und bündig zusammenfassen:

Völlig kostenlose Internet-Angebote erzeugen eine künstlich aufgebaute Interessentengruppe, die nicht zu Zahlungen bereit ist und damit ökonomisch gesehen ein totales Verlustgeschäft bedeutet. Sich auf solche Besucher zu stützen ist ein großes finanzielles Risiko.

Ich möchte Ihnen mit diesem Buch helfen, die Bedürfnisse von Benutzern zu erfüllen, aber möchte Sie gleichzeitig warnen, sich bei der Erfüllung dieser Bedürfnisse nicht zu sehr auf die magische Wunderwirkung des Internets zu verlassen[15]. Das Netz setzt die Gesetze der bisherigen Wirtschaft (spöttisch die *old economy* genannt) nicht durch seine bloße Existenz außer Kraft, wie das viele irrlichternde Firmengründer glaub(t)en[16]. Der derzeitige T-Online-Chef Thomas Holtrop lässt sich denn auch mit den Worten „Die jetzige Kostenlos-Kultur im Internet wird nicht überleben" zitieren[17]. Das ist natürlich die Aussage eines Vorstandschefs, der solche Durchhalteparolen von sich geben muss, und wir werden noch sehen, dass die frühe „Kostenlos-Kultur" im Internet Enormes geleistet hat.

Es hilft Ihnen aber nichts — Sie sollten, wenn Sie dem Benutzer das Angebot so attraktiv wie möglich gestalten wollen, nie vergessen, dass letztendlich nur eines interessant ist: Wann und wie

---

[14] Denken Sie auch daran, was für einen zusätzlichen Aufwand allein die Buchführung bedeutet und wie umständlich das ganze für die Benutzer ist.

[15] siehe z.B. `http://www.spiegel.de/spiegel/0,1518,142766,00.html`

[16] Viele davon finden sich inzwischen auf den Seiten von `http://www.fuckedcompany.com/` wieder, aus gutem Grund.

[17] Focus 22/2001, S. 187

wirft dieser Internet-Auftritt den gewünschten (materiellen oder immateriellen) Gewinn ab? Steht vielleicht sogar das bisherige Konzept diesem Ziel entgegen?

4. Ihr Schatz, die Information

Ein neuer Abschnitt unserer Reise ist angebrochen, diesmal ein etwas selbstkritischer. Ich möchte beleuchten, warum man eigentlich ins Internet gehen sollte und was man präsentieren sollte. Wenn einiges etwas harsch klingen mag, seien Sie mir nicht böse — Ihre Kundschaft wird hohe Anforderungen an Ihren Auftritt stellen.

Sie meinen also, dass ein Internet-Auftritt für Sie das Richtige ist, dann möchte ich Sie nun fragen: **Hüten Sie einen Schatz?**

Ich meine das keineswegs albern. Im Internet gibt es schon eine enorme Menge von immer gleicher Information. Sie können Nachrichten in hunderten Variationen immer wieder lesen, aber vermutlich würden sie es schon beim dritten Mal leid. Wenn dagegen etwas Interessantes auf dem Bildschirm erscheint, das Sie schon immer wissen wollten, werden Sie „hängen bleiben" und sich festlesen. Vielleicht kennen Sie diesen Effekt, wenn Sie in einem Lexikon irgendetwas suchen und am Ende eine Viertelstunde alles mögliche gelesen haben, nur nicht das, was Sie anfangs finden wollten. Dies ist der bestmögliche Auftritt, der Benutzer so fesseln kann. Das Lexikon war natürlich nur ein Beispiel, den Effekt können Sie auch mit ganz anderen Dingen erreichen.

Festlesen unbedingt erwünscht

Man sollte meinen, dass Firmen und Menschen, die einen Schatz besitzen, diesen auch erkennen und möglichst gut präsentieren, aber spätestens im Internet merkt man, dass dem nicht so ist. Viele Internet-Auftritte geben sich die größte Mühe, den Kern des Angebots, nämlich die Information, hinter einer Maskerade aus Dekoration und technischen Spielereien zu verstecken.

Viele Auftritte verstecken den Inhalt

Ich erlebe immer wieder, dass Firmen auf Ihren Internet-Seiten erst um eine Kontaktaufnahme per E-Mail bitten und dann von mir Faxnummern und dergleichen fordern, nur um eine Preisliste zu verschicken. AMOR (2000) bezeichnet einen solchen Vorgang als Medienbruch *(media break)*, der möglichst niemals auftauchen sollte. Da haben Firmen Daten, die zu Impulskäufen, Preisvergleichen und vielem mehr einladen, aber sie verstecken sie nach besten Kräften. Oft genug erscheinen Seiten schon gar nicht mehr, wenn man nicht den neuesten technischen Schnickschnack auf dem Computer installiert hat. Dass ein Gutteil der Nutzer aus den meisten Zielgruppen immer noch mit alten Rechnern, alten Betriebssystemen und alten WWW-Browsern durch das Netz wandern, ist den möglichst hypermodernen Firmen offensichtlich so unverständlich wie ein Gemälde von Leonardo da Vinci für jemand, der nur Comic-Hefte liest. Der Traum einer „Informationsgesellschaft" wird so lange ein Traum bleiben, bis Techniker und Werbeleute verstehen, dass nicht das Verstecken, sondern das Verfügbarmachen von Information das Leben von Menschen bereichert und der Gesellschaft dient (und damit auch die Industrie stärkt). Es ist nicht schlimm, wenn einmal ein Text oder ein Bild nicht in perfektem Layout präsentiert wird, aber es ist sehr schlimm, wenn es einfach *überhaupt nicht* erscheint. Über ersteres sehen Menschen schnell hinweg, über letzteres mit Sicherheit nicht.

4.1 Das Zauberwort Content

Content, das derzeit ultimative Schlagwort in der sogenannten IT-Branche. Was ist denn damit überhaupt gemeint? „Inhalt" alleine trifft es nicht, denn eine Seite voller nutzloser Werbebanner hat ja eigentlich auch einen Inhalt. Mit Content ist etwas anderes gemeint. Es geht dabei um Informationen mit Wert für die Besucher. Der Content kann dabei aus Filmen, Nachrichten, Musikstücken und vielem anderen bestehen. Content ist *nicht* die neueste „lustige" Animation der tollen Dekoration einer Seite im Internet. Denken Sie an eine Kiste Bier: Kasten und

Flaschen sind zwar möglicherweise kaufentscheidend. Die Marke mag wichtig sein. Aber der tatsächliche Content ist *in* den Flaschen enthalten[1]. Ich möchte diese allgemeine Definition für meine eigenen Zwecke nun einmal eigenmächtig erweitern:

Guter Content für Webseiten ist der, der auf anderen Seiten im Netz und idealerweise auch in der Welt außerhalb des Netzes wenig oder gar nicht verfügbar ist.

Was hilft es, wenn sich auf Ihren Internet-Seiten die neuesten Meldungen der Nachrichtenagenturen befinden, wenn jede zweite andere Seite und praktisch jedes Portal diese auch bieten? Insofern gilt hier der Spruch „Der frühe Vogel fängt den Wurm" — Im Portalbereich gibt es im Internet etablierte Unternehmen, die kaum noch Konkurrenz fürchten müssen. Je seltener Ihre Information erhältlich ist, desto interessanter wird Ihr Auftritt. Denken Sie nur an ein gutes (und teures) Abendessen in einem Sternerestaurant: Sie haben sich vermutlich Tage vorher schon darauf gefreut, mittags nichts gegessen und bekommen das edle Essen in sehr kleinen Portionen... Das *muss* doch gut sein! Es gibt sogar ein eigenes Fachgebiet, die Verkaufspsychologie, die sich um solche Zusammenhänge kümmert (vgl. BRAGG, 2000, S. 82f).

Agenturmeldungen oft vorhanden

4.2 Haben Sie Content?

Wir sind bei der Gretchenfrage angekommen: Haben Sie eigene Inhalte? Oder reduzieren wir es auf das Wichtigste: Sind Sie interessant genug für das Internet? Ich weiß, dass Internet-Agenturen und Webdesigner dieses Thema liebend gerne totschweigen, aus verständlichen Gründen — Wer sagt einem potenziellen Kunden schon gerne, dass sein Auftritt ein schlechter Witz wird?

Agenturen schweigen

---

[1] Von einigen Trendgetränken abgesehen, die sehr nah am Geschmack von Glukosesirup sind.

Als abschreckendes Beispiel, wenn der Content *fehlt*, kann derzeit der Fernsehfußball in Deutschland dienen. Nachdem Leo Kirch für astronomische Summen die Fernsehrechte der Bundesligaspiele gekauft hatte und die Fußballvereine mit dem Geld teure Spieler gekauft hatten, stellte sich heraus, dass nur relativ wenige Deutsche für das chronisch schwächelnde Bezahlfernsehen Premiere World[2] wirklich bezahlen wollten. Im Gegensatz zu beispielsweise England, wo British Sky Broadcasting[3] (BSkyB) schon lange die meist eher trägen kostenlos empfangbaren Sender abgelöst hat, kämpft Kirch auf allen Fronten, um in Deutschland Fuß zu fassen mit Abonnementfernsehen[4].

Aber das ist noch gar nicht das ganze Ausmaß des Content-Problems. Das entwickelte sich nämlich plötzlich bei SAT.1, deren Sendung „ran" lange Jahre fast eine Art Berichtmonopol im Bereich Bundesliga besaß. Nun fiel im Sommer 2001 plötzlich dieses Monopol weg, die Live-Berichte waren verschwunden und die Zuschauerzahlen rauschten gnadenlos nach unten[5]. Der für die Zielgruppe interessante Content, nämlich die Live-Berichte, war weggefallen, und sofort wechselten die Zuschauer zu anderen Sendungen; unter anderem war sogar die volkstümliche Musik zu den betreffenden Zeiten erfolgreicher als „ran". Auch mit Interviews und netten Einspielern war nichts zu retten. Just so funktioniert auch die Besucherschaft im Internet.

Falls ich Ihnen jetzt einen Schreck eingejagt habe, möchte ich Sie aber auch gleich wieder beruhigen: Firmen haben eigentlich *immer* einen Grund, im Internet präsent zu sein oder zu werden.

4.2.1 Herstellende Industrie

Wenn Sie irgend etwas herstellen und verkaufen, sind für Ihre Kunden (und potentielle Neukunden) natürlich Ihre Produk-

---

[2] `http://www.premiere-world.de`
[3] `http://www.sky.com`
[4] `http://www.spiegel.de/wirtschaft/0,1518,148519,00.html`
[5] `http://www.focus.de/G/GS/GSA/gsa.htm?snr=93438`

te interessant. Informieren Sie genau über das, was Sie anbieten. Präsentieren Sie von jedem Produkt gute(!) Fotos und eine brauchbare Erklärung. Denken Sie daran, dass Ihre Besucher normalerweise Ihr Produkt noch gar nicht kennen. Stellen Sie sich vor, dass Ihr Angebot sich beim Kunden bewerben will, nicht andersherum. Außerdem orientieren Sie sich am besten an der klassischen Aufmachung eines Katalogs — mit dem Unterschied, dass die einzelnen Produkte schnell und sicher auffindbar sein müssen. Am besten bieten Sie eine Suchfunktion an, die sofort auf die entsprechende Produktseite führt, falls ein gültiger Produktname angegeben wurde bzw. ähnliche Angebote existieren. Geben Sie für alles Preise an, auch wenn es Ihnen schwer fällt. Nichts ist frustrierender für Ratsuchende, als umständlich nach Preisen per E-Mail nachfragen zu müssen. Sie sollten Preise nur dann *nicht* angeben, wenn eine allgemeine Preisangabe nicht sinnvoll ist oder Ihre Produkte ohne Beratung praktisch nicht verkäuflich sind. Weisen Sie außerdem auf jegliche Zusatzleistungen (Garantie, Installation etc.) hin, die Sie anbieten!

Verbraucher soll mehr über ein Produkt erfahren

Immer Preise angeben

4.2.2 Dienstleistungsunternehmen

Sind Sie ein Dienstleister? Dann präsentieren Sie genau, was Sie Kunden bieten können. Beschreiben Sie anschaulich, warum Sie gebraucht werden. Eine Adresse allein reicht nicht, um Kunden zu „fischen"! Sie müssen den Besucher überzeugen, dass Sie die *beste* Dienstleistung anbieten. Auch hier sollten Sie Preise angeben, denn besonders in Ihrem Sektor sind oft je nach Unternehmen recht unterschiedliche Preise und Margen im Spiel.

Überzeugungsarbeit

Grundsätzlich gilt: Wenn Ihre Produkte oder Dienstleistungen sehr viel *teurer* oder *billiger* als die (auch im Internet vertretene) Konkurrenz sind, müssen Sie eine gute Erklärung dafür auf Lager haben und Ihren Kunden verständlich machen. Internet-Nutzer sind in dieser Beziehung sonst gnadenlos — sie können ja innerhalb von Sekunden zu einem anderen, günstigeren Angebot „hüpfen". Dass Sie keinen Schund im Internet anbieten sollten, den Sie sonst an anderer Stelle nicht anbieten würden, sollte klar sein.

Hüpfende Benutzer halten

Das mag jetzt alles sehr banal klingen, aber wird Sie deutlich von vielen anderen Auftritten abheben, die immer noch viel an Kundenfreundlichkeit im Internet vermissen lassen.

4.3 Warum Content Benutzer bringt und bindet

Wozu das Ganze? Wozu Inhalte? Kurz gesagt: Ihr Internet-Auftritt ist mit einem kleinen Kind vergleichbar, das um Aufmerksamkeit bettelt. Sie möchten die Augen der Internet-Besucher allein für sich haben. Informieren. Werben. Das ist Ihr Ziel! Die Benutzer wollen etwas sehen, und damit wird dann ein Schuh daraus: Zeigen Sie das, was Ihre Zielgruppe möchte. Denken Sie daran, dass Besucher je nach Alter und Bildung völlig andere Angebote erwarten. Wenn ich Ihren Auftritt gerade mit einem kleinen Kind verglich, heißt das natürlich nicht, dass er endlos quengeln sollte. Achten Sie darauf, reife Benutzer nicht mit kindischen Bildchen und nervtötenden Klängen zu stören. Langweilen Sie junge Besucher nicht mit einem Layout aus dem vorigen Jahrhundert.

Benutzer wollen etwas Neues sehen

Auch hier Zielgruppe entscheidend

Richtig nützlich wird Content, wenn er sich oft verändert. Ein einmalig ins Netz gestellter Auftritt wird nach kurzer Zeit recht uninteressant, und Besucher kommen eben nur zweimal und dann nie wieder, „weil sie ja alles schon gesehen haben". Sorgen Sie dafür, dass Sie häufig neuen Content hervorbringen. Und denken Sie trotzdem noch an die Qualität. Sie haben schon viel gewonnen, wenn Ihr Auftritt die Besucher zum Verweilen bringen kann — wenn also eine Pause vom üblichen „Hüpfen" zwischen Webseiten eingelegt wird, um Ihre Inhalte zu begutachten. Der Unterschied zur üblichen Werbung ist also:

Inhalte aktuell halten, neue anbieten

Der Benutzer ist bereits freiwillig zu Ihrem Auftritt gekommen, jetzt müssen Sie ihn mit interessanten Inhalten belohnen.

4.4 Ein ausgestellter Schatz wird im Internet Almende

Einen großen Unterschied zur „normalen Welt" möchte ich noch unbedingt ansprechen: Sobald Sie im Internet eine Art Information präsentieren, wird sie vollkommen kopierbar. Es gibt keine wirklichen „Kopien" mehr, weil jede Kopie praktisch wieder ein „Original" ist. Wichtig ist dies zum Beispiel bei Musik, die in Dateien umgewandelt werden kann. Da der Datenaufwand früher immens war, entwickelte man beim Institut für integrierte Schaltungen der deutschen Fraunhofer Gesellschaft das MPEG3-Verfahren (kurz MP3) zur Verkleinerung dieser Daten bei gleichbleibender Qualität. Damit war ein Dammbruch vollzogen, die Dateien konnten über das Internet problemlos getauscht werden.

Kopien sind Originale

Sie sollten daran denken, dass digitale Daten, die Sie mit Ihrem Internet-Auftritt anbieten, überall weiterverwendet werden können, ohne Sie zu fragen. Zwar können Sie versuchen, urheberrechtlich dagegen vorzugehen, aber erfahrungsgemäß versickern solche Vorgänge innerhalb kurzer Zeit, wenn es um einen Raubkopierdienst im hintersten Russland oder in Südkorea geht. Und dort gilt nicht einmal das deutsche Urheberrecht. Mit einem Auftritt im Internet verlassen Sie automatisch die inländische Gesetzgebung über Urheberrecht und müssen darauf gefasst sein, dass Ihnen im schlimmsten Fall Millionen von Benutzern auf der Nase herumtanzen, ohne dass Sie etwas ändern können. Es ist eine Art unkontrollierte Almende-Idee entstanden: „Was andere ins Internet tun, darf jeder kopieren." Eine Gesellschaft, die auf der einen Seite geistiges Eigentum in Form von Urheberrechten und Patenten akzeptiert, muss auf der anderen Seite dringend eine Regelung für das kostenfreie Kopieren digitaler Daten finden. Dieser Vorgang hat gerade erst begonnen und wird vermutlich erst in einigen Jahren geregelt werden.

Daten werden unerlaubt weiterverwendet

Urheberrecht gilt im Ausland oft nicht

Als Beispiel für den Freiwild-Charakter solcher Daten und auch für einen typischen Fehler im Konzept eines Internet-Angebots möchte ich Ihnen die Napster-Geschichte kurz erzählen.

Napster lud zum Musiktausch ein

Napster[6], in der Freizeit erfunden vom 19-jährigen amerikanischen Studenten Shawn Fenning, war ein Tauschservice für Musikdateien von Privat zu Privat. Fenning hatte die mühselige Suche von Musik im Internet satt, die bis Anfang 1999 vorherrschte, und entwickelte ein eigenes Computerprogramm, das den Vorgang extrem vereinfachte. Der Erfolg war so groß, dass eine Firma um die Software herum gegründet wurde. Zehntausende Benutzer waren teilweise gleichzeitig bei Napster „online“ und tauschten untereinander die neuesten Hitparaden aus. Terabytes (das entspricht einer Menge von mehr als 1.000.000.000.000 Zeichen!) an Musikdateien wurden von Napster verwaltet, aber nicht gespeichert — der Dienst beschränkte sich auf die „Anbahnung“ der Datenübertragung zwischen Privatpersonen[7]. Offensichtlich

Medien berichteten

gab es für einen solchen Dienst einen riesigen Markt. Die Medien waren voll mit Berichten für und wider Napster, die Benutzer feierten es als die sinnvollste Erfindung seit der Dampfmaschine. Die Musikindustrie tobte (sah sie doch ihre Felle davon schwimmen) und in diesem ganzen Durcheinander kaufte schließlich Bertelsmann den Störenfried auf. Nach einiger Zeit gewann die Musikindustrie (die das Internet bis heute sträflich

Gerichtsentscheid beendete den Dienst

vernachlässigt hat) Prozesse gegen Napster, worauf die beliebtesten Lieder nicht mehr „gehandelt“ werden durften. Filterprogramme wurden installiert, so dass zum Beispiel eine Suche nach „Madonna“ ergebnislos blieb. In rasender Geschwindigkeit verlor der Dienst jetzt Benutzer und ist bis heute fast zur absoluten Bedeutungslosigkeit geschrumpft.

Was für Lehren lassen sich daraus ziehen? Der Handel oder gar die Anbahnung von Übertragungen mit rein digitalen Daten ist ein hochriskantes Geschäft, das jederzeit zusammenbrechen

CDs und DVDs bieten keinen Schutz

kann. Digitale Daten sind beliebig kopierbar, und die einzigen praktischen Hindernisse sind zum Beispiel die schiere Größe von digitalisierten Daten. Bis etwa Mitte der Neunziger Jahre waren beispielsweise Geräte zum Beschreiben von Compact Discs völlig unerschwinglich für fast alle privaten Musikhörer und Computer-

---

[6] http://www.napster.com

[7] Schwer verständlich für viele Firmen und Musiker ist, dass dieses Verfahren in Deutschland sogar prinzipiell erlaubt ist. Hitzige Diskussionen laufen darüber, ob §53 (Vervielfältigungen zum privaten und sonstigen eigenen Gebrauch) des Urheberrechts hier gelten.

nutzer. Die Musikindustrie verkaufte arglos weiter die völlig ungeschützten Daten, die sie auf CDs schrieb, aber als CD-Brennen dann in Mode kam, war der Ärger da. Auch die Computerspiel-Industrie macht inzwischen große Verluste einfach dadurch, dass die Spiele-CDs vom Benutzer zuhause kopierbar geworden sind. Das gleiche Verfahren läuft derzeit mit den Digital Versatile Discs (DVDs), die Daten, Filme und Musik speichern können, noch viel schneller ab. Eingeführt vor kurzer Zeit, gibt es wahrscheinlich schon in ein bis zwei Jahren erschwingliche „Brenner". Diesmal bangt die Filmindustrie um ihre Pfründe, und die Geschichte wird sich wohl wiederholen. Genauso wiederholt sich auch das Problem, das schon Napster verursacht hat: Die Musikindustrie hat einen Kopf abgeschlagen, aber ein Dutzend neue sind dafür neu entstanden. Dienste wie Morpheus[8] bieten inzwischen die hundertfache Menge von Daten, die Napster jemals verwaltete.

CDs werden massenhaft kopiert

Etwas ist an der Napster-Geschichte noch typisch: Das Verhalten der Benutzer. Die meisten Privatnutzer wollen im Internet etwas bekommen, nicht etwas geben. Auch wenn als Feigenblatt von Firmenseite aus behauptet wurde, Napster sei eine Plattform zum Austausch von freier, experimenteller Musik, war das so unverschämt gelogen, dass wohl selbst Fenning (der schon länger nicht mehr an der Spitze des Unternehmens stand) sich dabei das hämische Grinsen verkneifen musste. Durch die kostenlose Vermittlung von Musikdateien und die damit verbundene finanzielle Erleichterung mangels Notwendigkeit des CD-Kaufs hatte Napster eine enorme Magnetwirkung auf Internet-Nutzer. Doch das böse Ende habe ich schon erwähnt: Sobald dieser kostenlose Dienst verschwunden war, verschwanden praktisch auch fast alle Nutzer. Machen Sie nicht den gleichen Fehler und ködern Sie Benutzer nicht nur mit fremden Federn. Wenn Sie etwa eine Suchmaschine betreiben wollen, muss man damit eben auch etwas finden können. Sie haben im Internet kein Aufmerksamkeitsmonopol wie bei einem Theater. Im Theater werden die Türen zugemacht und es ist verpönt, vor der Pause oder dem Ende der Vorstellung zu gehen. Im Internet läuft es völlig anders. Zu jeder

Nehmen ist seliger denn geben

Angefütterte Nutzer wollen alles gratis

Kein Monopol auf Aufmerksamkeit

---

[8] `http://www.musiccity.com/`

Zeit(!) können Benutzer verschwinden. Achten Sie also darauf, Sie zu halten.

4.5 Schutzmaßnahmen

Geheime und öffentliche Daten strikt trennen

Auch wenn Sie am Ende Ihren gesamten Schatz ausstellen möchten, ist es also wichtig, dass die Daten rund um Ihren Auftritt geschützt sind. Real existierende Software neigt leider oft dazu, diesen Schutz nicht sehr genau zu nehmen. Je schlechter gewartet die verwendeten Programme sind, desto dürftiger steht es mit der Sicherheit der Daten. Achten Sie bei der Planung des Auftritts peinlich auf die Trennung von geheimen Daten (zum Beispiel Kundendatenbanken) und öffentlichen Daten (Webseiten etc.). Im Idealfall sind

Verschiedene Server

diese Datenarten auch physikalisch auf verschiedene Computer verteilt, da ein Serverrechner großen Belastungen ausgesetzt ist und von Angreifern oft dazu gebracht werden kann, auch eigentlich zurückgehaltene Daten preiszugeben. Nichts ist peinlicher, als treuen Kunden mitteilen zu müssen, dass ihre Daten leider in unbekannte Hände gefallen sind und sie sich auf Probleme gefasst machen müssen.

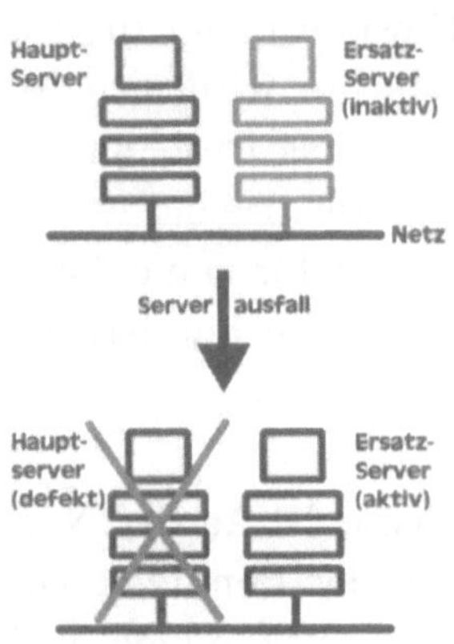

Abbildung 4.1.
Redundante Serverlösung

Notfallserver

Wenn Ihr Auftritt außerdem eine sehr hohe Erreichbarkeit haben *muss*, sollten Sie außerdem nicht nur auf einen einzigen Serverrechner vertrauen. Sie brauchen dann zusätzlich einen sogenannten *redundanten Server*, auch *Ersatzserver* genannt. Dieser übernimmt bei Ausfall des eigentlichen Betrieb und hält, falls vorhanden, exakt gleiche Datensätze bereit oder hat Zugriff auf solche. Falls Sie schon einmal über die vielen doppelt und dreifach vorhandenen Computer in der Raumfahrt gestaunt haben: Dies ist die kleine Variante davon.

Es gibt die Technik des Sofortersatzes *(hot standby)*, bei dem die   Ersatzarten
Ersatztechnik im normalen Betrieb mitläuft und in Sekundenbruchteilen die gesamte Arbeit übernehmen kann. Diese ist dem
sogenannten *cold standby* überlegen, bei dem Geräte nur bereit-
gehalten werden und erst bei einem Ausfall angeschlossen und
in Betrieb gesetzt werden.

4.6 Warum Ihnen das Netz Macht weg nimmt

Schon François Arouet, genannt Voltaire, erlebte im 18. Jahrhundert, dass einmal von ihm Geschriebenes auch ohne seinen Willen
oft tausendfach vervielfältigt wurde und er keine Kontrolle mehr   Daten
über die Verteilung hatte. Ja fast schien es, als geschähe dies   suchen sich
umso schneller und wahrscheinlicher, je pikanter und schützens-   ihren Weg
werter sein jeweiliges Schriftstück war. Was Voltaire schon damals einige graue Haare bereitet haben mag, trifft auch im 21.
Jahrhundert zu: Informationen sind kaum im Geheimen zu halten, sie suchen sich auf den verschiedensten Wegen ihren Weg in
die Freiheit.

Dies trifft auch und gerade im Internet zu. Informationen liegen dort in einer einheitlichen Form als Datensatz vor und sind   Einfach zu
ausgesprochen einfach zu kopieren. Wenn Sie also im Internet   kopieren
einen Auftritt realisieren, müssen Sie jederzeit damit rechnen,
dass sich Teile davon (und seien sie noch so „geschützt"), die in
irgendeiner Form für Internet-Nutzer interessant sind, in anderen
Auftritten wieder finden oder von den Benutzern hemmungslos
privat getauscht werden.

Einmal freigelassen, können Sie im Internet auch schwer etwas „zurückziehen" (siehe z.Bsp. LESSARD/BALDWIN (2000),
S. 94ff), denn meistens hat *irgendjemand* im Internet eine Kopie
und kann sie umgehend verbreiten, wenn es „notwendig" ist.

Im Internet veröffentlichen ist wie Schreiben mit Kugelschreiber
auf der Wohnzimmertapete: Sie bekommen etwas, das sie einmal

Schwer
zurückzu-
ziehen

geschrieben haben, kaum wieder aus der Welt. Je interessanter Ihre Informationen sind, desto mehr Kopien werden gezogen. Das Urheberrecht wird dabei geflissentlich übergangen, und rechtliche Gegenmittel sind nur bedingt anwendbar. Was wollen Sie machen, wenn jemand in Brasilien oder China unerlaubt Kopien Ihrer Daten anbietet? Dort gilt im Zweifelsfall Ihr Urheberrecht überhaupt nicht, oder niemand versteht Sie, weil keiner der Verantwortlichten Englisch spricht. Oder, oder, oder... Alles schon passiert!

Sie verlieren mit einer Veröffentlichung im Internet, gleich welcher Art, einen Großteil der weltweiten Kontrolle über die zur Schau gestellten Daten, und zwar unwiderruflich. Einige Startup-Unternehmen wie die inzwischen geschlossene Firma IDrive bieten eine sehr große Menge Speicherplatz im Internet an, der anonym befüllt und genutzt werden kann. Zwar waren und sind solche Dienste scheinheilig als „Datenspeicher zum Mitnehmen" beworben worden, wurden aber selbstverständlich unter diesen Voraussetzungen massenhaft zum Vertrieb von Raubkopien benutzt.

Als Silberstreif am Horizont möchte ich noch anmerken, dass in Amerika und zunehmend auch in Deutschland Präzedenzfälle geschaffen werden, die Urheberrechte im Internet besser schützen. Im jeweiligen „Heimatland" haben Sie also inzwischen recht gute Chancen, Kontrolle über Ihre Information zurück zu gewinnen.

4.7 Der Hyperlink und seine Konsequenzen

Wir hatten bereits kurz besprochen, dass ein Verweis im Internet von überall nach überall führen kann. Ein Fremder kann also auf Ihren Auftritt oder Teile davon von seinem Auftritt aus verweisen. Ebenso können Sie auf beliebige andere Seiten im Internet verweisen. Diese ausgesprochen wunderbare Möglichkeit hat das Web erst so interessant gemacht.

Üblicherweise sind solche Hyperlinks kein Problem, sie werden als ganz natürliche Eigenschaft des WWW akzeptiert. Leider gab und gibt es aber Streitfälle, wovon zwei Arten die wichtigsten sind:

- Rechtswidrige Inhalte auf verwiesenen Seiten haben in der Vergangenheit dazu geführt, dass die Auftritte, die auf eine Internet-Seite mit rechtswidrigen Inhalten per Hyperlink verwiesen haben(!) verklagt wurden. Das Landgericht Hamburg urteilte 1998, dass der, der Hyperlinks setzt, sich von den Inhalten der fremden Seite(n) ausdrücklich zu distanzieren habe[9]. Falls Sie also in Ihrem Auftritt zu fremden Seiten verweisen möchten, distanzieren Sie sich vorsorglich vom Inhalt dieser Seiten und weisen Sie darauf hin, dass die per Hyperlink erreichten Seiten nicht Ihrer Kontrolle unterliegen. Um dies noch deutlicher zu machen, können Sie den Hyperlink so setzen, dass der Verweis automatisch in einem neuen Browserfenster erscheint.

  Von Hyperlinks distanzieren

- Vertuschung des Urhebers von Daten sind mit dem Hyperlink sehr einfach zu erreichen. Sie können mit einem Hyperlink nämlich nicht nur auf ganze Internet-Seiten verweisen, sondern auch auf Bild- oder Klangdateien, oder was auch immer im Internet von anderen Auftritten angeboten wird. Diese Fähigkeit wird zwar recht selten missbräuchlich genutzt (man nennt sie *deep link*, also „tiefer" Verweis), aber auch hier ist Vorsicht geboten. Einige gewerbliche Anbieter haben das Verweisen per Hyperlink zu weit getrieben und sich wettbewerbsrechtlich strafbar gemacht. Die Verweise auf ihren Seiten sahen so aus, als hätten sie selber etwas entwickelt und ins Netz gestellt, dabei schmückten sie sich mit fremden Federn. Sie benutzten sogenannte „tiefe Hyperlinks" (englisch *deep link* genannt), die direkt auf Bild- und Textdateien anderer Auftritte zeigten. Mehrere solcher Fälle kamen vor Gericht, und inzwischen wird meist denen Recht gegeben, die sich zu Unrecht „verlinkt" fühlten.

  Keine fremden Federn aufsetzen

  Urheber von Seiten bekommen Recht

---

[9] `http://www.heise.de/newsticker/newsticker/data/ad-22.05.98-000/`

Vorher
klären

Verweisen Sie also nur auf komplette Seiten, nicht nur auf Fragmente davon. Falls Sie auch noch auf Seiten verweisen möchten, die in irgendeiner Form mit Ihnen im Wettbewerb stehen, sollten Sie dies *vorher* mit dem betreffenden Wettbewerber abklären.

Wenn Sie sich an diese beiden Grundregeln halten, kann mit Hyperlinks eigentlich kaum noch etwas schief gehen.

5. Gedanken vor dem Auftritt

Wir dringen nun auf unserer Reise noch weiter ins unbekannte Internet vor. Es gibt einiges zu entdecken und viele Schlaglöcher zu vermeiden, die dem unbedarften Neuling schnell zum Verhängnis werden können. Um es kurz und schmerzlos zu machen, stürzen wir uns gleich in das übelste Getümmel, das es derzeit im Internetbereich gibt.

5.1 Die Domain

Ein geheimnisvolles Etwas treibt sein Unwesen!

- Werbeagenturen, Firmen und Privatleute jagen es.

- Gerichtsverfahren, einstweilige Verfügungen und Unterlassungserklärungen verfolgen es.

- Millionen Internet-Besucher nutzen es.

Es geht um Internet-Namen, englisch *domains* genannt. Diese Namen basieren auf dem DNS-Dienst des Internets, dem *Domain Name Service*. In der Anfangszeit des Netzes gab es zur Identifizierung von Rechnern nur Nummern. So musste man als Adresse eine vier- bis zwölfstellige Zahl wie etwa 123.231.78.9

Ersatz für lange Zahlen

benutzen[1] Man hatte das Netz, entsprechend seines Aufbaus, in viele tausende Teilnetze aufgeteilt, wobei jedes davon eine unterschiedliche Anzahl von Rechnern enthalten konnte. Wenn man also ein Netzwerk (als Firma oder Institution) an „das" Internet anschließen wollte, beantragte man ein neues Teilnetz, einen sogenannten IP-Bereich *(ip range)*, der aus so-und-so viel neuen Adressen bestand, die ab dann im Internet „angeschlossen" waren und nicht ins Leere liefen. Ein Teilnetz der Klasse A konnte über sechzehn Millionen Rechner mit einer Internet-Adresse versorgen (Nur sehr wenige davon wurden vergeben), eins der Klasse B 65.534 Rechner und die kleinen Netze der Klasse C jeweils „nur" 254 Rechner[2]. Vergleicht man dies mit dem Telefonsystem, wären die Adressen der *Netzwerke* so etwas wie die Vorwahl, die Nummer des Rechners *im* jeweiligen Netzwerk die Telefonnummer und der sogenannte „Port", der für den Benutzer meist unsichtbar verwendet wird, wäre die Durchwahl.[3]. Da sich die meisten Menschen Nummernkombinationen relativ schlecht merken können, erfand man ein System, mit dem statt den Zahlen Namen verwendet werden konnten. Die Techniker bastelten das bereits erwähnte DNS-System und pfropften es auf das bestehende Nummernsystem auf. Was wenige Internetbenutzer wissen: Wenn sie heute also `www.adresse.com` in Ihren Webbrowser eingeben, fragt dieser zuerst bei einem Rechner Ihres Internetanbieters nach der Zahlenkombination und benutzt *diese* dann für alles weitere. Falls es Sie besonders interessiert, brauchen Sie nur unter Windows in der Eingabeaufforderung den Testbefehl „ping" eingeben, um es einmal zu testen, gefolgt von der jeweili-

---

[1] Aufgeteilt in jeweils dreistellige Zahlen, die von 0-255 gingen. Das sind acht Bit, also insgesamt $4*8 = 32$ Bit. — So waren im Internet insgesamt etwa vier Milliarden eindeutige Adressen verfügbar.

[2] siehe `http://www.glossary-tech.com/IP.htm` und
`http://www.isoc.org/internet-history/brief.html`

[3] Der Port ist eine Zahl von null bis 65535 und definiert die Art des Dienstes, die der anfragende Rechner beim Verbindungsaufbau benutzen möchte. Der für das WWW zuständige Dienst HTTP ist zum Beispiel im Normalfall unter „dem Port 80 zu finden". Eine noch ausführlichere Erklärung würde hier zu weit führen, aber ein Blick in `http://www.anu.edu.au/people/Roger.Clarke/II/IPrimer.html` ist da sicher hilfreich.

Inzwischen arbeitet man an dem sogenannten IPv6-Standard, der so viele Adressen aufweist, dass man damit theoretisch jedem Atom auf der Erde eine verpassen könnte. Mehr Informationen dazu gibt es bei `http://www.ipv6.org`.

gen Domain, also zum Beispiel `ping www.springer.de` ... Wenn
alles geklappt hat, wird der Befehl die numerische Adresse herausfinden, anzeigen und einige Testdaten dorthin schicken, das
sieht etwa so aus:

```
PING www.springer.de (194.94.42.20): 56 data bytes
64 bytes from 194.94.42.20: icmp_seq=0 ttl=244 time=44.793 ms
64 bytes from 194.94.42.20: icmp_seq=1 ttl=244 time=46.707 ms
^C [...]
```

Bitte benutzen Sie dieses Kommando aber sparsam und umsich-
tig. Es ist eigentlich ein Wartungsprogramm für Techniker und
sollte nur für Empfänger verwendet werden, die mit dem „An-
pingen" ihrer Rechner einverstanden sind. Das Ganze klappt
auch unter Linux bzw. Unix, dort müssen Sie das Kommando
meistens aber durch Gedrückthalten von „Strg" und der Taste
„c" nach kurzer Zeit unterbrechen.

Was ist bloß an Domains so interessant?

Stellen Sie sich vor, es gäbe in Deutschland weniger als zehn Te-
lefonbücher, und jeder Name dürfte auch nur ein einziges Mal
auftauchen. Bei alledem werden Einträge auch noch nach dem
Motto „Wer zu erst kommt, mahlt zu erst" vergeben. Sie können
sich bestimmt schon vorstellen, was Millionen von Müllers, Mei-
ers und Schulzes nun sagen würden: „Eine Unverschämtheit!"
Aber ähnlich geht es im Internet-DNS zu.

Domains sind das Aushängeschild und die Zierde Ihres Auftritts,
und sie sind ein sehr seltenes Gut geworden. Inzwischen sind fast
alle dreibuchstabigen und vierbuchstabigen Namen mit der Endung `.COM` vergeben, beinahe alle anderen sinnvollen Worte und
Produkttypen sind als Domain-Namen vorhanden, man denke
etwa an `http://www.holz.de` oder `http://www.auto.de`.

Viele Nutzer raten URLs und tippen diese dann in den Browser
ein. Wenn sie etwas zu Produkt X wissen wollen, geben sie dessen
Namen mit einer geratenen Domainendung (z.Bsp. `.COM`) ein. In

vielen Fällen haben sich Unternehmen genau darauf vorbereitet und sind präsent. Da es auch sogenannte „Domaingrabber" (Domain-Abgreifer) gab, die sich fremde Marken als Domain gesichert haben, sind viele Firmen inzwischen übersensibel bei diesem Thema. Dass dies auch zu sehr grotesken Fällen führen kann, mag folgendes Beispiel illustrieren.

Kinder als Marke

Im Oktober 2000 befand die Firma Ferrero, Hersteller von „Kinder Schokolade", „Kinder Überraschung" und anderen Produkten, dass die Domain www. kinder. at [4] doch eindeutig Ihrer Firma zu gehören habe[5]. Schließlich würde doch jeder beim Begriff „Kinder" an die Schokoladenprodukte denken, und damit sei wohl eindeutig ein Markenrechtsverstoß nachgewiesen. Besagte Domain gehörte schon seit über zwei Jahren der Firma MediaClan[6] und war für die Eröffnung einer Portalseite zum Thema Kinder vorgesehen. Der Fall ging vor Gericht, und Ende Dezember 2001 wurde schließlich vom Handelsgericht Wien entschieden[7], dass „auch der hohe Bekanntheitsgrad der Marke 'kinder'" nichts daran ändern kann, „dass unter 'kinder' in erster Linie junge, minderjährige Menschen verstanden werden und nicht Lebensmittel." [8] Ob die Firma Ferrero in Berufung geht, ist noch nicht geklärt.

Otto, Magenta und Roth

Dieser besonders eindrucksvolle Fall von größenwahnsinnigem Unfug steht nicht alleine, auch andere Großkonzerne wollen immer wieder Exempel statuieren. Der Versandhauskonzern Otto erklagte sich die Domain ottomotor.de und noch viele andere, die Deutsche Telekom wollte das Monopol auf den Buchstaben „T"[9] und die Farbe Magenta[10] erlangen. Die Liste lässt sich inzwischen beliebig fortsetzen, in Wildwest-Manier gehen große Firmen gegen echte und vermeintliche Rechtsverstöße im Zusam-

---

[4] at für Austria, Österreich

[5] http://www.heise.de/newsticker/data/psz-22.12.00-000/

[6] http://www.mediaclan.at/

[7] http://www.heise.de/newsticker/data/psz-18.12.01-000/   und
http://www.berlinonline.de/wissen/berliner_zeitung/archiv/
2001/0423/medien/0016/

[8] Das Urteil ist unter der umkämpften Domain derzeit zum Lesen ausgestellt.

[9] http://www.heise.de/newsticker/data/axv-02.08.01-005/

[10] http://www.heise.de/newsticker/data/axv-26.07.01-001/

menhang mit ihren Marken vor. Der Journalist Wolf-Dieter Roth hat sich der Aufdeckung solch unglaugblicher Fälle gewidmet, er ist selbst ein Betroffener. Der Westdeutsche Rundfunk „entschied" schon vor einiger Zeit, dass Roth sein Journalistenkürzel „wdr" gefälligst im Internet nicht als Domain zu benutzen habe, was die Justiz auch unterstützte[11]. Seine Pamphlete sind durchaus lesenswert[12].

Die Lehre aus den Domainkonflikten für Markeninhaber ist nicht völlig eindeutig, aber prinzipiell lässt sich sagen: Wer in Deutschland eine Marke hat, kann sie auch gut im Internet verteidigen. Andererseits hat sich gezeigt, dass die Zahl der erfahrenen Benutzer im Internet durchaus merkt, wann eine Firma berechtigt ihre Marken vor Missbrauch schützt und wann sie gegen alle guten Sitten wild um sich schießt. Ein schlechter Ruf ist oft genug die Folge und kann den Firmen die Freude an der freigekämpften Domain schnell vergällen.

Marken auch im Internet wichtig

Falls Sie also Markeneinträge besitzen und vor einem solchen Domainproblem stehen, versuchen Sie zuerst eine gütliche Einigung mit dem Ihrer Meinung nach „falschen" Inhaber. Eine Lösung ohne sündteure einstweilige Verfügungen und Abmahnungen erspart Ihnen einen verwundeten Gegner, der sich womöglich sehr gut (etwa durch Protest unter anderer Domain) zu wehren weiß, und damit auch einen möglicherweise schlechten Ruf im Internet an sich. Großkonzernen und Monopolisten mögen solche Pyrrhussiege egal sein, aber kleine und mittlere Firmen können sich sehr schnell ein Eigentor schießen.

Gütliche Lösung wünscheswert

Kommen wir aber von diesem etwas ungemütlichen Thema wieder zurück zum Domain-System an sich.

---

[11] http://www.welt.de/daten/2000/06/28/0628wa176322.htx
[12] z.Bsp. http://www.heise.de/tp/deutsch/inhalt/te/11336/1.html

5.1.1 Hinter den Kulissen

Technisch gesehen werden Domainnamen von hinten gelesen. Am hinteren Ende hängt immer die sogenannte TLD, die *top level domain*, also quasi der Name höchster Ebene. Hiervon gibt es für jedes Land dieser Erde eines, zum Beispiel `.DE` für Deutschland, `.CN` für China oder `.ES` für Spanien[13]. Interessanterweise gibt es keine echte TLD für Amerika[14], da dort noch vor den Länderkennungen ein anderes System entwickelt wurde[15]:

TLD	Nutzung durch	Käuflich?
.COM	Unternehmen (früher), heute alle	Ja
.NET	Internet-Anbieter	Ja
.ORG	Vereine, Organisationen und ähnliches	Ja
.EDU	Bildungseinrichtungen	Nein
.INT	internationale Bündnisse	Nein
.MIL	die US-Armee	Nein
.GOV	die US-Regierung	Nein

Tabelle 5.1. Die traditionellen allgemeinen Top-Level-Domains

Nach quasi jahrzehntelangem Kampf hat man sich inzwischen bereit gefunden, sieben neue allgemeine TLDs zu erlauben[16], die ich in der folgenden Tabelle einmal aufgelistet habe.

Diese neuen Domains werden in den nächsten Monaten nach und nach wohl alle im Netz erscheinen, zur Zeit dieser Niederschrift sind die Domains `.INFO` und `.BIZ` bereits erhältlich, die anderen sollen folgen[17]. Auf absehbare Zeit werden wohl deutlich mehr neue Top-Level-Domains zugelassen werden. Dies stellt nur eine administrative Schwierigkeit dar, rein technisch gesehen könnte

Mehr Domainendungen

---

[13] Man spricht dabei von den sogenannten ccTLDs, den *country code top level domains*.

[14] Es gibt zwar die Endung `.US`, aber sie wird kaum genutzt.

[15] Siehe z.Bsp. `http://www.iana.org/gtld/gtld.htm`

[16] `http://www.heise.de/ct/00/25/066/` und `http://www.icann.org/tlds/`

[17] `http://www.heise.de/newsticker/data/jk-17.12.01-003/`

TLD	*Nutzung durch*
.INFO	Informationsanbieter
.BIZ	Unternehmen und Gewerbe
.PRO	Anwälte, Ärzte, Wirtschaftsprüfer etc.
.NAME	Persönliche Homepages
.AERO	Flughäfen und ähnliches
.MUSEUM	Museen
.COOP	Genossenschaften

Tabelle 5.2. Die neuen allgemeinen Top Level Domains

man auch tausend neue TLDs zulassen oder das ganze System ohne TLDs realisieren.

Eine interessante Begebenheit vielleicht noch am Rande: Einige Länder-TLDs sind gerade solche Kürzel, die auch als Abkürzung eine Bedeutung haben. So haben sich zum Beispiel Boris Veld-huijzen van Zanten, Eric Visser und Hans-Poul Veldhuyzen van Zanten die Domain `jump.to` gesichert, wobei `.TO` die Top Level Domain des Königreichs Tonga im Südpazifik ist. Jeder kann dort kostenlos eine Umleitung für seine Homepage schalten und so zum Beispiel mit der URL `http://jump.to/peter/` Reklame machen. Tonga macht auch Werbung für normale Domains „unterhalb" der Top Level Domain `.TO`[18], das sind dann die sogenannten SLDs *(second level domains)*. Wenn ein interessanter Domain-Name nicht mehr im Bereich der TLD `.COM` verfügbar ist, kann man also auf die TLD `.TO` umsteigen und hat dann statt `beer.com` eben `beer.to`. Auch einige andere Top Level Domains sind recht begehrt, so beispielsweise das deutsche Kürzel für „Aktiengesellschaft": AG. Im Internet ist dies die Top Level Domain der karibischen Inseln Antigua und Barbuda, die für recht gehobene Preise Domains mit dem Kürzel AG am Ende verkaufen[19].

Clevere Endungen

Leider ruft die inflationäre Nutzung von Domains auch Betrüger und Wegelagerer auf den Plan, die unter dubiosen Vorzeichen

Wegelagerer

---

[18] `http://www.nic.to`
[19] `http://www.nic.ag`

behaupten, für die Domainnutzung Geld verlangen zu können[20]. Prüfen Sie genau, wer tatsächlich für die Domainanmeldung und -nutzung bezahlt werden muss und wer nicht und überweisen Sie nicht, wie viele andere, blind irgendwelche Beträge, um sich vermeintlichen Ärger vom Hals zu halten.

5.1.2 Das Domain-Dilemma

Wir hatten bereits besprochen, dass Internet-Domains nach der Methode „Wer zu erst kommt, mahlt zu erst." *(first come, first serve)* funktionieren. Mitte der Neunziger gab es einige Schlauberger, die deshalb viele bekannte Markennamen und andere gut zu merkende Domains horteten und dann eine Ablösesumme von dem forderten, der sie wirklich nutzen wollte. Ganz zu Anfang hatten wir bereits vom freien Geist des frühen Internets gesprochen, und die extremliberale Forderung, die sich daraus ergab, war, dass das Internet gefälligst ein rechtsfreier Raum zu sein hat. Dass dies bei Millionen beteiligten Menschen nur eine Utopie sein konnte, wurde spätestens bei diesem Problem klar. Alle großen Markenfirmen erklagten sich innerhalb kurzer Zeit ihre Domains. Maßgebend daran beteiligt war der unter Internet-Nutzern heftig umstrittene Rechtsanwalt v. Gravenreuth[21], der unter anderem mit Markenrechtsverfahren Geld verdient.

Inzwischen ist die Rechtslage so, dass geschützte Titel und Marken im Internet grundsätzlich Vorrang vor privater Domainreservierung besitzen. Wenn Sie also einen Namen für Ihren Internet-Auftritt suchen, wählen Sie einen möglichst einmaligen, einprägsamen und schützenswerten, melden Sie diesen als Titel oder besser noch als Marke an[22]. Falls Ihr Auftritt zu einem

Geklaute bekannte Domains

Kein rechtsfreier Raum

Marken und Titel haben Vorrang

---

[20] z.B. `http://www.heise.de/newsticker/data/hob-16.07.01-000/`

[21] `http://www.gravenreuth.de/`, aber auch `http://www.klostermaier.de/fvg/faq.html`

[22] Entsprechende Informationen bietet das Deutsche Patent- und Markenamt unter `http://www.dpma.de/infos/faq/faq.html` an.

Unternehmen mit einer eindeutigen Firma[23] gehört, bietet sich diese auch an.

Das Grundproblem wird übrigens oft genug übersehen:

Die Kommerzialisierung des Internets hat auf der technischen Seite noch kaum fundamentale Folgen gehabt. Es gibt bis heute keine klare Trennung von privaten und gewerblichen Domains, so dass es für Unternehmen und deren Rechtsanwälte ein leichtes war, einfach *alle* Domains als gewerblich hinzustellen, was natürlich in ihrem Interesse lag.

Ganz davon abgesehen gab es auch noch das Problem, dass einige Domain-Anbieter die Domains nicht wirklich „verkauften", sondern nur Nutzungsrechte für eine Zeit lang vergaben, sie also quasi untervermieteten. Das heißt: Jemand „kaufte" eine wertvolle Domain, aber wenn er diese zum Beispiel zu einem anderen WWW-Anbieter „mitnehmen" wollte, gab es Probleme, weil ihm die Domain eigentlich gar nicht gehörte. Obwohl solche Zwischenfälle heute die Ausnahme darstellen, sollten Sie trotzdem vertraglich sicher gehen, dass Ihnen eine Domain so weit wie möglich „gehört". Dies erreichen Sie, indem Sie beim Reservieren der Domain im sogenannten „address"-Teil eingetragen werden[24]. Bestehen Sie unbedingt auf dieser Kleinigkeit, die eigentlich selbstverständlich sein sollte.

Domains nie mieten, immer kaufen

5.1.3 Namenswahl

Die Wahl des Domainnamens ist im Internet fast so wichtig wie der Firmenname ausserhalb. Mit diesem Namen werden Sie bekannt, er wird Sie im Netz identifizieren. Es gibt daher einige wichtige Regeln:

---

[23] Die „Firma" ist im Rechtsdeutsch nicht das gleiche wie „Betrieb", sondern meint (ähnlich dem Wort „firmieren") den eingetragenen Namen einer Unternehmung.

[24] Bei `http://www.denic.de` können Sie dies nach Eintragung der Domain nachprüfen

Der Domainname sollte....

Eindeutig

- eindeutig sein und einen Hinweis auf das geben, was dahinter steckt. Es sollte bereits im Domainnamen erkennbar sein, um was für eine Art von Seite es sich handelt.

Guter Klang

- einen freundlichen, guten Klang haben. Es ist hier kaum möglich, ausführlich auf das Thema einzugehen. Ganze Agenturen beschäftigen sich damit[25], solche Namen für ein Produkt oder einen Internet-Auftritt zu finden. Viele helle Vokale (a, e, i) sind empfehlenswert, mit den zwei dunkel und traurig klingenden Vokalen (o,u) sollte man vorsichtiger umgehen. Es gibt auch bei Markennamen alle Monate neue Trends, die „hip" sind. So gab es in der letzten Zeit viele Namen mit dem Buchstaben X, der vorher recht verpönt war: Ixus, Xsara, Xonio und so weiter. Auch ein stimmiger Sprechrhythmus erleichtert das Merken von Namen. Sie können das herausfinden, indem Sie alle Silben eines Namens durch „da" ersetzen und das Wort dann laut aussprechen. Es sollte „stimmig" klingen.

Kurz

- nicht zu lang sein. Gute Domainnamen sind unter 15 Zeichen lang, spätestens bei etwa 30 Zeichen ist die Schmerzgrenze erreicht. Sehr gute Domainnamen sind nur wenige Zeichen lang, aber trotzdem sehr prägnant.

Wenig Leerzeichen

- wenig Leerzeichen enthalten, da diese mit einem Strich (-) ersetzt werden.

Wenig Umlaute

- *keine Umlaute* enthalten, da diese umgeschrieben werden müssen (aus ä wird ae, aus ö wird oe, aus ü wird ue und aus ß wird ss!). Wenn ein Familienname mit Umlauten enthalten sein soll, ist dies allerdings nicht zu verhindern.

Keine Sonderzeichen

- keinesfalls Sonderzeichen enthalten. (Diese sind aus historischen Gründen in Domainnamen derzeit nicht möglich.)

---

[25] Beispielsweise `http://www.nomen.de`. Dort sind auch sehr interessante Formulierungen zu finden, zum Beispiel die „Brand-Extension". Hätten Sie gewußt, was gemeint ist?

- rechtlich als Marke Schutzrecht genießen, denn sonst gilt Ihr Domainname (je besser er ist, desto eher) als Freiwild. Gut eingeführte Domains Anderer mit einem nachgeholten Markeneintrag zu kapern ist zwar eine unschöne Taktik, juristisch aber kaum angreifbar.

  Schutz

- keine allgemeine Gattungsbezeichnung enthalten. Domains wie `www.buecher.de` bringen recht viel Ärger mit sich, da die juristische Situation nicht wirklich geklärt ist. Es ist abzusehen, dass solche Domainnamen nicht lange von der Konkurrenz toleriert werden, da sie als unlauterer Wettbewerb aufgefaßt werden.

  Nicht zu allgemein

- dauerhaft sein und keine tagesaktuellen Elemente enthalten, ausser für kurzfristige Aktionen. Sonst finden sie die Benutzer nicht.

  Dauerhaft

- bei Kombinationen mehrerer Worten auch in mehreren Variationen reserviert werden. Wenn Sie „Heizungsbau Petermeier, Offenbach" im Internet nutzen möchten, sollten Sie

  Mehrere Versionen

```
www.heizungsbau-petermeier-offenbach.de
```

  reservieren, aber auch (wenn möglich)

```
www.heizungsbau-petermeier.de,
www.petermeier-heizungsbau.de,
www.petermeier.de
```

  und so weiter. Domainnamen sind inzwischen so günstig zu bekommen, dass die zusätzlichen Namen von den Kosten her zu vernachlässigen sind.

- nicht veraltete Trends neu aufkochen. Eine Zeit lang war es üblich, jeder Seite ein „E-" voran zu stellen[26], also zum Beispiel `www.e-business.de`. Eine andere inzwischen langweilige Gewohnheit war es, jedem Domainnamen eine „24" zu ver-

  Keine alten Trends

---

[26] Was mich zur Seite `http://www.e-lend.de` brachte.

passen, um klar zu machen, dass die Seite 24 Stunden pro Tag zur Verfügung steht. Sogar die Deutsche Bank heißt inzwischen Deutsche Bank 24. Wer sich heute noch an solchen Techniken beteiligt, gilt leider allzu oft als zu spät gekommener Trittbrettfahrer.

Wenig Anglizismen

- wenige oder gar keine (Pseudo-)Anglizismen enthalten. Es ist zwar derzeit im deutschen Sprachraum Mode, jeden Begriff so gut es geht ins Pseudo-Englische zu „übersetzen", aber dadurch wird großen Teilen der Bevölkerung das Verständnis sehr schwer gemacht. Abgesehen von den jungen Zielgruppen (und dort auch nur denen mit relativ hohem Bildungsgrad) werden deutsch-englische Begriffe meist falsch (wie deutsche Worte) ausgesprochen, wenig verstanden und noch weniger gemocht.

Die Einhaltung dieser Regeln stellt allein schon in vielen Fällen sicher, dass schlechte und unpassende Domainnamen gar nicht erst durch den Entscheidungsprozess hindurch kommen und später unangenehm auffallen. Es muß natürlich ein Gleichgewicht zwischen Regeln und Kreativität stattfinden, denn eines von beidem allein führt meist nicht zu optimalen Resultaten.

5.2 Der erste Eindruck

Erster Blick auf die Oberfläche

Menschen sind oberflächlich, und das im wahrsten Sinne des Wortes. Wenn Sie eine andere Person das erste Mal sehen, haben Sie in Bruchteilen von Sekunden schon ein Vor-Urteil getroffen, das bei ihnen Sympathie oder Antipathie auslöst und Ihre weiteren Handlungen bestimmen wird. Solch ein Urteil wird eben erst einmal an der sprichwörtlichen Oberfläche festgemacht. Erst nach einiger Zeit werden „vernünftige" Kriterien wie Freundlichkeit und Ehrlichkeit dieses Vor-Urteil verdrängen. Und, wie sollte es anders sein, bei Auftritten im World Wide Web funktioniert das ganz genauso. Der „erste Eindruck" ist gefühlsgesteuert und wird üblicherweise nicht bewusst wahrgenommen[27].

Wenn also ein Besucher auf Ihre Seiten schaut, sticht ihm als erstes die Dekoration ins Auge. Hier können Sie sofort punkten, wenn das Dekor nicht zu einfach und nicht zu kompliziert(!) ist. Ebenso wichtig ist ein stimmiger Gesamteindruck. Die einzelnen Elemente des Auftritts sollten also farblich und stilistisch zusammen passen. Sich schnell aufbauende Seiten sind ebenfalls ein enormer Pluspunkt. Mehr als maximal zehn Sekunden sollte ein Auftritt nicht zum Aufbau benötigen, wohlgemerkt mit einem analogen Modem beziehungsweise einer ISDN-Verbindung zum Internet. Einer der schlimmsten Fehler, den Sie hier machen könne, ist heikle technische Zusatzprogramme (die schauen wir uns in Abschnitt 8.15 noch genauer an) zu verwenden, die dann mit Fehlermeldungen oder gar Abstürzen des gesamten Browsers (Der Navigator von Netscape ist hier sehr empfindlich!) quittiert werden. Nichts ist peinlicher als der Gedanke „Lächerlich!" im Kopf Ihrer Besucher, und den können Sie sowohl durch amateurhaftes als auch durch überkandideltes Webdesign erreichen.

Stimmiger Gesamteindruck

Ersten Eindruck nicht verpatzen

Beim ersten Eindruck sollte dem Besucher auch klar sein: „Hier bin ich richtig." — dieses Gefühl erzeugen Sie vor allem, wenn Ihr Auftritt ohne große Mühe überblickt werden kann. Ein typischer Fehler übertriebenen Designs ist, die Darstellung einer Seite auf einen so-und-so großen Bildschirm zu beschränken, auf dem außer dem WWW-Browser keine anderen Fenster mehr geöffnet sind. Obwohl dies bei vielen Benutzern auf dem Stand der Technik sinnvoll sein mag, sie verschrecken damit besonders die älteren und weniger erfahrenen Zielgruppen. Diese wissen mit Angaben wie „Bildschirmauflösung" und „optimiert für" überhaupt nichts anzufangen, warum auch. Wie Stephen Traub auf seinen „Web Repair"-Seiten[28] gut beschreibt, sind viele Webdesigner

Auftritt nicht unnötig einschränken

---

[27] Hierbei spielt unter anderem der historische Aufbau unseres Gehirns eine Rolle, aber eine längere Erklärung würde hier und jetzt enorm auf Abwege führen. Falls Sie sich für das Thema „Visuelle Wirkung von Menschen und Formen" interessieren, kann „Menschenkenntnis" (LAUSTER, 2001) ein guter Einstieg sein. Auch oder gerade dann, wenn Sie vielleicht sogar „Avatare" (virtuelle Personen) auf Ihren Webseiten verwenden möchten.

[28] `http://www1.shore.net/~straub/wprwiden.htm`

neu in ihrem Fach und kommen direkt aus der sogenannten Printbranche, wo am Ende ein gedrucktes Stück Papier entsteht. Dort ist es üblich, dass der Auftraggeber und der Designer eine bestimmte Papiergröße bestimmen und sich ansonsten niemand über unterschiedliche Papierformate den Kopf zerbricht. Es gibt dann eben nur eine einzige relevante Papiergröße. Ein kurzes Zitat o.g. Seite:

> »Einige Webdesigner machen trotzdem weiter wie in ihrer Papierzeit — Sie achten darauf, wie ihre Seiten in einer bestimmten Umgebung aussehen. Üblicherweise ist dies die Umgebung ihres Rechners mit ihrem Lieblings-WWW-Browser und ihren persönlichen Programmeinstellungen. Ihre Seiten werden dadurch „optimiert" für einen bestimmten Rechner, eine bestimmte Bildschirmgröße und eine bestimmte Browserversion mit bestimmten Einstellungen. [...]
>
> Bei gewerblichen Auftritten muss man sich aber mit mehr als der Sichtweise der kleinen Minderheit der Übermodernen und der großen Mehrheit der Modernen befassen, oder gar mit seiner eigenen. Man muß sich darauf einstellen, wie jeder oder fast jeder die Seiten sieht.«

Im Internet setzt spätestens bei den Einstellungen der Browser das Chaos ein. Mal sind es 800 mal 600 Punkte, auf die gemalt wird, mal 1024 mal 768. Mal ist eine große Schriftart eingestellt, dann wieder eine winzige. Um hier noch brauchbare Seiten zu erstellen, muß man vor allem von einem Abschied nehmen: von einem statischen Design. Im World Wide Web ist es nicht sinnvoll, mit einem (elektronischen) Lineal Auftritte zu gestalten, auch wenn sich einige Designprogramme ins Zeug legen, das zu ermöglichen. Die Resultate funktionieren leider meist nur auf den allerneuesten Gerätschaften und nur mit der allerneuesten Browsersoftware und schließen damit Benutzer älterer Systeme regelmäßig vom Besuch aus. Browser sind meistens ziemlich widerborstige Geschöpfe und stellen bestimmte Feinheiten von Internetseiten mal so und mal so dar. Sie auf Zentimetermaße und obskure Schriftarten festzulegen ist gegen das Prinzip des WWW und führt zu Unzufriedenheit bei vielen Benutzern.

Derzeit kann man im Internet folgende Ratschläge zum grundlegenden Layout geben (Je nach Ihren Fachkenntnissen können Sie dies selber anwenden bzw. mit dem Designteam besprechen.):

- In der Breite sollte Ihre Seite derzeit nicht mehr als 760 Bildpunkte voraussetzen[29]. Wenn Sie zu dieser Zahl die Rahmen der Browserfenster mitrechnen, kommen Sie etwa auf 800 Punkte. Schreiben Sie ihr Vorgehen dabei nicht auf die Titelseite Ihres Auftritts, das wirkt arrogant und tollpatschig. Ein guter Auftritt funktioniert mit *allen* Browsern so gut wie möglich, damit muß man nicht hausieren gehen. — Breite beschränken

- Benutzen Sie Standard-Schriftarten (unter Windows sind dies zum Beispiel „Times New Roman" (mit Serifen, das sind kleine Querstriche links und rechts am Buchstaben) und „Arial" (ohne Serifen), wobei serifenlose Schriften ausschließlich für kurze Texte und Überschriften benutzt werden sollten. Längere Texte sollten in Schriftarten mit Serifen geschrieben werden, da die kleinen Querstriche dem Auge beim Lesen helfen, den Buchstaben zu folgen. — Standard-Schriften

- Legen Sie die Schriftgröße nur sehr behutsam fest, für die Schrift des Fließtextes sollten Sie normalerweise gar keine bestimmte Größe vorschreiben. Schriftgrößen unterhalb etwa 0,5 cm sind zu vermeiden.

---

[29] Sie darf aber gerne darüber hinaus durch Fließtext o.ä. ziehbar sein. Fließtext passt sich an die jeweilige Fenstergröße an.

5.3 Die Selbstdarstellung

Dieses Thema in einem Buch über gewerbliches Webdesign? In der Tat, es wirkt etwas seltsam, aber auch hier erlebt man im Web immer wieder Tiefschläge und Peinlichkeiten, die Ihnen nicht passieren sollten. Zwangsläufig hat jede Firma und jede Person ihre eigene Art, mit der eigenen Darstellung umzugehen, auch in Bezug auf die „corporate identity", aber ich möchte Ihnen trotzdem einige Fehler erklären, damit Sie sie nicht wiederholen.

Nicht zu viel Eigenlob

Gleich der erste Fehler ist, sich oder Ihre Firma in Werbemanier über den grünen Klee zu loben. Es ist nichts dagegen einzuwenden, wenn Sie sich in einem möglichst guten Licht darstellen und auch Ihre Produkte oder Dienstleistungen loben. Leider wirkt es aber sehr sehr albern, wenn der Urheber eines Internet-Auftritts offensichtlich denkt, seine Nutzer wären dumme Schafe, die auf jeden egozentrischen Gag hereinfallen.

Humor funktioniert schlecht

Ebenso „gefährlich" ist Humor im Internet. Als inzwischen langjähriger Nutzer von elektronischer Kommunikation kann ich Ihnen nur davon abraten, überwitzige Texte und „Brüller" auf Internetseiten zu schreiben. Das schriftliche Format eignet sich dazu sehr wenig, und besonders Ironie und Sarkasmus sind in Schriftform sehr schnell mißverständlich und wirken deplaziert. Wenn Sie einen eher lustigen Eindruck erzeugen wollen, benutzen Sie lieber unverfängliches Material und sehr milden Humor. Vielleicht sind Sie jetzt etwas sehr verwundert, dass Ihnen in einem Webdesign-Buch jemand etwas über Witze zu diktieren versucht, aber ein einziger galliger Scherz in Ihrem Auftritt kann diesen komplett entwerten. Als abschreckendes Beispiel sei hier der Auftritt von Anziehdame Heidi Klum erwähnt[30] Ganz abgesehen von der problematischen technischen Umsetzung (Die Zusätze Javascript *und* Flash sind Voraussetzung, und ohne Javascript kommt man gar nicht zum Auftritt durch. Wobei keins von beiden wirklich nötig für den eigentlich Auftritt wäre.): Die

---

[30] `www.heidiklum.com`, aber sie hat sich ihren Namen unter fast allen großen Endungen schützen lassen.

gezwungen lustige und unglaubwürdige Biographie unter „Heidi Privat" (in der Sie sich lobt, alle Internet-Entscheidungen „natürlich" selber getroffen zu haben) macht den Auftritt lächerlich und würde ihn vollständig entwerten, wenn Models nicht durch andere Qualitäten glänzen würden.

Ein Gedanke noch: Überlegen Sie sehr genau, ob Sie als anonym und funktional wirkende Firma „ohne Gesichter" auftreten wollen, oder Ihre Mitarbeiter persönlich vorstellen, zumindest einige. Es wirkt im sonst recht technischen und kühlen Internet sehr beruhigend, wenn es auf den Firmenseiten auch einige oder gar alle Mitarbeiter (je nach Firmengröße) vorgestellt werden. Fällt es Ihnen nicht auch leichter, einer Person per Brief bzw. E-Mail etwas zu schreiben, wenn Sie vorher ein kleines Portraitbild gesehen haben? Im bisherigen Web kann man noch keine „übliche" Verfahrensweise feststellen, aber einige Abschätzungen sind möglich: Kleinere Betriebe und Unternehmen und so gut wie jede Einzelperson haben zumindest ein Portraitfoto auf der jeweiligen Seite. Bei Einmannbetrieben ist es oft so, dass der „Chef" sich auch per Bild vorstellt. Je größer ein Unternehmen wird, desto weniger individuell vorgestellte Mitarbeiter gibt es meistens im Internet zu sehen. Große Konzerne sind inzwischen dazu übergegangen, nicht alle wichtigen Mitarbeiter vorzustellen, sondern eine buntgemischte Auswahl, die PR-trächtig erklärt, warum sie gerade für *diesen* Betrieb arbeiten.

Firma mit oder ohne Gesicht?

Große Konzerne

Bitte achten Sie auf jeden Fall darauf, dass die ausgestellten Passbilder professionell und gleichmäßig hergestellt wurden. Es wirkt sehr unangenehm, wenn die Hintergrundfarben und -muster der Bilder sich jedes Mal ändern, und Automatenfotos zwischen teuren Studiophotographien auftauchen.

5.4 Welche Probleme es im Netz gibt

Wie gut Sie auch immer den Auftritt gestalten, einige Probleme tauchen immer wieder auf und können Benutzer sehr stark verwirren. Obwohl den Urheber der Internetseiten oft gar keine Schuld trifft, wird ein Problem praktisch *immer* auf ihn geschoben. Sie sollten vorsorgen, damit möglichst viele unangenehme Erlebnisse dem Benutzer erst gar nicht passieren können.

5.4.1 Benutzer findet nicht zurück

Verlaufen

Das klingt auf den ersten Blick banal. Benutzer können sich aber in einem Auftritt sehr heftig verlaufen. Je komplizierter und wenig strukturiert eine Seite ist, desto leichter passiert es, dass Besucher den „Wald vor lauter Bäumen nicht mehr sehen". Zwar gibt es in jedem(!) Webbrowser die Möglichkeit, mit einem Mausklick auf den „Zurück"-Knopf auf eine vorherige Seite zurückzukehren, aber oft liegen zwischen Anfangs- und Endpunkt eines Besuchs viele verschiedene Seiten. Benutzer wissen oft gar nicht mehr, wie oft sie jetzt noch zurück müssen und geben auf.

5.4.2 Technische Probleme

Links und Programme funktionieren nicht immer

Leider ist Technik nicht unfehlbar, und besonders in der Welt des Internet wird sehr oft mit wackeligen Programmen und nicht durchgetesteten Methoden gearbeitet. Es passiert immer wieder, dass zum Beispiel der Zugriff auf eine beliebige Seite nach dem Klick eines Hyperlinks im Nirvana landet und nie eine Antwort erhält, ein erneuter Klick aber sofort funktioniert. Genauso kann es passieren, dass ein Javascript-Programm unter einem Browser funktioniert, aber unter dem anderen überhaupt nicht. Der Benutzer wird dann mit einem unschönen Fehlerfenster konfrontiert, das er in praktisch allen Fällen gar nicht verstehen *kann*, weil ihm die Fachkenntnisse fehlen.

Sie können leider nicht alle technischen Probleme verhindern, aber die Kenntnis solcher Probleme sollte Sie anspornen, noch weniger problematische Funktionen in Ihren Auftritt einzubauen. Es ist besser, die Grundfunktionen eines Auftritts funktionieren, als wenn die komplizierten Zusatzgimmicks am Ende selbst diese Grundfunktionen zunichte machen.

5.4.3 Denial of Service

„Denial of Service" (DoS) nennt sich eine unangenehme Form der Sitzblockade im Internet. Da die grundlegenden Protokolle des Netzes ermöglichen, Absenderadressen von Anfragen an Webserver beliebig zu fälschen, kann mit Millionen solcher gefälschter Anfragen ein Auftritt nahezu lahmgelegt werden. Es ist dann für den Server so, als würden Millionen Benutzer gleichzeitig eine neue Seite aufrufen und damit abfragen. Aufgrund der weiten Verbreitung und vieler Sicherheitslücken sind die Hauptursachen dafür schlecht gewartete Rechner mit dem Betriebssystem Windows.

Angriff aus dem Dunkeln

Anfang des Jahres 2000 wurden mit einem solchen Angriff einige der größten Internet-Sites überhaupt lahmgelegt[31] — die Liste liest sich wie ein Who-is-Who der großen Auftritte: Yahoo, Amazon, CNN und viele weitere. Die Höhe des insgesamt erzeugten Schadens wird auf mehrere Millionen Dollar geschätzt. Der Angreifer wurde nur gefunden, weil er mit seinen Erfolgen prahlte: Es war ein 15-jähriger kanadischer Teenager ohne viel Computerwissen, der inzwischen in Haft sitzt.

Eine überzeugende und gleichzeitig beängstigende Dokumentation eines solchen Angriffs hat Computerexperte Steve Gibson[32] zusammengestellt[33]. Mit einer Menge technischem Aufwand und brillanter Programmierarbeit gelang es ihm, in ein Netzwerk

Technisch kaum Gegenmittel, Urheber finden

---

[31] http://www.heise.de/newsticker/data/cp-09.02.00-000/
[32] http://grc.com/steve.htm
[33] http://grc.com/dos/grcdos.htm

von halbwüchsigen Möchtegern-Computerterroristen einzudringen, die seine Internet-Seiten für Tage mit nur einem Fingerschnippsen lahmlegen konnten.

Technisch ist gegen die meisten der heute üblichen DoS-Angriffe kein Kraut gewachsen. Wenn Sie also ein Opfer eines solchen Angriffs sind, sorgen Sie schnellstmöglich für die Auffindung des Angreifers, um das Übel an der Wurzel zu packen.

5.5 Vorsorge für den Ausnahmezustand

Katastrophen
können
passieren

Unfälle und Katastrophen passieren, und auch ein Internet-Auftritt sollte deshalb auf Zwischenfälle vorbereitet sein. Es wirkt pietätslos, wenn etwa eine Fluglinie nach einem schweren Flugzeugabsturz immer noch die übliche Marketinginformation präsentiert und den verheerenden Absturz nur unter ferner liefen behandelt. Fluglinien wie Singapore Airlines haben gezeigt, dass es auch anders geht. Sie machten bereits auf der ersten Seite des Auftritts nach dem ersten Absturz in der Geschichte der Fluglinie auf diesen aufmerksam und boten Telefonnummern und weitere Hilfe an.

Bei den verheerenden Anschlägen auf das World Trade Center in New York im September 2001 schossen schon nach wenigen Stunden die ersten sogenannten „dunklen Auftritte" (*dark sites*, siehe AMOR, 2000) aus dem Boden, mit denen Kondolenzbücher und Neuigkeiten verbreitet wurden.

Dark site
bereit halten

Wenn Ihr Auftritt also möglichen Problemen unterliegt, bei denen womöglich sogar Menschen zu Schaden kommen können, sorgen Sie dafür, dass für den Ernstfall ein solcher „dunklen Auftritt" verfügbar ist, der statt des eigentlichen Auftritts eingehängt wird. Er sollte innerhalb weniger Minuten einzuspielen sein. Die Besucher sollten trotzdem noch zum eigentlichen Auftritt durchkommen können.

5.6 Bezahlen im Internet

Wenn es um das Gestalten eines Auftritts im Internet geht, darf
das Thema Bezahlung nicht fehlen. Zwar hat es nicht direkt
mit dem visuellen Design zu tun, aber verschiedene Wege der
Bezahlung schränken die Anzahl der Nutzer, die Bestellungen
erwägen, mehr oder weniger deutlich ein. Für einen Auftritt ohne
Bestellmöglichkeit ist dieser Abschnitt zweifelsohne eher weniger
interessant, aber die meisten gewerblichen Auftritte haben auch
eine Möglichkeit des Warenverkaufs.

Bezahlung
an
Zielgruppe
angleichen

Vorweg sei noch gesagt, dass die unkomplizierteste Integration
einer Internet-Bestellmöglichkeit in eine bestehende Infrastruktur darin besteht, diese bisherige Bestelllogistik zu erweitern, an-
statt ein zweites, völlig davon unabhängiges System aufzubauen.
Wenn etwa ein Versand sich eine Internet-Erweiterung wünscht,
sollte sich der Internet-Auftritt an den Versand anpassen, nicht
umgekehrt.

5.6.1 Traditionelle Bezahlverfahren

In Deutschland gibt es drei traditionelle Verfahren, die Bezahlung einer Lieferung durchzuführen:

- **Bankeinzug**

- **Offene Rechnung**

- **Nachnahme**

Jedes der Verfahren bietet unterschiedliche Sicherheit für Sender
und Empfänger der Ware und ist im Internet mehr oder weniger
einfach umzusetzen.

Bankeinzug. Beim Bankeinzug wird der fällige Betrag vom Sender vom Girokonto des Empfängers abgebucht, meist vor oder bei Absenden der Ware. Dieses Verfahren, „Lastschrift" genannt, setzt voraus, dass der Warensender vom Empfänger eine schriftliche Erlaubnis zum Einzug des fälligen Betrages erhalten hat. Zwar wird eine Lastschrift auch ohne den Nachweis dieser Erlaubnis durchgeführt, dann besteht allerdings wenig rechtliche Sicherheit. In jedem Fall kann der Empfänger eine Lastschrift „platzen" lassen. Dabei wird das Geld vom Konto des Senders auf das Konto des Empfängers zurückgebucht, inklusive einer Art Strafgebühr der Bank. Das bezahlte Geld bleibt also theoretisch immer rückrufbar, und der Warensender muß eventuell rechtliche Schritte einleiten, um es doch noch einzufordern.

Ein Grundproblem des Bankeinzugs im Internet ist, dass rechtlich gesehen eine Einzugserlaubnis des Warenempfängers eigentlich nur mit Unterschrift gültig ist. Eine Unterschrift gibt es aber derzeit nicht wirklich im Internet, und ein Ersatz dafür (die sogenannte „digitale Signatur") ist erst in der Anfangsphase und nicht flächendeckend verfügbar. Rechtssicherheit besteht also bei reinen Internet-Ermächtigungen ohne Unterschrift nicht — unterschiedliche Internet-Auftritte behandeln Einzugsermächtigungen mal so, mal so. Bei Amazon[34] wird nach der ersten geglückten Nachnahmelieferung die Bezahlung per Bankeinzug möglich, und die Einzugsermächtigung wird elektronisch ausgefüllt. Andere Firmen wie zum Beispiel der Elektronikversand Reichelt[35] verlangen eine per Fax oder Post geschickte Einzugsermächtigung, um die Echtheit (auch der Bestellung) einigermaßen sicherstellen zu können[36].

Zur Erhöhung der Sicherheit des Senders ist die Nutzung von Fax oder, besser noch, des Postweges zu raten. Dies hat leider im Internet den Nachteil, dass ein sogenannter „Medienbruch" (AMOR, 2000) stattfindet. Extra ein Fax schicken zu müssen kann einen Impulskauf oft ungewollt verhindern und erhöht die

---

[34] `http://www.amazon.de`
[35] `http://www.reichelt.de`
[36] Im Falle der Nutzung von Fax ist im Notfall oft eine Ortung des sendenden Faxgeräts durch die Telekom möglich.

Wahrscheinlichkeit, dass die Auftragsabwicklung deutlich verlangsamt wird, weil die Gültigkeit jedes Bankeinzugs vorher sichergestellt werden muß. In einer Kundendatenbank sollte unbedingt gespeichert werden, ob eine Einzugsermächtigung vorliegt, damit zeitaufwendige Abgleiche mit Archivdaten entfallen können.

Ein guter Kompromiss ist, die erste Bestellung jeweils mit Bezahlung per Nachnahme durchführen zu lassen und danach den Bankeinzug zu ermöglichen. Impulskäufer erhalten so unkompliziert ihre Ware, Stammkunden können das billigere Lastschriftverfahren verwenden.

Offene Rechnung. Das im normalen Geschäftsleben oft anzutreffende Liefern gegen offene Rechnung ist im Internet auch sehr verbreitet. Mit der Lieferung wird eine Rechnung geschickt, die der Empfänger zu bezahlen hat, vorzugsweise per Überweisung von seinem Girokonto. Da hier der Sender ein recht großes Risiko trägt (besonders im anonymen Medium Internet!), dass Rechnungen nicht bezahlt werden, sollte überlegt werden, welcher Kundenkreis in den Genuß dieser Bezahlform kommen sollte. Aus Sicht des Empfängers bietet diese Zahlform die größtmögliche Sicherheit, hat er doch nach Erhalt der Ware noch nichts bezahlt.

Verbreitete Zahlungsform

Grundsätzlich ist zu raten, das Liefern gegen offene Rechnung auf Kunden zu beschränken, deren Identität und Liquidität ausreichend geklärt ist. Bei geringen Warenwerten kann dies durch eine gelungene Nachnahmelieferung passiert sein, bei größeren Warenwerten mag auch eine SCHUFA[37]-Anfrage nützlich sein. In begründeten Fällen geben auch die Einwohnermeldeämter Hilfestellung beim Auffinden eines Schuldners.

Seit Mai 2000 ist es übrigens rechtlich nicht mehr erforderlich, Mahnungen zu schreiben. Eine Rechnung gilt als fällig ab der Zustellung, als überfällig und einklagbar ab dem 30. Tag nach der

Mahnungen nicht mehr nötig

---

[37] `http://www.schufa.de`

Zustellung[38], soweit nichts anderes vereinbart wurde. Es empfiehlt sich außerdem eine Klausel betreffend des Eigentumsvorbehalts in den allgemeinen Geschäftsbedingungen, dass gelieferte Ware bis zur vollständigen Bezahlung Eigentum des Absenders bleibt.

Nachnahme. Das Nachnahmeverfahren ist das für beide Seiten unkomplizierteste, besonders im Internet. Der Empfänger zahlt dabei beim Abholen der Ware von der Post den Warenwert bar ein, und kurz danach überweist die Post diesen Betrag auf das Konto des Senders. [39] Leider ist diese Dienstleistung bei kleineren Warenwerten recht teuer. Meist werden dem Kunden im Internet zwischen vier und 10 Euro in Rechnung gestellt: Je nach Kulanz des Senders werden dem Empfänger Teile des tatsächlichen Preises der Post erlassen.

Paket wird bei Empfang bezahlt

Bitte beachten Sie, dass eine Nachnahmelieferung an sich nur mit 50 DM gegen Verlust oder Beschädigung versichert ist. Ein Päckchen, per Nachnahme verschickt, ist also ungeschützt gegen Transportschäden. Erst Pakete sind (im Normalfall) bis 1000 DM versichert — die Versicherungssumme läßt sich bis 50.000 DM gegen Aufpreis steigern[40].

Obwohl beim Nachnahmeverfahren der Empfänger das Risiko trägt, dass ihm der Sender falsche oder defekte Ware zusendet, hat sich das Verfahren sehr weit durchgesetzt. Auch im Internet ist es das bevorzugte Bestellverfahren, trotz des recht hohen Preises.

5.6.2 Neue Bezahlverfahren

Zu diesen traditionellen Bezahlverfahren kommen noch einige neue hinzu, die in Deutschland jedoch eher spärlich vertreten

---

[38] http://www.finanztip.de/recht/wirtschaftsrecht/
mahnrecht-mai2000.htm

[39] http://www.deutschepost.de/brief/produkte/branchen/nachnahme/

[40] http://www.deutschepost.de/euroexpress/de/vertragskunden/
produkte/extra/extra_preise/transportversicherung_preise.html

sind. Einige Bezahlverfahren stecken auch noch technisch oder von der Verbreitung her in den Kinderschuhen.

Über die Jahre gab es auch immer wieder Versuche, die üblichen Methoden durch elektronische zu ersetzen. Praktisch alle sind gescheitert, was nicht an der Technik lag, sondern oft genug am Desinteresse der potenziellen Kunden. Die Erfahrung, dass Käufer ungern auf neue Techniken umsteigen, haben vor einiger Zeit auch alle großen Banken gemacht. In einem koordinierten Hau-Ruck-Verfahren entschlossen diese sich, je Bezahlung mit der Eurocheque-Karte eine fixe Gebühr von 35 Pfennig statt normalerweise deutlich weniger zu verlangen[41]. Man wollte die Kundschaft vom Lastschriftverfahren (Unterschrift auf der Einkaufsquittung) hin zum „echten" Karteneinkauf (mit Eingabe der Geheimzahl) zwingen. Am massiven Widerstand von Verbraucher- und Einzelhandelsverbänden scheiterte dies jedoch. Ich möchte Ihnen damit nur veranschaulichen, welche Probleme auch nur kleinste Veränderungen der Bezahlverfahren auslösen können.

Neue Methoden nur schleppend

Kreditkarte. In Amerika nicht mehr wegzudenken, in Deutschland eine Besonderheit: Die Kreditkarte. Während im Land der unbegrenzten Möglichkeiten ohne dieses „Plastikgeld" fast nichts mehr geht, wird hier zu Lande weiterhin ausgesprochen gerne per Bargeld bezahlt. Der Unterschied könnte krasser kaum sein: In den USA besitzt ein Großteil der Bevölkerung inzwischen sogar mehrere Kreditkarten gleichzeitig, was unter anderem auf die verführerischen Lockangebote der Kartenanbieter zurückzuführen ist. Egal, was gekauft wird, es muss erst nach Monaten tatsächlich bezahlt werden. Die Konsummentalität dort und der Widerwillen, auch nur einen Pfennig zu sparen (Die Sparquote der Haushalte in Amerika ist negativ!), machen die Kreditkarte besonders auch im amerikanischen Teil des Internets unentbehrlich.

In Amerika beliebt, in Deutschland weniger

Ganz anders hier in Deutschland: Nur wenige, meist überdurchschnittlich wohlhabende Menschen gehen hier mit einer echten

---

[41] http://www2.tagesspiegel.de/archiv/2000/10/16/ak-wi-wi-14259.html

EC-Karte ist billiger

Kreditkarte einkaufen. Wirklich durchgesetzt hat sie sich nicht, unter anderem, weil der Markt bereits mit den unkomplizierten EC-Karten gesättigt ist, die auch nach dem Lastschriftverfahren funktionieren. Diese Pseudo-Kreditkarten erfüllen im Endeffekt die gleiche Funktion, ohne zusätzliche Kosten zu verursachen: Kein Hantieren mit Bargeld und recht gute Sicherheit.

Nicht nur Zahlen per Kreditkarte anbieten

Das hat weit reichende Konsequenzen für deutsche Internet-Auftritte mit Einkaufsmöglichkeit: Wer nur Kreditkartenbezahlung anbietet, vergällt einem Großteil der Besucher den Einkauf. In Ihrem Konzept sollte daher die Bezahlung nicht auf die Kreditkarte alleine beschränkt bleiben. Nachnahme und Rechnung sind immer noch vorherrschend und sollten nicht vernachlässigt werden[42].

Zahlen per Handy

Paybox. Für kleinere Zahlungen hat die Firma Paybox[43] diesen Dienst entwickelt, der prinzipiell wie eine Kreditkarte mit Handy-Erweiterung funktioniert. Wenn man zahlen will, bekommt man einen Anruf auf sein Handy, den man mit einer persönlichen Identifizierungsnummer (PIN) bestätigt. Daraufhin wird der Betrag vom Konto des Käufers eingezogen und geht beim Anbieter ein. Das Ganze kostet den Paybox-Kunden derzeit 5 Euro pro Jahr, was zwar nicht zu viel ist, aber mögliche Neukunden erst einmal abschrecken kann. Der gewerbliche Zahlungsempfänger zahlt derzeit 3% Provision. Paybox-Chef Entenmann verkündet in einem Interview mit dem Online-Magazin OnlineMarketer.de: „34 Millionen Deutsche sind damit derzeit in der Lage, einfach, bequem und sicher per Handy zu bezahlen."[44] — Das ist zwar durchaus richtig, nur weiß ein Großteil

Noch nicht verbreitet

dieser Millionen noch gar nichts von diesem Glück. Folgerichtig ist Paybox derzeit noch nicht sehr verbreitet[45]. Inzwischen hat sich die Deutsche Bank dem Paybox-System angenommen und entscheidet damit mit über die Verbreitung.

---

[42] siehe `http://www.berlecon.de/pressroom/charts/zahlungssysteme/VerbreitungKundenUndKlShops.pdf`

[43] `http://www.paybox.de`

[44] `http://www.onlinemarketer.de/know-how/interviews/entenmann.htm`

[45] Siehe z.Bsp. Statistik von Berlecon Research unter `http://www.berlecon.de/pressroom/charts/zahlungssysteme/VerbreitungKundenUndKlShops.pdf`

GeldKarte. Die GeldKarte war eine sogenannte Prepaid-Lösung in Form eines zusätzlichen Chips auf der vorherrschenden EC-Karte. Man konnte diesen Chip mit einem gewissen Betrag (bis 400 DM) „aufladen" und dann peu à peu die Ladung verbrauchen. Der Sinn war, das umständliche Bezahlen bei Kleinkäufen zu vereinfachen und das leidige Wechselgeld unnötig zu machen. Bis heute kann man die GeldKarte genau dafür benutzen, aber kaum jemand tut das. Zum einen ist wenigen Menschen überhaupt bewusst, dass diese Funktion auf ihrer „normalen" EC-Karte verfügbar ist; zum anderen ist vielen das Aufladen vom Konto auf die GeldKarte zu kompliziert.

Aufladbares Bargeld

Inzwischen bieten die Sparkassen in Deutschland dieses Verfahren flächendeckend und kostenfrei auf ihren Karten an, was aber auch nicht zum Durchbruch verholfen hat. Zwar ist das Bezahlen im Internet per Geldkarte mit einigen technischen Krücken möglich, aber spielt nur eine Exotenrolle.

Kaum verbreitet

Elektronisches Bargeld. Zwischen 1999 und 2001 gab es viele Versuche der Großbanken, elektronisches „Bargeld" in Form von verschiedensten Verfahren einzuführen. Oft handelte es sich um ausgeklügelte Lösungen, die Prestigefunktion besaßen, aber sich letztlich noch nirgendwo durchgesetzt haben. Einige Dienste sind bereits wieder eingegangen, andere dümpeln vor sich hin.

Eigentlich ist das alles sehr schade, denn technisch waren viele der Angebote sehr sicher gestaltet und durchaus zukunftsträchtig. Sie haben allerdings schon vom Marketing her den Weg zum Verbraucher (noch?) nicht geschafft und konnten daher keine signifikante Verbreitung finden. Da in Zukunft auf jeden Fall Systeme für das sogenannte Micropayment (das sind Beträge von etwa 5 Cent bis wenige Euro) gefunden werden sollten, um Inhalte im Internet einfach zahlen zu können, wäre ein Durchbruch in diesem Bereich durchaus wünschenswert. Es muß sich noch herausstellen, wo letztlich der Durchbruch stattfinden wird[46].

In Zukunft wichtig

---

[46] Ein ausführlicher Bericht dazu ist unter `http://www.inno-tec.de/forschung/henkel/Anf_E-Paym_JH.pdf` zu finden.

5.6.3 Zusammenfassung

Daten
verschlüsseln

Wenn Ihr Auftritt eine Einkaufsmöglichkeit hat, sollten Sie auch im Konzept darauf achten, dass die Zielgruppe bei Ihnen gerne einkauft. Zahlungsdaten gehören im Internet zu den sensibelsten verfügbaren Informationen. Sie dürfen *niemals* ohne Verschlüsselung durch das Netz gehen und dürfen auf gar keinen Fall durch einen Angriff von außen lesbar sein, wie dies schon oft passiert ist link[47].

Bieten Sie auf jeden Fall die Lieferung gegen offene Rechnung und per Nachnahme an, wobei Sie die Bestellung gegen Rechnung durchaus erst nach einem geglückten Versand per Nachnahme freischalten können. Die Einrichtung einer Kreditkartenfunktion macht den Einkauf auch für wohlsituierte Besucher angenehmer und ermöglicht internationale Bestellungen.

Zahlart	*Kunden- sicherheit*	*Anbieter- sicherheit*	*Kosten*	*beliebt?*
Rechnung	hoch	niedrig	niedrig	Ja
Nachnahme	mittel	hoch	hoch	Ja
Bankeinzug	hoch	(mittel)	niedrig	Ja
Kreditkarte	hoch	mittel	mittel	(Nein)
Vorkasse	niedrig	hoch	niedrig	Nein

Tabelle 5.3. Übersicht der üblichen Zahlverfahren

---

[47] http://www.heise.de/newsticker/data/wst-29.05.01-000/

6. Ergonomie
Die Benutzungsfreundlichkeit

Die Ergonomie werden manche vielleicht als die Fachdisziplin kennen, die sich vor allem mit der Gestaltung von Arbeitsplätzen (Sitzhaltung, Bewegung etc.) und der Arbeitsumgebung (Beleuchtung, Klima, Lärm) beschäftigt. Und Sie mögen sich zu Recht fragen, warum in einem Webdesign-Buch ein eigenes Kapitel über Ergonomie vorkommt.

Ich möchte es Ihnen sagen: **Weil Ergonomie den Besuch Ihres Auftritts im Internet für den Benutzer viel angenehmer machen kann.** Die Ergonomie will den Umgang mit Technik so verständlich und angenehm wie möglich machen, auch im Internet.

Im Folgenden wollen wir einen kurzen Blick auf die Grundregeln der Ergonomie im Zusammenhang mit Bildschirmgeräten werfen, und ich würde Sie bitten, diesen Teil nicht einfach aus Langeweile zu überblättern, auch wenn einiges auf den ersten Blick reichlich überflüssig klingen mag.

6.1 Vorschlag zum Gestaltungsprinzip einer Webseite

Als ich in den Kindergarten kam, gab es verschiedene „Gruppen" von Kindern, die jeweils mit einer Farbe benannt wurden. Die blaue Gruppe war im Eingangsbereich blau angestrichen, die rote rot und so weiter. Ich habe damals nicht durchschaut, warum dem so war, aber heute ist es mir klar: Die Architekten des Kindergartens hatten sich genau überlegt, womit sie für Kleinkinder am besten Räume unterscheidbar machten. Zahlen und Buchstaben können die meisten Kinder zu dieser Zeit noch nicht lesen, aber Farben werden sehr früh im Elternhaus beigebracht — Man kann davon ausgehen, dass Kinder im Alter von vier oder fünf Jahren wissen, was gelb ist und was blau. Was hat das alles mit Webdesign zu tun? Sehr viel!

Passen Sie das Webdesign eines Auftritts an die Kenntnisse Ihrer Zielgruppe an, sowohl was die Gestaltung, als auch was die Inhalte angeht.

Was nützt es Ihnen, wenn Ihre Besucher mit dem Sprachstil oder den Illustrationen Ihres Auftritts nicht klar kommen, weil er für eine ganz andere Zielgruppe gemacht ist? Nichts! Denken Sie also vorher gut darüber nach, wie Sie das Besuchen Ihrer Internet-Seiten für die gewünschten (bzw. alle) Benutzer so praktisch wie möglich machen können. Gestalten Sie Ihren Auftritt für die *Besucher*, und nicht für sich selbst.

6.2 Die Natur des Blicks

Das Internet ist hauptsächlich ein visuelles Medium. Deshalb sollten Ihnen die Augen Ihrer Besucher sehr wichtig sein. Sie sollten einige Details wissen, die diese Augen verstören und andere kennen, die diesen Augen Freude bereiten.

Vermeintliche Ruhe beim Sehen
Die meisten Menschen achten sehr darauf, *was* sie sehen, aber wenig darauf, *wie* sie sehen. Sie können mir sicher ein Detail sagen, das Sie vor kurzem gesehen haben, aber wissen Sie noch, mit welcher Bewegung und aus welcher Richtung kommend Sie Ihr Auge dabei bewegt haben? Sehr wahrscheinlich nicht, und das ist auch gar nicht einmal verkehrt. Der visuelle Kortex, die

Verarbeitungsstelle für Daten vom Auge im Gehirn, rechnet automatisch Körperbewegungen aus dem Gesehenen heraus. Wenn Sie irgendetwas anschauen (zum Beispiel ein Bild), erscheint Ihnen dieses Objekt zu ruhen, aber trotzdem tastet Ihr Auge mit hastigen, ruckartigen Bewegungen (sogenannten Saccaden) viele Positionen ab und sammelt Sie im Gehirn zu einem Bild. Wenn Menschen einmal ganz genau darauf achten, wie sich ihre Augen bewegen, fällt ihnen meist erst dieses Eigenleben auf.

Ich muss Ihnen noch eine Illusion nehmen: Das Auge beschummelt Sie auch anderweitig. Wenn wir in die Welt schauen, kommt uns alles, was wir sehen, scharf vor (abgesehen von bewusstem Unscharfstellen der Augen). Dabei ist nur ein kleiner Bereich des Sehfeldes tatsächlich scharf, man nennt ihn *Fovea centralis* beziehungsweise Makula. Die Makula befindet sich relativ zentral im Sichtfeld. Je weiter man nach außen geht, desto schlechter wird die optische Qualität des Bildes. Außerdem liegen auch die meisten Farbrezeptoren („Zäpfchen") nahe dem Zentrum des Auges.[1] Faktisch heißt das, dass Menschen am Rand des Sehfeldes fast farbenblind sind. Die Farb-Zäpfchen funktionieren übrigens auch erst bei einer gewissen Helligkeit, deshalb sehen Menschen in der Dämmerung nur noch Grauabstufungen, die die sogenannten Stäbchen im Auge liefern („Nachts sind alle Katzen grau"). Und das Interessanteste dabei: Das Verarbeitungszentrum für visuelle Reize im Gehirn sorgt dafür, dass man von all dem faktisch nichts mitbekommt.

Nur Makula sieht scharf und erkennt Farbe gut

6.2.1 Blinken

Ein wirklich findiger Trick der Evolution war es, Säugetiere wie uns Menschen mit einer speziellen Zweiteilung des Sehfeldes auszustatten, und zwar dem sogenannten *zentralen Sehen* und dem *peripheren Sehen*. Das zentrale Sehen findet vor allem in der bereits besprochenen Makula statt. Mit diesem kleinen, optisch exzellenten Bereich im Auge tastet ein Mensch seine Umgebung ab, sobald er Details sehen will. Dieser Vorgang funktioniert nach

Zentrales und peripheres Sehen

---

[1] `http://www.geocities.com/ocular_times/color.html`

Die
Alarmanlage

der Kindheit fast vollständig automatisch. Kinder lernen sehr schnell, ihre Umgebung mit den Augen an „wichtigen" Stellen abzutasten. Das periphere Sehen ist eine Art visuelle Alarmanlage. Hier ist die „Optik" unserer Augen eher mau, aber dafür schlägt dieser Bereich sofort Alarm, wenn sich eine sichtbare Veränderung ergibt, die nicht von der eigenen Körperbewegung verursacht wurde. Wenn ein Mensch zum Beispiel durch Gestrüpp läuft und ein Ast hervorschnellt, wird das periphere Sehen Alarm schlagen, der Ast wird als ein Hindernis bewußt wahrgenommen und sehr wahrscheinlich wird das zentrale Sehen nun auf diesen Ast gerichtet, um eine möglichst scharfe Abbildung zu erhalten.

Sie wissen jetzt einiges über das Sehen, aber worauf will Ihr Autor denn überhaupt hinaus? Ich sage es Ihnen: Auf das **Blinken**.

Wie auch vieles anderes, hat Dr. Thomas Wirth dies sehr anschaulich auf seinen Internet-Seiten dokumentiert[2]. Im Folgenden werde ich einiges daraus einbringen, deshalb an dieser Stelle einen herzlichen Dank an ihn.

Wenn auf einer Webseite etwas blinkt, passiert genau das, was wir gerade bereits besprochen haben: Das periphere Sehen wird einen Alarmzustand feststellen und die Aufmerksamkeit, die der Besucher beim Lesen aufgebaut hat, gnadenlos unterbrechen, um die Sicht zum vermeintlichen Störenfried zu lenken. Und das schlimmste: Diesen Störenfried kann man gar nicht recht zur Ruhe bringen!

Blinken

Blinken ist ein extrem starkes visuelles Signal, und Sie sollten beim Webdesign die Finger davon lassen. Ich weiß, dass Webdesigner oft blinkende und sich bewegende Bilder lieben, weil sich „da mal was tut", aber sie gehen da von der Fehlannahme aus, dass man auf einer Seite im Internet noch Menschen anlocken muss. Das ist aber hochgradig überflüssig (Die Besucher sind ja schon da!) und stört den Benutzer vielmehr beim konzentrierten Lesen.

---

[2] `http://www.kommdesign.de/texte/animation.htm`

Da Dr. Wirth das Ganze so schön eindrücklich beschreibt, zitiere ich hier einmal von o.a. Seite einen Absatz:

> »Im übrigen wird Blinken in der Ergonomie wegen dieser brachialen Wirkung auf die Aufmerksamkeit traditionellerweise eingesetzt, um kritische Systemzustände anzuzeigen. Wenn Sie also z.B. einmal an einer Führung in einem Atomkraftwerk teilnehmen, und irgendetwas beginnt hektisch zu blinken (möglicherweise sogar noch in Rot und von einem ätzenden Summton untermalt), ist der Zeitpunkt gekommen, sich unauffällig in Richtung Ausgang zu bewegen...«

Ihre Internet-Seite soll kein Jahrmarktkarussel mit hunderten blinkenden Lämpchen sein, und Benutzern sollten Sie den Besuch so angenehm wie möglich machen. Lassen Sie also das Blinken von Werbebannern und Teilen von Dekoration, Navigation oder Information besser ganz weg.

Blinken nicht anwenden

6.2.2 Leserichtung und Internet

Wenn Sie ein beschriebenes Blatt Papier nehmen, wo fangen Sie an zu lesen? Unten rechts? Nein! Oben links. In unserer westlichen Kultur ist es üblich, Schrift immer von oben links schräg herunter zu suchen und dann zeilenweise zu lesen. Nach dem Lesen einer Zeile eilt der Blick also automatisch so weit nach links zurück, bis es eine neue Zeile findet.

Lesen beginnt links oben

Wenn Sie einmal (gute) Werbeplakate länger betrachten, wird Ihnen auffallen, dass die Schrift (wenn vorhanden — sonst die Illustration) den Blick nach diesem Schema führt und von oben links nach unten rechts bringt. Meist kann man eine imaginäre Kurve zeichnen, die der Augenführung entspricht. Es gab und gibt eine ganze Menge Forschung zu diesem Phänomen, unter anderem mit sogenannten Blickaufzeichnungskameras, die die Bewegung der Pupille auf Video aufnehmen und später mit dem gesehenen Bild zusammenfügen.

Blick geht nach unten rechts

Was heißt das nun für einen Auftritt im Internet? Die Musik spielt links oben! Dorthin gehört die Navigation, und idealerweise in der linken oberen Ecke sollte sich ein plakatives Firmenlogo (das jedoch in seiner Größe einige Zentimeter nicht überschreiten sollte) befinden. Wenn der Besucher also von oben links die Seite mit dem Auge abtastet, findet er erst die Navigation, die er entweder schon kennt oder jetzt kennenlernt. Sie sollte entweder horizontal oder vertikal verlaufen, und zwischen jedem Hyperlink (den Sie bitte als Text beschreiben, nicht als nichtssagendes Bild) sollte mindestens ein halber Zentimeter Platz sein, um die Einträge trennen zu können. Ich werde diese Leiste(n) **primäre Navigation** nennen. Wenn Sie meinen, noch mehr Elemente in der Navigation zu benötigen, sollten Sie die weniger wichtigen Hyperlinks unten horizontal oder rechts oben vertikal anordnen. Hier werde ich von der **sekundären Navigation** sprechen. Traditionell ist die horizontale Navigation unterhalb der eigentlichen Seite nur für grundlegende Funktionen (zurück, eine thematische Ebene höher usw.) gedacht. Nach der Navigation findet der Benutzer dann die großflächige Information, die meist rechts von der Mitte bis nach unten auf der Seite verläuft.

6.2.3 Kontrast und Farben

Das Auge soll möglichst schnell Ihre Information aufnehmen können, dazu sind einige Vorüberlegungen notwendig. Das allerwichtigste hierbei ist der **Kontrast**. Lesen wird unglaublich schwer, wenn Schriftfarbe und Hintergrundfarbe sich sehr ähnlich sind. Roter Text auf lila Untergrund ist zum Beispiel eine der schlechtesten Kombinationen, die möglich sind. Das Lesen hier dauert ein Vielfaches der üblichen Zeit, man muss den Text wortwörtlich „entziffern". Durch viele Versuche hat man herausgefunden, dass helle Farben auf sehr dunklem Untergrund (die sogenannte Negativdarstellung, zum Beispiel kräftiges Gelb auf schwarzem Hintergrund) und dunkle Farben auf relativ hellem Untergrund (Positivdarstellung, beispielsweise das vorherrschende Schwarz-auf-Weiss im traditionellen Buch- und Zeitungsdruck) die beste Lesbarkeit liefern. Sie sollten also für Ihren

Internet-Auftritt entscheiden, ob Sie hauptsächlich die Positiv-
oder die Negativdarstellung bevorzugen. Ein schwarzer Hinter-   **Farbwirkung**
grund wirkt eher bedrückt und traurig, ein heller Hintergrund
eher lebendig und „üblich". Geben Sie auf jeden Fall dem Text
auf Ihren Seiten eine einheitliche Farbgebung, das Auge muss
sich bei jeden Wechsel der Schriftfarbe wieder umstellen.

Die Wirkung von Farben in der Gestaltung ist ein sehr weites Feld. Ich möchte nur auf einige sehr allgemeine Farbwirkungen eingehen, die sie auch teilweise sicher aus der Erfahrung her bestätigen können.

Rot ist die Grundlage aller sogenannten „warmen Farben". Die typische Assoziation dazu ist eben Wärme, Feuer, Glut. Auch Liebe und Zuneigung wird damit ausgedrückt. Andere warme Farben sind Sonnengelb, Orange und Mischungen davon. Eine kleine Randbemerkung: In roten Räumen fühlen Personen sich subjektiv deutlich wärmer als in kühler angestrichenen. Die Heizung wurde deutlich weniger als üblich benutzt.[3]

Von allen Farben hat Rot die größte Signalwirkung. Denken Sie an Verkehrszeichen: Bei allen Verbotsschildern ist rote Farbe im Spiel, und das wichtigste Schild, das Stop(p)-Schild, hat einen roten Untergrund, was die Signalwirkung potenziert.

Grün ist eine frische, lebendige Farbe. Die Assoziationen gehen hier in Richtung Gras, Natur, Frühling. In Intensivstationen der Krankenhäuser wird die grüne Wandfarbe aber auch als Beruhigung benutzt.

Blau ist die wichtigste der sogenannten „kalten Farben". Die Wirkung hier zielt eher auf die Vorstellung von Kälte, Eis und Distanz. Blau wirkt ruhig und besonnen.

Schwarz ist die Farbe der Trauer und der Beschwerlichkeit des Lebens. Schwarzes wirkt aber auch feierlich und würdevoll. Je

---

[3] Aus noch nicht genau bekannten Gründen ist Rot auch die von Säugetieren am stärksten wahrgenommene Farbe.

nach Anwendungsfall sollten Sie relativ vorsichtig mit dieser Farbe umgehen.

Weiß steht für die Unschuld und die Reinheit. Mit schwarz zusammen ist die Verwendung von weißer Farbe auf Computerbildschirmen historisch gewachsen und wird als üblich hingenommen.

Sie sollten sich einen fähigen Designer suchen, der sich mit Farbwirkungen auskennt, um Illustrationen und Grafiken zu erstellen. Andernfalls könnten Sie Eindrücke beim Beobachter verursachen, die Sie gar nicht gewollt haben. Auch bei Farben ist wieder die Kulturabhängigkeit stark. Bei wichtigen internationalen Auftritten im Internet sollten Sie deshalb einen Experten für die angesprochenen Länder beauftragen.

In der Anfangszeit des Netzes war es üblich, sehr knallige Farben über den ganzen Auftritt zu verteilen, doch inzwischen hat man gemerkt, daß dies vom Lesen ablenkt, und ist meist bei Pastelltönen angelangt. Auch funktioniert „viel hilft viel" bei Farben eher leidlich — besser ist es, sich auf wenige Farben pro Internet-Seite zu beschränken und diese z.B. leicht in Helligkeit und Tönung zu variieren.

6.3 Erkennung von Hyperlinks

Hyperlinks, also die Querverweise Ihres Auftritts, sind eine Art Netz, das sich über Ihre Internet-Seiten ausbreitet. Sie sind das Gewebe, das die Einzelteile verbindet; daher sollten Benutzer möglichst schnell und einfach diese Links erkennen und benutzen können. Es hat sich seit nunmehr fast 10 Jahren durchgesetzt, dass Hyperlinks auf jeden Fall unterstrichen werden sollten. Eine farbliche Absetzung vom übrigen Text verbessert die Sichtbarkeit weiter. Umgekehrt verbietet es sich damit ausdrücklich, „normalen" Text im Internet zu unterstreichen. Autoren, die schon länger mit dem Internet zu tun haben, wissen das instinktiv und verwenden Unterstreichungen eben nur für Hyperlinks.

Es kann aber sein, dass Menschen mit wenig Erfahrung im World Wide Web, die nun dort publizieren sollen, trotzdem Unterstreichungen verwenden. Das Resultat ist oft genug, dass mit der Maus auf diese Textstellen gezeigt wird, aber der Mauszeiger sich nicht (wie üblich) so verwandelt wie gewohnt. Auch ein Klick hilft natürlich nicht viel weiter. Wandeln Sie in einem solchen Fall alle Unterstreichungen, die kein Hyperlink sind, in **Fettschrift** oder *Kursivschrift* um.

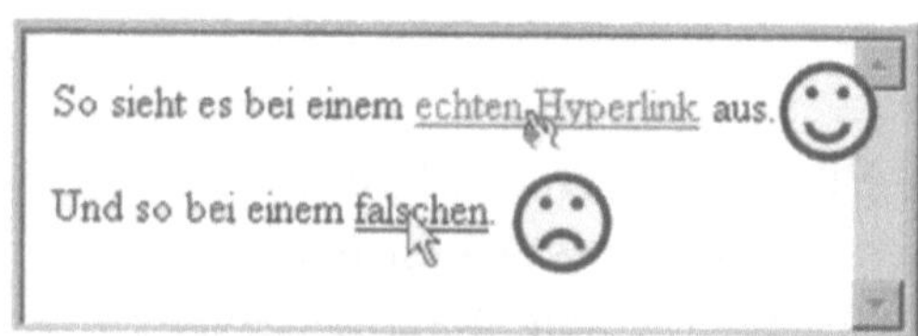

Abbildung 6.1. Echter Hyperlink oben, reine Unterstreichung unten

Mit der Verbreitung graphiktauglicher Browser ist es auch akzeptabel, Hyperlinks ein kleines Bildchen mit einem Pfeil nach oben voran zu stellen. Durchgesetzt hat sich diese Praktik allerdings derzeit nicht, sie wird nur vereinzelt verwendet.

Die HTML-Sprache des World Wide Web hat noch eine andere, sehr angenehme Eigenschaft: Hyperlinks können zwei Zustände haben, und zwar „besucht" und „nicht besucht". Beide können farblich und vom Schriftstil her unterschiedlich markiert werden. Dieses Vorgehen ist sehr zu empfehlen, wenn Ihr Auftritt viele Links anbietet, die ein Benutzer durcharbeiten soll. Es ist ein Segen, wenn dann sofort erkennbar ist, welchen Hyperlinks schon gefolgt wurde und welchen nicht.

Besucht und nicht besucht

Eine gute Angewohnheit bei Seiten mit Hyperlinks im Fließtext ist, dem Text einen kleinen Kasten mit allen erwähnten Verweisen anzubieten. Dadurch hat man alle Verweise auf einen Blick und muss nicht den Text noch einmal „rückwärts" lesen, um alle weiterführenden Seiten zu finden.

Linkkasten

6.4 Besonderheiten bei Grafiken

Zwei kleine Zusätze können ihrer Seite schlagartig eine bessere Bedienbarkeit und viele Pluspunkte bei erfahrenen Benutzern bringen. Zwar benutzen viele Seiten diese Zusätze, aber immer wieder fehlen Sie, was ein Quell von Ärgernissen ist. Damit das nicht passiert, möchte ich diese beiden unscheinbaren Besonderheiten kurz beschreiben.

6.4.1 Alternativtexte

Wenn Sie mit Bildern im Web arbeiten, wird Ihnen schnell auffallen, dass diese normalerweise erst nach einiger Zeit erscheinen. Bis dahin können Sie oftmals noch gar nichts mit der Seite anfangen, da wichtige Elemente (etwa die Navigation) noch nicht übertragen wurden.

Jede Grafik erhält einen Text

In der WWW-Sprache HTML ist vorgesehen, dass jede Grafik, die nicht zur Dekoration gehört, mit einem Alternativtext versehen wird. Dies führt dazu, dass der Benutzer bereits nach dem (kurzen) Einladen der HTML-Datei für jedes vorgesehene Bild einen kurzen Text angezeigt bekommt. Dieser erscheint genau da, wo später nach dem Einladen der (großen) Bilddateien auch die Bilder stehen werden. Es ist so möglich, noch vor dem kompletten Laden einer WWW-Seite graphische Hyperlinks und Illustrationen zu überfliegen bzw. zu benutzen. Erfahrene Benutzer erwarten Alternativtexte vor allem im Bereich der Navigation, wenn diese als Bild daher kommt.

Beschleunigt Besuch erheblich

Für einen sehr geringen Aufwand (nämlich jedem Bild einen kurzen Text zu verpassen) erreichen Sie fast geschenkt eine erhebliche Steigerung des Komforts Ihrer Besucher. Leider hat der Microsoft Internet Explorer inzwischen mit dieser Tradition gebrochen und stellt Alternativtexte *nicht* mehr vor dem Einladen der Grafiken dar. Es ist zu hoffen, dass Microsoft sich diese Pseudo-Verbesserung noch einmal überlegt.

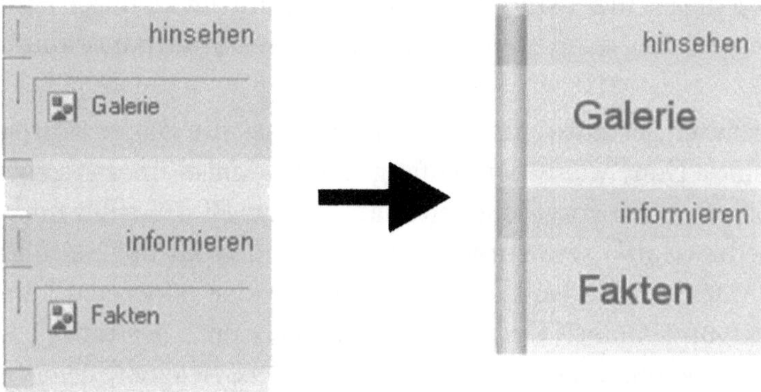

Abbildung 6.2. Laden von Bilddateien. Links vorher, rechts nachher

In der Abbildung 6.2 sehen Sie einen Ausschnitt aus der Komm-Design-Seite von Dr. Thomas Wirth[4]. Vor dem Einladen der Grafik ist das Layout noch nicht komplett und Alternativtexte werden angezeigt. Die Größe für die Bilder ist jedoch schon in der HTML-Datei vorgegeben. Nach dem kurzen Einladen wird der Endzustand erreicht, zu sehen im Bild rechts. Die Alternativtexte sind verschwunden und werden durch Bilder überlagert.

6.4.2 Bildgrößen

Ein zweiter Hinweis gilt den Größen von Bildern im Web. Wir hatten ja gerade schon besprochen, dass Alternativtexte für die Zeit zwischen dem ersten Anzeigen der HTML-Datei und dem kompletten Laden der Seite dem Benutzer helfen können.

Nun, Sie können mit einer anderen Freundlichkeit nicht nur dem Benutzer helfen, sondern sogar dem Browser. Dieser hat nämlich ein prinzipielles Problem: Er bekommt Webseiten immer in vielen verschiedenen Dateien angeliefert, die erste davon ist immer die HTML-Datei mit dem Text. Bilder kommen wie gesagt Stück für Stück dazu. Das Dumme ist: Der Browser weiß vorher nicht,

---

[4] `http://www.kommdesign.de`

wie *groß* diese Bilder sind. Handelt es sich um ein kleines Element der Dekoration, oder ist es ein bildfüllendes Stadtpanorama?

Der Browser vermutet also erst einmal, dass die Bilder sehr sehr klein sind. Erst, wenn der Anfang der Bilddatei übertragen ist, vergrößert er den vorgesehenen Platz für das Bild. Leider muss er dazu jedes Mal(!) sein zurecht gebasteltes Layout der Seite über den Haufen werfen und auch alle Größen der anderen Elemente (Text und andere Grafiken) neu berechnen. Dies äußert sich visuell in einem Flackern des Bildes und eben einer Änderung auch der anderen Elemente. Passiert dies mehrfach hintereinander (viele Seiten im Web benutzen heutzutage mehr als zehn Bilder pro Seite!), hampelt die Seite beim Einladen wild herum. Das wirkt unangenehm und unprofessionell.

Der Internet Explorer ist inzwischen dazu übergegangen, Seiten erst dann anzuzeigen, wenn wirklich *alle* Dateien da sind. Dies ist allerdings leider der Teufel mit dem Beelzebub ausgetrieben: Nun ist zwar das einmal erstellte Layout endgültig, aber die Seiten erscheinen bei langsameren Internet-Verbindungen oft erst nach vielen Sekunden. Ein Vorabblick auf die Seiten ist nicht möglich. Genauso verhalten sich übrigens auch die anderen Browser, wenn eine Seite in blinden Tabellen liegt (siehe Abschnitt 8.1), aber Bildgrößen noch nicht bekannt sind. Sie werden schlicht so lange nicht angezeigt, bis alle Bilddateien eingeladen wurden.

Wie Sie es auch drehen wollen, bitte teilen Sie dem Browser Ihrer Besucher die Größe jeder noch so kleinen Grafik genau mit. Die Websprache HTML bietet dazu sehr einfache Möglichkeiten. Jeder Webdesigner kennt diese Fähigkeit, aber nicht jeder verwendet Sie ohne Aufforderung des Auftraggebers. Mit der Angabe der genauen Größe vermeiden Sie sowohl das flackernde Layout als auch die lange Wartezeit auf die Darstellung einer Seite.

Es ist übrigens möglich, mit der Angabe der Größe und Breite Bilder auch zu vergrößern und zu verkleinern. Bitte verwenden Sie diese Fähigkeit *nicht,* auch wenn Sie sehr angenehm ist. Sie führt leider dazu, dass oft viel zu große Bilder übertragen wer-

den, die dann nachträglich im Browser der Benutzer verkleinert
werden.

6.5 Besucher wollen wenig tun

Etwas Enttäuschendes: Viele Besucher im Internet wissen gar
nicht so recht, was sie eigentlich wollen. Sie hoffen, irgendetwas
Interessantes zu finden, das sie dann (wenn sie es gefunden haben) auch fesseln könnte. Werbung, Suchmaschinen und Tips
von Bekannten führen sie zu neuen Seiten.

Benutzer weiß wenig anzufangen

Etwas Ermutigendes: Dieses Herumsuchen, das man beim abend-
lichen Fernsehen *Zapping* nennen würde, können Sie sich zunutze
machen. Wenn es nach dem Benutzer ginge, würde er am lieb-
sten gar nichts im Internet tun, so wie vor dem Fernseher. Aber
weil er immer nach etwas bestimmtem suchen muss, muss er
notgedrungen doch die Initiative ergreifen. Nach der Auswahl
der zu besuchenden Internet-Seite sollten Sie dafür sorgen, dass
er von nun an möglichst wenig zu klicken hat, um an wichtige
Informationen zu kommen.

Wenig Interaktion fordern

6.5.1 Verhindern unnötiger Arbeitsschritte

Organisieren Sie Ihren Auftritt so, dass möglichst wenig Interaktion mit dem Browser notwendig ist, um den gesamten Inhalt
(content) durchblättern zu können. Denken Sie an eine Buchhandlung: Dort möchten Sie auch schnell einen Überblick über
ein Buch bekommen, das Sie vom Titel her interessiert hat. Wenn
Sie überzeugt sind, dass es Neues enthält und Sie nicht langweilen wird, schlagen Sie zu, kaufen es und lesen es gründlich. Ähnliches läuft im Internet ab. Eine Seite wird von erfahrenen Benutzern sofort eingeschätzt (erinnern Sie sich an den Abschnitt
5.2 über den ersten Eindruck?) und entsprechend wohlwollend
oder abweisend überflogen. Im Internet ist die Zeit, um zwischen

*Schnelles Durch-
blättern ermöglichen*

Auftritt wechseln geht schnell

Angeboten zu wechseln, sehr klein. Der Benutzer muss nur eine neue Adresse anklicken oder eingeben, und schon ist er (vielleicht für immer) verschwunden, und von Ihrem ganzen schönen Auftritt hat er vielleicht ein Zehntel gesehen.

Natürlich findet der Wunsch nach möglichst wenig Interaktion seine Grenzen in den derzeit üblichen Programmen. Wenn eine Internet-Seite länger als der Bildschirm des Benutzer ist, erhält er einen Rollbalken und muss recht umständlich dorthin mit der Maus „fahren", um den sehbaren Bereich zu verschieben *(scrolling)*. Dieser Rollbalken ist bei allen Betriebssystemen sehr unangenehm für Neulinge zu bedienen, und oft wird er gar nicht beachtet.

Keine Begrüßungsseite

Mit „das Wichtigste" meine ich übrigens *nicht* das Firmenlogo oder eine sonstige Begrüßungsseite, im Internet *splash page* genannt. Vermeiden Sie diese auf jeden Fall, wenn es nicht einen absolut zwingenden Grund für Sie gibt. Vermeiden Sie ebenfalls eine Startanimation, wenn Sie nicht zu Ihrer Zielgruppe passt. Wenn diese Animation mit Java oder Flash erstellt wurde, sorgen Sie dafür, dass auf jeden Fall auch *ohne* die notwendigen Hilfsprogramme beim Benutzer ein Überspringen der Einführung möglich ist. Diese übliche Höflichkeit wurde in den letzten Jahren leider von perfektionistischen Designern und ignoranten Webdesignern oft abgeschafft und sollte dringend eine Renaissance erleben.

Beim eigentlichen Content des Auftritts gilt:

Auf der ersten Bildschirmseite muss das Wichtigste geschrieben sein, weiter unten können Sie erklären und ausführen.

Rollbalken ungünstig gelegen

Der übliche Rollbalken befindet sich auch noch in fast allen Fällen auf der rechten Seite des Bildschirms. Wie wir bereits besprochen hatten, sollte sich die primäre Navigation aber links oben befinden. Dabei ergibt sich der schlimmste Weg für den Benutzer: Er muss quer über den Bildschirm fahren und einen oft sehr kleinen Balken mit der Computermaus anklicken und ziehen. Letzteres lenkt extrem vom Lesen ab und zerstört den Aufmerksamkeitsfokus empfindlich. Immerhin muss auf der sich bewegten Seite auch wieder die letzte Stelle gefunden werden, bei der man gelesen hat. Das ganze Rollbalken-Konzept kann man im Internet eigentlich vergessen, so lange sich spezielle Mäuse mit Rad für die Positionsveränderung nicht durchgesetzt haben. Eine gute Idee ist es also, längeren Texten ein kurzes Exposé voranzustellen, in dem der Inhalt zusammengefasst ist. Eine andere Möglichkeit: Viele Auftritte teilen derzeit Artikel in Wegschritte auf, die jeweils untereinander per Hyperlink verknüpft sind. Wir kommen gleich darauf zurück.

Derzeit keine Alternative

6.5.2 Popups

Wenn ich von unnötigen Arbeitsschritten spreche, meine ich im Besonderen sogenannte *Popups*, das sind kleine neue Browserfenster, meist Werbung enthaltend, die mit der Browsersprache JavaScript geöffnet werden und vom Benutzer bei jedem(!) Besuch einer Seite weggeklickt werden müssen. Ich bin jetzt einmal ehrlich zu Ihnen: Werbe-Popups sind eine absolute Zumutung, und Ihre Benutzung ist ein Schlag ins Gesicht der Benutzer.

Popups sind lästige Fenster

Benutzen Sie bitte keine unnötigen Popup-Fenster!
Warum? Stellen Sie sich einmal vor, man liest eine Nachrichtenseite, wechselt also ständig mit dem Browser vor und zurück zwischen Übersichtsseite und jeweils einer neuen Nachricht, die man lesen möchte. Wenn jetzt jedes Mal auf der Übersichtsseite ein solches Popup-Fenster sich öffnet, muss man im Verlauf der Sitzung ständig schauen, wo es sich öffnet, es ignorieren (Popup-Fenster sind als Werbung wirkungslos, bitte glauben Sie es mir!) und dann umständlich mit der kleinen Schließfläche entsorgen. Benutzer werden mit Werbe-Popup-Fenstern ständig geärgert und der Nutzen ist gleich null beziehungsweise eher negativ. Popups durchbrechen die Seitenstruktur und lenken den Benutzer aus dem Browserfenster. Das sollte man nur sehr sehr sachte einsetzen.

Als Werbung wirkungslos

Die Popup-Idee stammt eigentlich aus der Werbebranche. Man hat sich da gedacht: Werbung muss auffallen, und mehr als ein neues Fenster fällt sonst kaum etwas auf. Vor allem, wenn das Fenster auch noch blinkt und springt und tobt. Vergessen Sie diese Idee bitte!

Es gibt einige gute Ideen, bei denen Popup-Fenster wirklich nützlich sein können. Wenn Sie mehr als ein Browserfenster benötigen und es eine ganz bestimmte Größe haben soll, geht an Popups kein Weg vorbei. Da Popups mit der Browsersprache JavaScript realisiert werden (weil ohne JavaScript die Größe eines neuen Fensters nicht beeinflusst werden kann), können Benutzer ohne eingeschaltetes JavaScript diese Fenster *nicht* sehen. Lagern Sie keine essentiell wichtigen Teile Ihrer Seiten aus. Kommen Sie also *niemals* auf die Idee, die Navigation oder die Information allein in ein Popup zu legen. Am sinnvollsten sind Popups noch für kurze Hilfstexte, als eine Art wanderndes Lexikon. Die ZEIT benutzt eben dies derzeit auf ihren Internet-Seiten[5].

Abbildung 6.3. Zwei Popup-Fenster

6.6 Lenken Sie Besucher

Nun kommt eine ganz wichtige Überlegung: Was könnten Besucher eigentlich von Ihrem Internet-Auftritt verlangen? Das sollte im Vorfeld geklärt sein, so dass das Konzept darauf abgestimmt werden kann. Definieren Sie genau, welche „Wege" sich dadurch von der Navigation her ergeben. Beispiele wären: „Besucher will Produktinformation", „Besucher will Unterstützung zu

Wege definieren

---

[5] Siehe Artikel bei `http://www.diezeit.de`

seinem gekauften Produkt", „Besucher will Reparaturinformationen" und so weiter. Sie sollten erst einmal alles aufschreiben, was Sie für möglich halten, am besten in einer Gruppensitzung. Danach ordnen Sie das Gewirr ein wenig und sollten etwa drei bis fünf verschiedene „Zugangswege" zu Ihrem Auftritt in der Hand halten. Diese sollten schon auf der Startseite klar erkennbar sein, zum Beispiel durch eine hierarchische Navigation. Die Oberthemen sind eben diese Zugangswege, die Unterpunkte jeweils Detailseiten dazu. Wenn die Zielgruppenfindung die Pflicht war, ist die Entscheidung über die benötigten Zugangswege die Kür — hier können Sie es den Besuchern noch einmal ausgesprochen erleichtern, das zu finden, was sie suchen.

Die Zugangswege

Wenige Hauptwege

Nach dem Finden der Zugangswege sollten Sie jeden einzelnen davon in Abschnitte einteilen. Die einzelnen Schritte können zwar auf nur einer Seite beschrieben sein, empfehlenswert ist aber normalerweise, für jeden Schritt eine eigene Seite zu erstellen. Jede dieser Seiten sollte unbedingt einen Hyperlink zur vorhergehenden Seite enthalten (falls ein Besucher „zu schnell" weitergelesen hat) und einen Link zum Ausgangspunkt, von dem aus der Benutzer den Weg eingeschlagen hat. Im Internet nennt man dies „hoch gehen" *(up)*, da man sich die Zugangswege wie einen umgedrehten Baum vorstellt, der oben seine Wurzel hat und weiter nach unten verzweigt[6].

Wege zerteilen

Teilung der Wegstrecke

Abbildung 6.4. Modell eines einzelnen Zugangsweges

Der erste „Schritt" eines Weges ist immer der *Einstieg.* Hier erklären Sie, wohin der Weg führt, wer ihn gehen sollte und was

Einstieg

---

[6] Diese Gewohnheit ist zu einem Teil sicher daraus entstanden, dass Informatiker gerne solche Baummodelle benutzen.

für die Wanderung nötig ist. Beispielsweise sollten Sie bei einem Zugangsweg zu einer Bestellung bereits erklären, welche Bezahlmöglichkeiten Sie anbieten und wie schnell Sie etwas versenden können. Der Besucher weiß so vorher, was ihn erwartet, und ist vorbereitet. Ein total uninformierter Besucher kommt eventuell am Ende z.B. eines Bestellweges an und erfährt erst dann, dass er nur mit Kreditkarte bezahlen kann, die er aber gar nicht besitzt.

Sinnvolle Zwischenschritte

Nun kommen eine gewisse Anzahl an Zwischenschritten, deren Menge sich am jeweiligen Aufgabenaufwand orientiert. Jeder davon sollte sinnvoll sein. Im Zweifelsfall fassen Sie Schritte zusammen, denn jeder Wegpunkt ist im Normalfall im Internet eine eigene Seite, die mindestens einige Sekunden Ladezeit und natürlich die Aufmerksamkeit des Benutzers benötigt. Sorgen Sie unbedingt dafür, dass für Benutzer klar ist, ob und wie der Weg weitergeht. Platzieren Sie entsprechende Hyperlinks oben *und* unten auf jeder Seite, und zwar so „links" wie möglich. Knöpfe, die am rechten Rand einer Seite liegen, können leicht in einem kleinen Browserfenster auf dem Bildschirm verschütt gehen, da Benutzer oft den horizontalen Rollbalken nicht benutzen.

Innerhalb eines Verkaufsweges können Sie auch auf ähnliche Produkte verweisen, die auch noch interessant sein können. Der Pionier dieser Idee ist die bereits erwähnte Firma Amazon, die bei jedem Produkt auf andere Produkte verweist, die „andere Benutzer auch zusammen mit diesem Artikel gekauft haben". Beachten Sie bei solchen Angeboten jedoch immer, dass in Deutschland (zu Recht) ein großer Wert auf Datenschutz gelegt wird. Es wäre also grundfalsch, Kunden als Referenz zu veröffentlichen („Werner Müller und Gisela Schmidt haben dieses Buch auch gekauft.").

Ende des Weges

Am Ende des Weges sollten Sie erklären, dass hier der entsprechende Weg tatsächlich zu Ende gegangen wurde. Obwohl das eigentlich logisch klingt, wird es oft vergessen. Für Benutzer ist es aber oft genug wichtig, dass Sie aufgeklärt werden, wenn ein thematischer Weg beendet wurde. Wenn eine Bestellung fertiggestellt ist und nun von Ihnen bearbeitet wird, sollte der Benutzer darüber nicht im Unklaren gelassen werden. Sagen Sie

genau, was erreicht wurde. Bei Informationswegen (die also kein
Geld gekostet haben) sollten Sie in einer kurzen Zusammenfassung erläutern, was nun vermittelt worden ist. Bei Verkaufswegen sollten Sie klar machen, dass eine Bestellung angenommen
wurde und nun ausgeführt wird. Erwähnen Sie auch, wann in
etwa mit einer Lieferung zu rechnen ist, und wann eventuelle
Abbuchungen passieren.

Je nach gegangenem Weg bieten sich eventuell sinnvolle weitere
Wege an. Wenn sich ein Kunde auf einem Informationsweg über
ein Produkt informiert hat, sollten Sie anschliessend natürlich
auf den Weg verweisen, der zum Kauf dieses Produktes führt.

Für Ihre Besucher sollte immer klar sein, dass sie einen Weg ein-
schlagen können, ob sie einen Weg eingeschlagen haben und wie
lange dieser noch dauern wird. Eine Wanderung macht man ja
auch besser nicht ohne Marschplanung. Ein Verkaufsweg selber
sollte nicht durch Hyperlinks unterbrochen werden, sonst führen
Sie Benutzer ins Chaos. Wenn Sie unbedingt Querverweise in
Verkaufswegen brauchen, lassen Sie diese sich in neuen Fenstern
öffnen.

Nutzer soll Bescheid wissen

Wenn Sie das Wegekonzept richtig einsetzen, wirkt Ihr Auftritt
viel besser als das übliche „08/15"-Konzept und nervt die Benutzer nicht durch Unstrukturiertheit und Sackgassen.

6.7 Konzept der Spezialisierung

So schön die Idee mit den Zugangswegen auch ist, für sich allein versagt sie, sobald mehr als ein paar davon auf einmal existieren. Wie in jeder guten Zeitung benutzt man deshalb dann
das Konzept der Spezialisierung, d.h. man gliedert in Abschnitte
und Unterabschnitte (und vielleicht auch noch in Unterunterab-
schnitte). Sie können das sehr gut bei den Seiten der großen
Magazine (Spiegel[7],Focus[8] etc.) sehen, dort gibt es zwar locken-

---

[7] `http://www.spiegel.de`
[8] `http://www.focus.de/`

de Aufmacher, aber alle Nachrichten gehören zu Kategorien, die man dann als Besucher auch gesammelt durchschauen kann. Wen Sport interessiert, der wählt eben „Sport" aus, wen die Wirtschaftsdaten interessieren, der nimmt die „Wirtschaft". Je mehr Sie in einen Auftritt „einsteigen", desto mehr spezialisieren Sie sich, thematisch gesehen.

Eine gute Balance zwischen Zugangswegen und Spezialisierung gibt Ihrem Auftritt Form und lässt ihn viel schneller bedienbar werden.

6.8 Raten Sie, was der Besucher möchte

So sehr sie sich auch bemühen, Ihre Benutzer werden sich nie so gut mit ihrem Internet-Auftritt auskennen wie Sie. Sie wissen vieles nicht, vielleicht bräuchten sie eigentlich Fachwissen, aber das dürfen Sie als Anbieter nicht voraussetzen. Wie im direkten Gespräch, bei dem Sie mit den Wünschen von pozentiellen Kunden zu fachlich richtigen Lösungen kommen, sollten Sie es auch im Internet halten.

Nutzer haben kaum Fachwissen

Als schönes Beispiel dafür mag eine der meistbesuchten deutschen Internet-Seiten, die Auskunft der Bahn[9] dienen. Dort konnte man jahrelang nicht das Wort „morgen" in das Datumsfeld eingeben, das die Abfahrtszeit bestimmte, obwohl die Technik dafür nur eine sehr kleine Änderung nötig gehabt hätte. Auch jetzt noch ist das nicht möglich, stattdessen steht nun vor der ersten Suche in diesem Feld das Tagesdatum, das man dann verändern soll. Hier haben die Techniker gesiegt, die sich gegen eine möglichst menschengerechte Datumseingabe gestellt haben. Erfreulich ist aber, dass der große Rest dieses Auftritts ausgezeichnet zu benutzen ist.

Es gibt kein Morgen

Wie auch immer, Sie sollten besonders bei Formularen im Internet, in die der Benutzer Daten einträgt, versuchen herauszufin-

---

[9] `http://www.bahn.de`

den, was er eigentlich wollte, wenn die Eingabe nicht 100%ig den   Formulare
Anforderungen entspricht. Geben Sie dem Besucher immer eine
Rückmeldung, falls Fehler aufgetreten sind, und lassen Sie die
entsprechenden Stellen im Formular markieren. Auch wenn die
Eingabe fehlerfrei war, sollten Sie, nachdem der Benutzer das
Formular abgeschickt hat, auf die erfolgreiche Annahme hinwei-
sen. Nichts ist frustrierender für Benutzer, als nicht zu wissen,
ob nun alles in Ordnung ist, auch und gerade bei Bestellungen.
Vergessen Sie nicht, dass sich Ihre Besucher meist nicht in der
Fachsprache oder Computerterminologie auskennen. Versuchen
Sie, Fehlermeldungen in verständliche Sprache zu übersetzen.

Wenn Ihr Auftritt eine Suchmaschine anbietet, benutzen Sie eine
Technologie, die auch der Anfrage ähnliche Begriffe suchen kann.
Sie müssen mit allerlei Tipp- und Rechtschreibfehlern rechnen,
die heutzutage bei einer Suche problemlos ausgebügelt werden
können.

Ihre Benutzer werden mit diesen Maßnahmen schneller an das
gewünschte Ziel kommen und Ihren Auftritt in guter Erinnerung
behalten — und damit sehr wahrscheinlich bald wieder kommen.

7. Analysen

Um Ihnen einige Anregungen zu geben, steuern wir nun einige Beispielauftritte an, die seit Jahren großen Zulauf haben und im Internet zu Institutionen geworden sind. Sie zeichnen sich alle durch eine ausgezeichnete Bedienbarkeit und ein ausgewogenes, verständliches Gesamtkonzept aus. Bei der schieren Menge der Internet-Auftritte können die im Folgenden besprochenen Seiten nur Stellvertreterfunktion für die vielen anderen erfolgreichen Seiten im Netz sein.

Nach dem Durcharbeiten dieses Kapitels können Sie selber sich natürlich an ganz andere Seiten wagen und diese auf interessante Elemente untersuchen. Ich kann Ihnen dies auch nur empfehlen, denn schon damit bekommen Sie ein gutes Gefühl für Auftritte, die ihr Geld wert sind und solche, die sich in Spielereien ergehen, aber gar keinen wirklichen Inhalt haben. Für Ihren eigenen Auftritt können Sie so noch besser planen, was Sie brauchen und was wegfallen kann, weil es gar nicht gebraucht wird.

Eine kleine Erläuterung möchte ich den Kritiken noch voranstellen.

7.1 Dekoration, Information und Navigation

Der Einfachheit halber möchte ich vor den Analysen noch den visuellen Aufbau von Internet-Seiten in drei Bestandteile einteilen:

- **Dekoration**

- **Navigation**

- **Information**

Den ersten Eindruck einer Seite im WWW vermittelt die **Dekoration**. Wenn Sie gut planen und die Dekoration der Zielgruppe anpassen, haben Sie schon hier den ersten Hingucker *(eye catcher)*, der zum weiteren Lesen/Gucken einlädt. Wenn Sie allerdings etwas falsch bei der Wahl des Dekors machen, haben Sie bereits einen Gutteil der Nutzer vergrault, weil sie eher abgeschreckt werden. Stellen Sie sich einen konsumorientierten Jugendlichen vor — mit altbarockem Dekor werden Sie ihn kaum fesseln können, er erwartet poppigeres, lebendigeres. Für einen Antiquitätenladen kann das aber genau das richtige sein.

Passendes
Dekor

Auch hier gilt wieder: Lernen Sie Ihre Zielgruppe kennen! Achten Sie beim Design auf die gewünschte Gruppe von Besuchern, bevor sie Ihren Auftritt ins Netz stellen. Und denken Sie daran, dass das Design nur die Unterlage für die jetzt folgenden Elemente Navigation und Information ist. Auch wenn Ihnen Ihre PR-Abteilung oder Werbeagentur zehnmal erzählen will, dass das Design das allerwichtigste überhaupt ist, bleiben Sie hart — Sonst ist der Mißerfolg vorprogram-

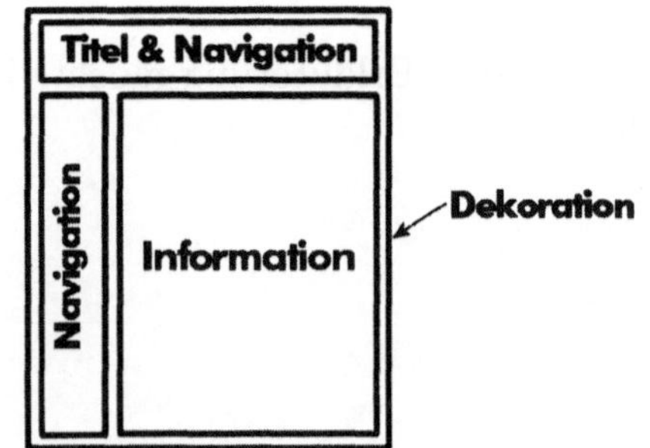

Abbildung 7.1. Typischer Seitenaufbau im Internet

miert. Ich will damit nicht sagen, dass das Design unwichtig ist, im Gegenteil: Es ist eine wichtige Komponente auf dem Weg zu einem erfolgreichen Web-Auftritt. Aber derzeit wird es so maßlos überbewertet, dass viele inhaltslose Seiten das tolle Design als Allheilmittel gegen Ideenlosigkeit benutzen und bis zum Aberwitz aufblasen. Meiner Meinung nach ist die Dekoration, obwohl sie wichtig ist, eines der meist überschätzten Gestaltungsmittel im Internet.

Dekor oft
überbewertet

>„Dumm bin ich nicht", dachte der Mann; „es ist also mein gutes Amt, zu dem ich nicht tauge! Das wäre seltsam genug, aber das muß man sich nicht merken lassen!" Daher lobte er das Zeug, das er nicht sah, und versicherte ihnen seine Freude über die schönen Farben und das herrliche Muster. „Ja, es ist ganz allerliebst!" sagte er zum Kaiser.«

Der Ausschnitt ist dem Märchen „Des Kaisers neue Kleider"[1] von Hans-Christian Andersen entnommen, das die älteren Leser womöglich noch aus ihrer Kindheit kennen. Seit Jahren warte ich bei vielen Auftritten im Internet darauf, dass endlich jemand **„Aber er ist ja nackt!"** ruft, doch die meisten Internet-Benutzer scheinen paralysiert durch die bunten Bilder geworden zu sein, die man ihnen tagtäglich präsentiert. Oder sie haben Angst, nicht ernst genommen zu werden — „Das ist doch super gemacht, was willst du eigentlich?" ist oft die Standardantwort auf Kritik. Für einen Benutzer im Internet ist eine Seite voller Dekoration ohne Inhalte aber in etwa so angenehm wie lauwarmes Bier aus Moccatassen zu trinken.

Übrigens ist Dekoration ein schlummernder Kostenfaktor in vielen WWW-Konzepten. Am Anfang hört sich das noch nach „Das geht ganz schnell." an, doch je umfangreicher der Auftritt wird, desto mehr Mühe wird aufgewendet, um ein aufwendiges Dekor zu realisieren.

---

[1] `http://www.gutenberg.aol.de/andersen/maerchen/kaisersn.htm`

Wenn Sie internationale Märkte bedienen möchten, sollten Sie einen Experten der angepeilten Länder Ihren Auftritt bewerten lassen. Je nach Volksgruppe unterscheiden sich die Anforderungen total. Ein typisches Beispiel dafür sind Designunterschiede. In nordischen Ländern schätzt man ein klares, eher „kaltes" und funktionsorientiertes Aussehen von Geräten. Sie kennen sicher einen sehr bekannten und sehr teuren Markenhersteller dieser Richtung, bei dessen Geräten man sich immer fragt, ob denn da eigentlich auch *irgendwo* ein Einschaltknopf existiert. In Japan dagegen ergötzt sich die Jugend an überdrehtem, verspieltem Layout und findet das nordeuropäische Design ärmlich. Oder dies: In hiesigen Landen ist die Eule ein Symbol für Weisheit und wird deshalb gerne in Lernprogrammen eingesetzt. In Fernost ist die Eule aber oft ein Symbol für das Böse, Zwielichtige! Wie in der richtigen Welt, so auch im Internet — Benutzer sind eben nicht immer gleich. Weitere Beispiele liefert zum Beispiel AMOR (2000), aber auch Gansel[2].

Kommen wir nun zu dem erst auf den zweiten Blick wichtigen Element:

Die **Navigation** ist der wichtigste Teil eines Internet-Auftritts, der über wenige Seiten hinausgeht. In der Navigation, die oft als Leiste (also hintereinander/untereinander) umgesetzt wird, stehen nacheinander die wichtigsten Hyperlinks zu Seiten innerhalb des Auftritts. Der Benutzer soll sich mit der Maus leicht durch das Angebot hindurch „klicken" können. Es ist unbedingt notwendig, dass keine Seite eines kommerziellen Webauftritts völlig bar einer Navigation dasteht. Oft kommen Benutzer über Suchmaschinen zu einem „Quereinsteig" auf eine Einzelseite des Auftritts, und können im schlimmsten Fall gar nicht auf das gesamte Angebot zugreifen, weil schlicht ein Hyperlink „nach Hause" *(home)* dazu fehlt. Die Navigation sollte möglichst einfach sein und nicht viel mehr als fünf bis sieben Hyperlinks enthalten[3], aus dem Grund der Übersichtlichkeit und der Merkfähigkeit des Benutzers. Man hat herausgefunden, dass sich Menschen in einem zeitlichen Kontext nicht mehr als etwa sieben $+/-$ zwei Elemen-

----

[2] `http://freunde.imperium.de/gansel/irrtum.htm`
[3] s. `http://home.pacbell.net/sgowin/style.html`

te *(chunks)* merken können, und zwischenzeitlich scheint diese Grenze des Kurzzeitgedächtnisses noch einmal gesunken zu sein (was nicht am Gehirn liegt, sondern vielmehr an der üblichen Informationsverarbeitung, die Kinder beigebracht bekommen). Im Idealfall fällt die Navigation gar nicht besonders auf, sondern erfüllt einfach ihre Funktion. Bitte beachten Sie, dass ich mit Navigation hier nicht verstreute Hyperlinks im Fließtext oder etwa zu Seiten gehörige Listen von Hyperlinks meine. Ich meine eine möglichst gleichbleibende, prägnante Kurzübersicht, die informiert, wo im Auftritt sich der Benutzer derzeit befindet und welche Wege er von dort gehen kann (auch die Wege zurück!).

Beachten Sie, dass sich die Navigation aus Gründen, die wir später noch besprechen werden, immer oben (horizontal) bzw. links (vertikal) befinden und sich in der Position und vom Inhalt her nicht verändern sollte. Wenn Sie noch sekundäre, unwichtigere Navigationsleisten brauchen, können sie diese natürlich auch rechts oder unten einsetzen. Veränderungen der Farbe sind akzeptabel, jedoch sollten Sie sich auch hier bescheiden geben und Farbänderungen nur gezielt einsetzen, zum Beispiel je Unterbereich des Auftritts eine eigene Farbe. Machen Sie die Navigation niemals abhängig von technischen Hilfskonstrukten, die nicht dem HTML-Standard entsprechen und nicht allen Benutzern zur Verfügung stehen oder nicht richtig funktionieren. Auch falls die Werbe-/Internetagentur das noch so gerne hätte.

Farbe vorsichtig einsetzen

Falls der Auftritt komplexer als etwa zehn Seiten ist, ist dringend ein Inhaltsverzeichnis *(site map)* zu empfehlen. Darin schreiben Sie wie bei einem Buch eine Übersicht, wo was sofort zu finden ist, ohne dass der Benutzer durch mehrere Ebenen der Navigation hindurch klicken muß.

Site Map

Nun bleibt uns nur noch eins: **Die Information** ist das, was Sie letztendlich im Internet zeigen — egal ob sie aus Bildern, Texten oder anderen Medientypen besteht. Stellen Sie es sich wie die Schokoladenportion zwischen zwei Keksen vor! Der Keks drumherum ist für die Knackigkeit verantwortlich, aber wenn man so einen Schokokeks zu sich nimmt, wartet man vor allem auf

die Schokolade. Denken Sie an den Effekt, wenn aus einer Tüte
gemischter Kekse am Ende nur die ohne Schoko überbleiben.

Wir haben uns bereits recht ausführlich mit Information in 4
beschäftigt, daher nur eine kurze Erläuterung...

Bisher war alles nur Hilfsmittel für diesen Bestandteil des Auftritts, der mengenmäßig unbedingt überwiegen sollte. Die Qualität von Internet-Auftritten läßt sich oft genug nur über das
Verhältnis von Navigation und Dekoration auf der einen und Information auf der anderen Seite bestimmen. Wenn die erste Seite
überwiegt, haben Sie ein schlechtes Konzept. Andererseits: Wenn
die Informationsseite einen deutlichen Überhang hat, vergraulen
Sie womöglich interessierte Besucher durch ein ödes Design und
schlechte Navigation.

Gleich-
gewicht

Der sinnvollste Zustand ist der, in dem alle drei Bestandteile bestmöglich harmonieren.[4] Die Dekoration ist hübsch, aber
stört den Besucher nicht. Die Information ist interessant und
entwickelt den gewünschten Effekt auf den Benutzer, und die
Navigation sorgt für einen reibungslosen Transport von jeder
Seite zu jeder anderen. Denken Sie bereits zu Anfang darüber
nach, welche Prinzipien Sie den drei Elementen zugrunde legen
sollten.

7.2 Analysen populärer Webseiten

Kommen wir jetzt vom trockenen Text für einige Seiten zur
Praxis! Ich habe im Oktober 2001 von fünf großen Internet-
Auftritten charakteristische Schnappschüsse gemacht und möchte
Sie kurz mit Ihnen besprechen. Auf der linken Seite befindet sich
jeweils eine Legende und Kurzkritik für das Bild auf der rechten. Zwei Begriffe möchte ich noch kurz erklären, da sie etwas
sonderbar klingen. Mit dem Gewicht einer Seite meine ich die

---

[4] `http://web.bentley.edu/empl/c/scarliner/id/`
`principlesoftechcomm.htm`

Datenmenge, die zum kompletten Anzeigen notwendig ist, also inklusive aller Bilder. Mit der Eigenschaft des Fließens meine ich, ob eine Internet-Seite sich an die Größe des Browserfensters anpasst und damit möglichst vielen Benutzern eine gute Darstellung ermöglicht.

Ich möchte Sie mit den folgenden Analysen ermutigen und nicht einschüchtern. Zwar gibt es Autoren, die Lesern durch schlechtes Webdesign gutes Webdesign zeigen wollen[5], aber ich will hier den anderen Weg gehen. Auch und gerade an guten Beispielen kann man sich orientieren und viel lernen.

Bitte beachten Sie auch, dass keine einzige der analysierten, großen Internet-Auftritte für die normale Darstellung Javascript, Flash oder ähnliches benötigt. Dies ist kein Zufall.

---

[5] Zum Beispiel auf `http://www.webpagesthatsuck.com`

7.2.1 Spiegel Online

`http://www.spiegel.de`

Dieser Auftritt des Spiegel-Verlags ist einer der meistbesuchten im deutschen Internet überhaupt. Das Layout ist professionell aufgeteilt und nutzt die Möglichkeiten von HTML voll aus, ohne weitere technische Spielereien vorauszusetzen. Hyperlinks tauchen sowohl im Nachrichtentext als auch in einer kleinen Zusammenfassung unterhalb jedes Artikels auf.

Die Nachrichtentexte fließen zwar nicht, um ein vergrößertes Browserfenster zu füllen, aber da die übrigen Eigenschaften den Auftritt sehr gut bedienbar machen, ist dies zu verschmerzen. Die Navigation ist in zwei Stufen organisiert: Die primäre Navigationsleiste am linken Rand bietet Oberthemen, die daneben liegende, farblich gut zu unterscheidende sekundäre Navigationsleiste bietet Unterthemen zum jeweils gewählten Oberthema an.

Das Gewicht der dargestellten, für diesen Auftritt typischen Seite beträgt 75 KB inklusive Bildern und Bannern. Damit ist die Seite sekundenschnell eingeladen, und der für Nachrichtenseiten typische Hin- und Hersprung zwischen Titelseite und Artikelseite ist schnell zu erledigen.

Zielgruppe sind junge, gebildete Erwachsene, deren Informationsbedarf hier seit Jahren sehr gut versorgt wird.

Spiegel Online ist eine der besten mir bekannten Internet-Publikationen und braucht internationale Vergleiche nicht zu scheuen. Information, Navigation und Dekoration stehen in einem sehr angenehmen Verhältnis und ermöglichen auch bei Modem-/ISDN-Verbindungen einen schnellen Informationszugriff. Die üblichen Agenturmeldungen, die alle wichtigen Nachrichtenseiten verwenden, werden angereichert durch Beiträge auf meist hohem journalistischen Niveau. Viele Internet-Auftritte könnten froh sein, wenn sie halb so gut bedienbar wären wie dieser.

A: Primäre Navigation inklusive Suche

B: Sekundäre Navigation

C: Information inklusive Bild (Aufmacher)

D: Werbebanner

E: In die Navigation integrierte Dekoration

F: wie E

G: Datumsangabe und ein bißchen Navigation

7.2.2 Heise Newsticker

`http://www.heise.de/newsticker/`

Der Newsticker des Heinz Heise Verlags ist einer der wichtigsten Nachrichtenseiten für Computer-Nutzer im deutschsprachigen Internet. Es erscheinen meist um die 20 Artikel pro Tag, teilweise sogar deutlich mehr.

Die Nachricht selber wird übersichtlich in der Mitte der Seite präsentiert. Links befindet sich die primäre Navigation und rechts die sekundäre. Da die Seite sich der jeweiligen Größe des Browserfensters anpasst, ist die rechte Position der Navigationsleiste kein Problem. Sie ist damit immer sichtbar und kann nicht „übersehen" werden.

Unterhalb der eigentlichen Nachricht befindet sich seit längerem ein Forum, in dem die Besucher der Seite ihre Meinung austauschen können.

Durch das geringe Gewicht von 45 KB inklusive Bildern und Werbebannern erscheint die Seite ausgesprochen schnell auch bei langsamen Internet-Verbindungen.

Das Design des Heise Newsticker ist, wie bei Spiegel Online, vorbildlich gelungen. Der Zielgruppe der erfahrenen Anwender wird durch höchstmögliche Darstellungsfreiheit des Browsers Rechnung getragen.

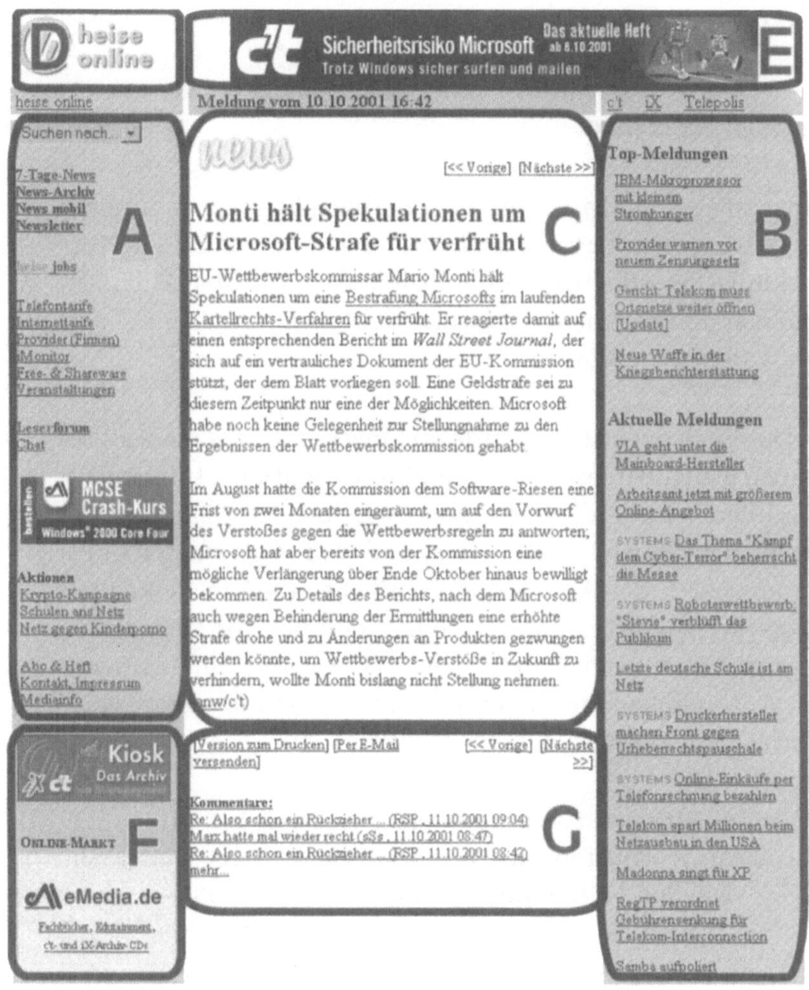

A: Primäre Navigation inklusive Suche und kleinem Werbebanner
B: Sekundäre Navigation
C: Information
D: Dekoration (Logo)
E: Werbebanner
F: Weitere kleine Werbebanner
G: Eingebautes Forum zu jeder Nachricht (rege Nutzung!)

7.2.3 Amazon GmbH

`http://www.amazon.de`

Das Aushängeschild der gesamten gewerblichen Internet-Branche ist diese Firma. Mit ihr steht und fällt an den Börsen oft die Kursentwicklung der anderen Technologiewerte. Aus den Anfängen als Buchhändler versucht Amazon inzwischen, auch CDs und andere Waren zu verkaufen.

In das Design des Auftritts wurde viel investiert, was ein geübtes Auge auch gleich bemerkt. Die primäre Navigation ist übersichtlich am oberen Ende der Seite angelegt. Integriert sind mehrere verschiedene Suchmöglichkeiten und von Zeit zu Zeit auch Sonderangebote. Bei Auswahl eines Buches (wie in der Abbildung) erscheint eine sekundäre Navigation links, die zu weiteren Büchern des jeweiligen Autors bzw. der Autorin führt. Ebenso werden Autoren genannt, deren Bücher mit dem jeweils gewählten Buch schon zusammen bestellt worden sind.

Die gesamte Seite passt sich dank eines cleveren Layouts an die jeweils gewählte Fenstergröße an. Amazon verfolgt damit alle wichtigen visuellen Regeln des Webdesigns mit Erfolg.

Rechts befinden sich noch die Kaufmöglichkeiten, wobei Amazon auf die sogenannte „Ein-Klick-Technik" sogar ein Patent erhalten hat. Da die Grundlage des Patents eher fragwürdig ist, hat sich Amazon damit unnötig Feinde gemacht. Sie sehen also: Sogar Profis passieren solche bösen PR-Fehler.

Der abgedruckte Teil der Seite ist übrigens nur ein Ausschnitt — unterhalb geht es noch weiter mit diversen Rezensionen, die zu vielen Titeln verfügbar sind.

Die Seite befindet sich mit 50 KB Gewicht im grünen Bereich und ist auch mit langsamen Internet-Verbindungen schnell eingeladen.

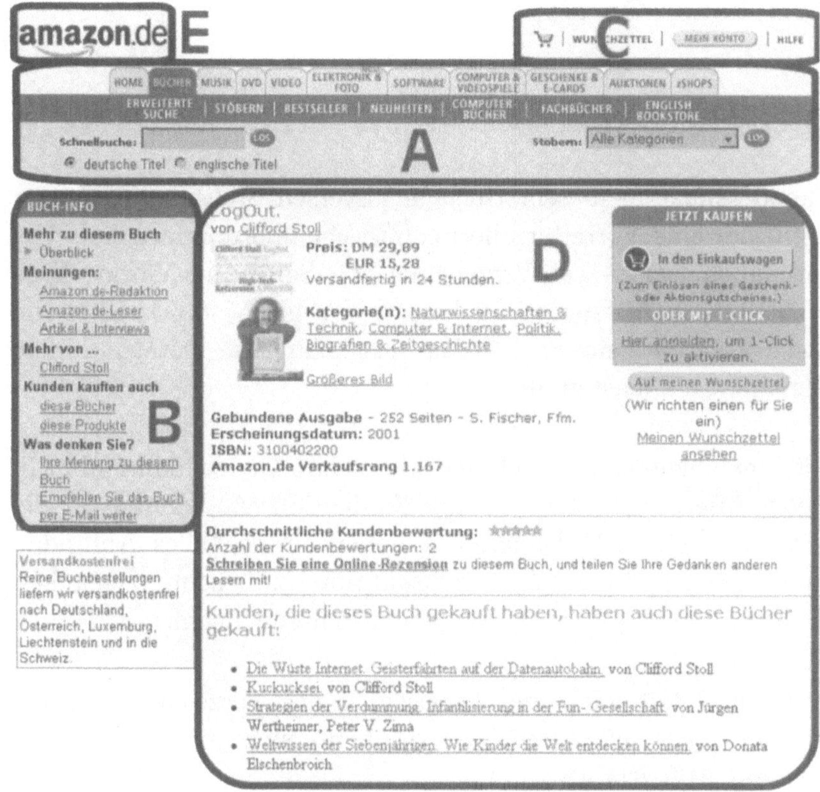

A: Primäre Navigation inklusive Suche

B: Sekundäre Navigation (zum Produkt)

C: Sehr kleines Navigationselement

D: Information

E: Dekoration (Logo)

7.2.4 Yahoo GmbH

`http://www.yahoo.de`

Yahoo taucht in diesem Buch an diversen Stellen auf, weil es in vielem eine Vorreiterrolle im Internet übernommen hat. Ursprünglich war es ein Verzeichnis von Seiten im World Wide Web, das zu Anfang völlig konkurrenzlos da stand. Über die Zeit wurde die Seite zum Portal ausgebaut und bietet nun eine Vielfalt von Diensten an.

Die hier abgebildete Titelseite von Yahoo Deutschland kann in vielem überzeugen. Die primäre Navigation (A) benutzt für die wichtigsten Dienste Bilder, mit denen ein schnelles Auffinden zum Kinderspiel wird. Die Suchfunktion ermöglicht Recherchen auch für nicht im Verzeichnis (D) enthaltene Themen.

Wie ein Relikt wirkt der Einstieg in das Verzeichnis der ursprünglichen Yahoo-Seiten (D), das heute nicht mehr die Hauptrolle des Auftritts übernimmt.

Die sekundäre Navigation mit Schlagzeilen (B) wäre insgesamt besser links als rechts zu plazieren, damit sie schneller erreicht wird und besser ins Auge fällt. Der Link-Wust unter der primären Navigation (F) passt sich leider nicht ins Layout ein, sondern fließt (in diesem Fall) unschön und sollte besser verschwinden oder umgewandelt werden in eine Leiste.

Da die Zielgruppe von Yahoo praktisch alle Internet-Benutzer umfasst, ist das Design auf ein sehr großes Publikum hinentwickelt worden. Durch die Vielfalt der zu erwartenden Browser wurde der Auftritt bewusst minimalistisch gestaltet, überflüssige Designelemente wurden eingedampft.

Durch das geringe Gewicht von nur 25 KB inklusive Bildern ist der Transfer der Yahoo-Hauptseite blitzschnell. Die Seite wurde so eingerichtet, dass sogar Browser, die keine Bilder darstellen können, problemlos damit klar kommen.

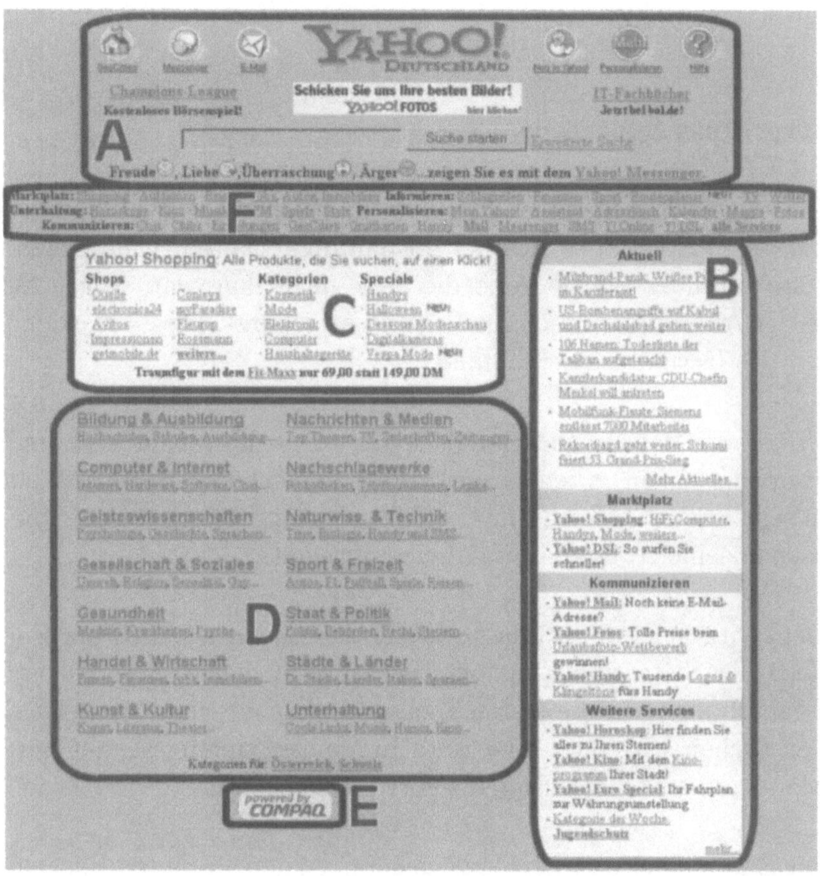

A: Primäre Navigation
B: Sekundäre Navigation (u.a.: Schlagzeilen)
C: Sekundäre Navigation (Kaufmöglichkeit)
D: Information (ursprüngliches Verzeichnis)
E: unauffälliger Banner des Sponsors
F: erratische Navigationsleiste (sollte verschwinden)

7.2.5 Google

`http://www.google.de`

Eine der besten Suchmaschinen im Internet, Google, präsentiert hier seine Ergebnisse zu einer Suchanfrage. Da sehr viele Ergebnisse gefunden wurden und die Seite recht lang war, wurde sie in der Abbildung um einige Ergebnisse gekürzt. Dies hat jedoch auf das Design keinen Einfluss.

Überhaupt das Design: Google spart, wo es nur möglich ist, und zwar aus einem guten Grund: Internet-Recherchen werden oft in sehr kurzer Abfolge hintereinander „ausprobiert", bis der Suchende seine Anfrage optimal erweitert hat.

Dem entgegen kommt, dass sowohl am Anfang als auch am Ende(!) der Seite eine Eingabemaske zum Suchen vorhanden ist. Egal, ob man nur die ersten Suchergebnisse anschaut und gleich neu suchen will, oder eine Seite Ergebnisse durchgeschaut hat: Man kann an beiden Enden sofort neu suchen lassen.

Die Ergebnisseiten von Google gehören zu den absoluten Fliegengewichten: Gerade einmal 15 KB verbraucht die gesamte Seite inklusive Bildern. So groß ist bei anderen Auftritten ein einziges Dekorationselement! Die Suche und(!) Übertragung geschieht bei schnellen Internet-Verbindungen praktisch in Sekundenbruchteilen, und auch langsame Verbindungen erhöhen die benötigte Übertragungszeit nur unwesentlich.

Google zeigt sehr schön, dass auch absolut minimalistische Seiten im Internet dem Zweck eines Auftritts dienlich sein können. Einziges Manko ist, dass inzwischen zu jedem kleinen Bildchen ein Cookie (s. 8.5) gesendet wird.

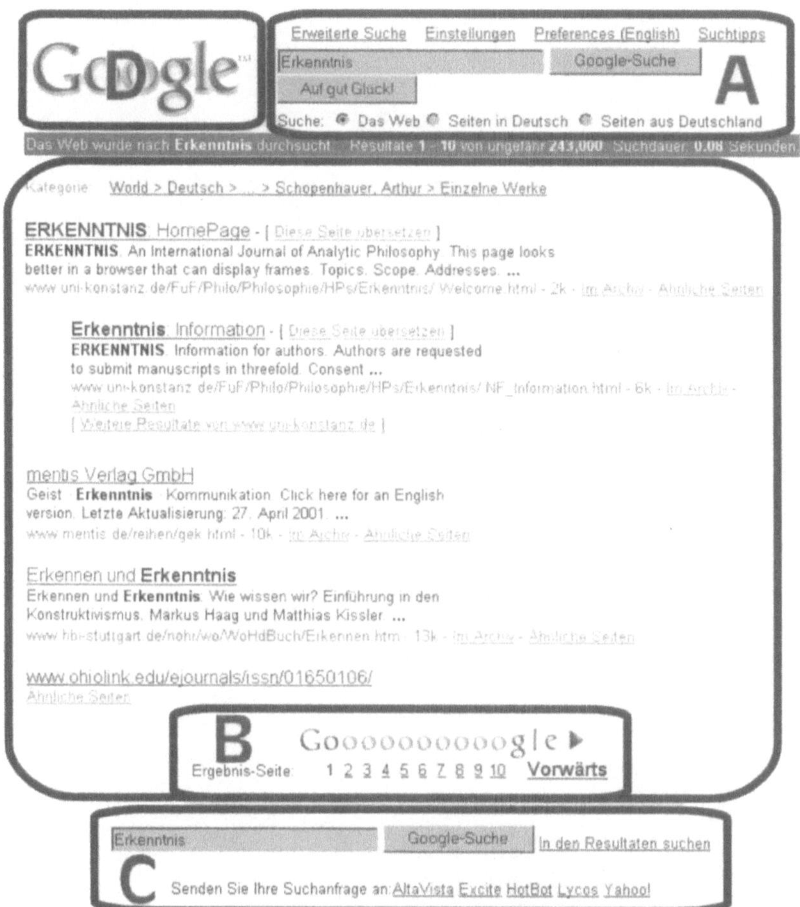

A: Suchmöglichkeit (oben!)
B: Suchmöglichkeit (unten!)
C: Inhalt
D: Dekoration (Logo)

8. Technische Umsetzung des Konzepts

Wir erreichen auf unserer Reise nun nach einigen Grundlagen den Bereich der Erstellung des Auftritts. Das Konzept sollte bereits so weit fortgeschritten sein, dass das Webdesign stattfinden kann und Prototypen entwickelt werden können.

Wenn Ihr Konzept unter Dach und Fach ist, geht es nun darum, dieses so umzusetzen, dass es zum World Wide Web „passt". Eigentlich ist das auch gar nicht so schwierig — Die Probleme tauchen meistens genau dann auf, wenn man das Web „gegen den Strich" bürsten will und von ihm Dinge verlangt, für die es nicht gemacht wurde. Lassen Sie uns daher zuerst einige einfache Aufteilungsregeln für Seiten im Web besprechen.

Da die technische Seite des Internets uns danach in einige Untiefen der Computerwelt führt, wird es dem einen oder anderen möglicherweise etwas unverständlich erscheinen, aber durchhalten lohnt sich. Durch genaue Kenntnis der Technik hinter Ihrem Auftritt können Sie dafür sorgen, dass er so optimal wie möglich bei allen Besuchern erscheint.

Sie haben mit dem Hintergrundwissen, vor allem was Dateiformate angeht, viele Vorteile gegenüber dem „blinden" Benutzen von „irgendetwas", dessen Bedeutung Sie selber nie erklärt bekommen haben.

8.1 Blinde Tabellen

Überhaupt das wichtigste Gestaltungsmittel beim Webdesign sind blinde Tabellen. Gibt es denn sehende Tabellen? Nein, die gibt es nicht. Aber es gibt sichtbare Tabellen. Das Gegenteil davon müsste eigentlich „unsichtbare Tabelle" heißen, tut es aber nicht. Es nennt sich auch im Druckbereich blinde Tabelle. Diese sind *die* verbreitete Methode, im Internet eine gewisse Menge Design zu ermöglichen. Sie funktioniert unter allen(!) graphikfähigen Browsern und erfordert weder Zusatzprogramme noch interaktive Spielereien. Sie funktioniert (bei genügend Mühe) immer und hilft, eine Seite zu strukturieren.

Tabellen ermöglichen Design

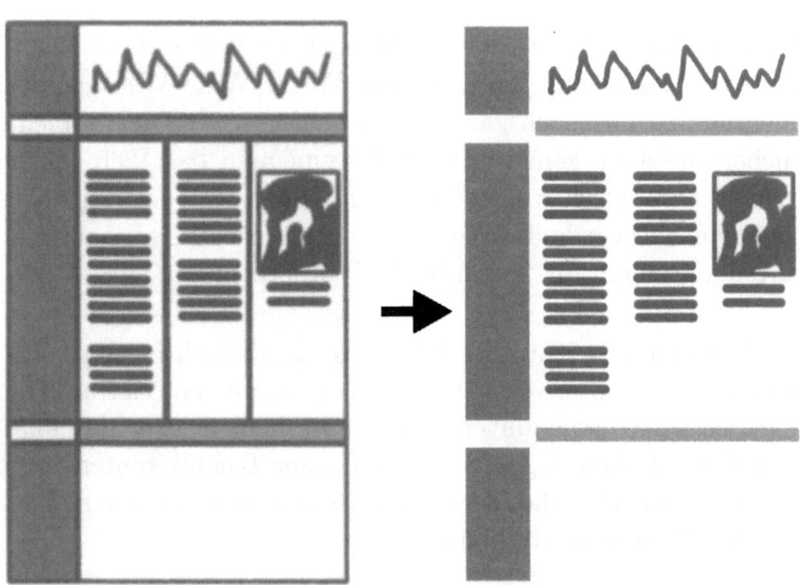

Abbildung 8.1. Links Tabelle sichtbar, rechts unsichtbar (blind)

Das Prinzip sehen Sie in Abbildung 8.1. Hier wurde die Seite komplett innerhalb einer Tabelle gestaltet. Damit man die oft unschönen Ränder der Tabellenzeilen und -spalten nachher nicht mehr sieht, „verblindet" man die Tabelle. Im Bild rechts ist dies geschehen, und es sieht gleich deutlich lockerer und leichter aus, da die schweren schwarzen Ränder ausgeblendet wurden.

Rahmenlose Tabellen wirken leichter

Die Methode hat sich vor allem auch deshalb (nicht nur im WWW, auch in der Textverarbeitung) bewährt, weil innerhalb jeder einzelnen Spalte jeweils unterschiedliche Formatierungen und Satzarten möglich sind. Eine Spalte kann Blocksatz haben, die andere wiederum zentriert sein und so weiter.

Am wichtigsten ist jedoch, dass blinde Tabellen die einfachste und beste Möglichkeit sind, eine WWW-Seite horizontal zu unterteilen. Eigentlich war dies nämlich gar nicht eingeplant, als das WWW erfunden wurde. Alles sollte vertikal organisiert werden, horizontale Ausrichtung und Einrückung behielt sich der Browser selber vor. Verständlicherweise waren die ersten Webdesigner darüber mehr als entgeistert und übertrugen die bewährte Technik der blinden Tabellen auf das Web.

Horizontale Unterteilung

Eine kleine Mahnung möchte ich Ihnen noch auf den Weg geben: Bitte legen Sie die Länge von Tabellen nicht fest. Die Browser finden selber automatisch die Länge, die sie zum Anzeigen der Inhalte benötigen. Zu oft sieht man Seiten, die scheinbar sehr lang sind, aber nur zu einem kleinen Teil ausgefüllt sind: Darunter ist noch seitenweise weißer Platz. Dies ist unnötig und täuscht den Benutzer. Es gibt einige Spezialfälle, in denen es sinnvoll ist, die Länge einer Tabelle festzulegen, aber meistens ist es wie gesagt unnötig.

Länge nicht festlegen

8.2 Frames

Eine alternative Möglichkeit, eine Seite im Internet zu strukturieren bieten die sogenannten Frames. Sie teilen eine Seite quasi in mehrere auf, die jeweils einen Teilbereich der Seite in Anspruch nehmen. Der Vorteil ist, dass jeder Einzelframe einem anderen den Befehl geben kann, eine neue Seite einzuladen. Dies ist praktisch bei der Gestaltung der Navigation eines Internet-Auftritts, da diese immer im Blickfeld bleibt und nicht „hüpft" oder aus dem Blickfeld verschwindet beim Durchlesen einer Seite, die länger als das Browserfenster ist.

Ein paar Nachteile hat diese Methode allerdings auch. Da Suchmaschinen nur einzelne Seiten in ihren Index aufnehmen, finden sie bei Suchanfragen auch nur einen Teil einer aus Frames hergestellten Seite *(frameset)*. Es ist daher unbedingt wichtig, dass jeder Frame auf die jeweilige Oberseite per Hyperlink verweist, damit der Navigationsframe zum Erscheinen gebracht werden kann.

Noch ein Problem bringen Frames mit sich, da Designer gerne ihre Position absolut festlegen. Sie sagen also: „Dieser Frame darf nur so-und-so viel Bildpunkte breit/hoch sein", beachten aber gar nicht, dass dies für einen Besucher zu klein sein kann, für den anderen aber zu groß. Wenn Sie überhaupt Frames benutzen, legen Sie bitte Größen nur in sogenannten relativen Angaben fest. Relativ meint hierbei eine Prozentangabe, zum Beispiel „20% der Browsergröße". Standardmäßig haben Frames einen kleinen Balken neben sich, mit dem Benutzer die Größe manuell nachregeln können. Obwohl diese nicht sehr schön aussehen und ein aufwendiges Design stören können, sollten Sie diese besonders bei absoluten Größen unbedingt beibehalten und nur in Sonderfällen abschalten.

8.3 CSS — Cascading Style Sheets

Lange hat es gedauert, aber vor einiger Zeit hat das W3-Kommitee, das auch für die WWW-Sprache HTML verantwortlich zeichnet, eine design-orientierte Zusatzsprache namens CSS entwickelt und zum Standard erkoren[1]. Damit ist es möglich, viele bisher nicht mögliche Designelemente in HTML zu realisieren, ohne anderen Nutzern den Besuch von Internet-Seiten zu verwehren.

CSS kann beliebige Teile einer Webseite (zum Beispiel alle Arten von Überschriften, Hyperlinks, Tabellen usw.) individuell färben,

---

[1] `http://www.w3.org/Style/CSS/`

mit verschiedenen Schriften versehen und nach Wunsch positionieren. Weitere Informationen zum Thema finden Sie auch in der passenden FAQ[2]-Sammlung[3].

Leider hat sich CSS noch nicht bei allen Browsern komplett durchgesetzt, aber die neueren Versionen von Netscape Navigator und Microsoft Internet Explorer unterstützen es.

8.4 Laufschriften

Eine recht sonderbare Funktion des Internet Explorers von Microsoft ist es, sogenannte Laufschriften, Marquee genannt, anzuzeigen. Dabei „läuft" eine einzelne Textzeile von rechts nach links durch das Browserfenster, wobei im sichtbaren Bereich natürlich nur ein gewisser Teil der Zeile zu sehen ist.

Textzeile läuft

Sieht man einmal von besonderen Anwendungen ab (zum Beispiel Börsenkurse), sind Laufschriften im Internet fehl am Platze. Sie irritieren den Lesefluss durch ihre Bewegung, lassen keinen Überblick über den Text zu und flackern oft genug auch noch zum Verdruß der Besucher. Viele Browser zeigen diese Laufschriften gar nicht an bzw. zeigen Sie als ungeordneten Quasi-Fließtext.

Nicht empfehlenswert

Verstecken Sie keine Information in Laufschriften, die in den Fließtext gehört, und verwenden Sie bitte niemals mehr als eine einzige Laufschrift pro Seite, weil sich damit die Nachteile vervielfachen.

---

[2] FAQ heißt im Internet eine Sammlung oft gestellter Fragen zu einem Thema, praktischerweise gleich versehen mit passenden Antworten.

[3] `http://www.blooberry.com/indexdot/css/topics/stylefaq.htm`

8.5 Cookies

Zu gutem Spritzgebäck gehören Butter, Zucker, Eier, eine Prise Salz, Mehl und je nach Gusto gemahlene Mandeln oder Marzipan[4]. Die gebackenen Kekse sind harmlos, wohlschmeckend und erzeugen höchstens bei dem Magengrimmen, der in jugendlichem Eifer zu viel vom frischen Teig genascht hat.

Im Internet gibt es auch Kekse, deren Zubereitung zwar einfach ist, aber deren Genuß nicht nur Datenschützern einiges Bauchgrimmen bereitet. Es handelt sich bei diesen Cookies um kleine Datenpäckchen, die ein Internet-Auftritt bei jedem einzelnen Benutzer hinterlassen kann und beim nächsten Besuch wieder einladen darf. Die Vorteile liegen klar auf der Hand: Das Speichern von Kundeninformationen ist damit simpel, und Sie können jeden Besucher sofort wiedererkennen. Viele Shop-Systeme arbeiten mit solchen Cookies, um Benutzer eindeutig zu identifizieren und ihnen zum Beispiel einen Einkaufskorb zur Verfügung zu stellen, der auch nach einigen Tagen noch die gewählten Produkte enthält.

Es gibt leider einige Probleme damit. Die großen Werbefirmen im Internet haben sich angewöhnt, bei jedem Besuch einer Seite mit ihrer Werbung einen Cookie zu setzen, der notiert, wer wo wann auf welcher Seite war. So ist es für sie möglich, Nutzerprofile zu sammeln, die eigentlich aus Datenschutzgründen gar nicht entstehen sollten. Es gibt einen grauen Markt, auf dem solche Profile für viel Geld verkauft werden, was nicht im Interesse der Besucher liegt, denn sie sollen offline wie online mit Werbung bombardiert werden.

Eine weitere unschöne Problematik bekommen besonders vorsichtige Nutzer zu spüren, die ihren Browser nicht ungefragt alle Cookies annehmen lassen, sondern sich pro Stück fragen lassen, ob sie diesen wollen. Hier finden sich besonders viele der erfahrenen und professionellen Nutzer wieder, die beim Besuch einer einzigen Seite oft viele (teilweise über 20!) Meldungen wegklicken

___
[4] z.Bsp. `http://www.oleswelt.de/rezepte/spritzgebaeck.html`

oder -tippen müssen, um überhaupt an den Inhalt einer Seite zu kommen. Oft ist deren letzte Lösung Software wie zum Beispiel der WebWasher[5], der derzeit von der Firma Siemens entwickelt wird und problemlos *alle* Cookies auf Wunsch filtert. Dies ist weder im Interesse der Nutzer noch im Interesse der Anbieter, denn die Nutzer können dadurch viele Shop-Systeme nicht mehr benutzen.

Im Umgang mit Cookies gibt es deshalb zwei wichtige Regeln: Zum einen sollten Sie durch Cookies gewonnene Profile *nicht* weiterverkaufen oder verschenken. Sie zerstören damit das unbedingt wichtige Vertrauen Ihrer Benutzer in Sie. Zum anderen schicken Sie bitte maximal einen einzigen Cookie pro Seite, wenn Sie ihn denn wirklich brauchen. Wenn ein Benutzer *einmal* einen Cookie abgelehnt hat, will er auf keinen Fall(!) einen zweiten erhalten; ganz zu schweigen von Dutzenden.

8.6 Wen Sie im Team brauchen

Die Zusammenstellung des Teams, das den Auftritt erstellen soll, ist die letzte große Hürde auf dem Weg zu einem guten Weg ins Internet. Hier sollten Sie genauso wenig wie beim Konzeptionieren knausern, auch wenn sich vieles letzten Endes einsparen ließe.

Ich zähle hier nicht direkt die „beste Aufstellung" eines Internetteams auf, denn so eine Idealbesetzung gibt es schlicht und ergreifend nicht. Jeder Auftritt verlangt nach einer anderen Gewichtung der Einzelfähigkeiten, deshalb beschreibe ich hier nicht exemplarisch, sondern allgemein. Sehen Sie es als eine Art Zutatenliste, aus der Sie sich etwas Gutes zubereiten können.

Der sprachlichen Ästhetik folgend habe ich die Berufsbezeichnungen nur in der männlichen Form benutzt, aber selbstverständlich sind auch Frauen damit gemeint.

---

[5] `http://www.webwasher.com`

Wenn Sie sich entschieden haben, das Webdesign nicht selber durchzuführen, sondern es einer Agentur zu überlassen, können Sie diese Personalentscheidungen natürlich getrost dieser Agentur überlassen.

8.6.1 Schreiber

Wo gehobelt wird, fallen Späne, und wo ein Schreiber arbeitet, fallen Sätze. Diese Sätze sollten sich möglichst gut an eine Zielgruppe anpassen. Professionelle Texte sind gut zu lesen, elegant formuliert und selbstverständlich ohne Fehler in Grammatik und Rechtschreibung, abgesehen von Tippfehlern, die immer einmal passieren können.

Unterschätzen Sie nicht die Macht von Worten, wenn es um Werbung in eigener Sache geht. Schon manches Produkt und manche Dienstleistung verkaufte sich erst dann richtig gut, wenn ein griffiger Slogan und eine einladende Beschreibung dazu erdacht wurde. Sie wissen schon, „Die schönsten Pausen sind...“ ... Genau, lila.

Ein Schreiber (neumodisch: Texter) darf bei einem Internet-Auftritt nicht das fünfte Rad am Wagen sein, er hat eine wichtige Funktion. Mit ihm steht und fällt der (Werbe)wert eines Auftritts. Er sollte sorgfältig ausgewählt und über das gesamte Gebiet, das er beschreiben soll, informiert sein, sonst überlappen sich Textinhalte oder passen stilistisch nicht zusammen. Wenn Sie Textmengen brauchen, die von einer Einzelperson nicht geleistet werden können, müssen sich die Schreiber zusammensetzen und gemeinsam zu einem bestimmten Duktus finden, den sie dann auch durchhalten (und der dem Auftraggeber gefällt). In der Werbebranche spricht man dabei von der *tonality*, also quasi der Tonart der Sprache.

8.6.2 Photograph

Durchkämmt man das World Wide Web, fällt einem eine merkwürdige Zweiteilung auf. Es gibt sehr viele Seiten mit ziemlich schlecht gemachten Fotos und relativ wenige mit erstaunlich guten Bildern. Dies hat einen recht einleuchtenden Grund: Gute Fotos kosten viel Geld, und gerne wird daran gespart. Viele mögen denken, dass letztendlich auch der Praktikant mit einer der modernen Digitalkameras ausgerüstet alle Fotos schießen könnte, aber damit ist es noch lange nicht getan. Oft werden Menschen direkt erschlagen von dem Gedanken, dass das Herstellen von guten Fotos nicht einfach damit erledigt ist, eine Kamera zu kaufen und sie auf einen Gegenstand zu richten, sondern einen langen Lern- bzw. Ausbildungsprozeß erfordert und auch beim nötigen Equipment des Photographen bei der Schwelle zum vierstelligen Kostenbereich noch lange nicht Halt gemacht werden kann. Entsprechend sind die Vergütungen von Berufsphotographen nicht gerade niedrig, aber der Einsatz lohnt sich doppelt und dreifach.

Gute Fotos sind teuer

Bilder sind mit das allererste, was beim „ersten Kontakt" mit einem Internet-Auftritt den Benutzer beeindruckt oder abschreckt. Wir hatten schon in 5.2 besprochen, dass dieser erste Eindruck sehr wichtig ist. Sorgen Sie für einen angenehmen und professionellen Eindruck, indem Sie gute Fotos benutzen.

Wenn Sie schon einen Papierkatalog haben erstellen lassen und diesen nun ins Internet bringen wollen, sollten Sie mit dem bisherigen Photographen besprechen, was er für die zusätzliche Nutzung verlangen würde. Je nachdem können Sie dann besser abschätzen, ob sich eine zweigleisige Lösung Papier/Internet lohnt. Gehen Sie *nicht* stillschweigend davon aus, dass eine Internet-Nutzung generell ohne Aufpreis möglich ist.

Katalog

Sollte sich im Unternehmen jemand befinden, der die Photographie wirklich sehr gut beherrscht, kann dieser Ihnen sehr viel Geld sparen. Erkundigen Sie sich doch einfach danach!

Lassen Sie sich in jedem Fall Beispielfotos zeigen. Jeder Photograph hat bis zu einem gewissen Grad seinen eigenen Stil, den Sie spätestens dann entdecken. Wenn er Ihnen nicht gefällt, sollten Sie dies ruhig ansprechen.

Übrigens auch immer wichtig bei Fotos ist, dass die rechtliche Lage sicher gestellt ist und Sie ein Bild wirklich verwenden dürfen.

Rechtliche Lage Photographen besitzen immer das Urheberrecht über Ihre Bilder (weil das Urheberrecht entgegen der gängigen Meinung *nicht* übertragbar ist — außer der Urheber stirbt.) und können deshalb über jede(!) Verwendung Ihres Werks bestimmen, so lange nichts anderes vertraglich vereinbart wurde. Bei unerlaubter Verwendung von Bildmaterial ist Usus, dass Photographen den üblichen Preis bis zu einer gewissen Grenze vervielfachen dürfen und diesen auch einklagen, *auch im Internet!* Verwenden Sie also bitte *keine* Photographien, die „irgendwo" herkommen, deren Urheber(schaft) also unbekannt ist.

8.6.3 Graphiker

Arbeitsproben Auch die Auswahl des Graphikers ist für Ihren Auftritt sehr wichtig. Wie Photographen haben auch Graphiker ihren eigenen Stil, deshalb sollten Sie sich auf jeden Fall Arbeitsproben zeigen lassen und ein Vorgespräch führen, wie Sie sich die Graphiken und Illustrationen in Ihrem Auftritt vorstellen.

Standards Der ideale Graphiker kann sowohl gut entwerfen als auch eines der Standardprogramme Adobe PhotoShop[6], GIMP[7] oder Paint Shop Pro[8] bedienen. Er sollte Erfahrung damit haben, Bilder und Abbildungen im Internet möglichst platzsparend zu erstellen. Wenn Sie Animationen und komplizierte interaktive Abbildungen benötigen, sollte der Graphiker Erfahrung mit der Erstellung von Mehrphasenbildern und Flash haben.

---

[6] http://www.adobe.com/products/photoshop/main.html
[7] http://www.gimp.org
[8] http://www.jasc.com/products/psp/

8.6.4 Techniker

Der Techniker sorgt dafür, dass die Ergebnisse von Texter, Photograph und Graphiker zu einem harmonischen Ganzen zusammengefügt werden. Seine Arbeit ist entscheidend dafür, dass so viele Besucher wie möglich den Auftritt angenehm durchstöbern können. Er beherrscht sowohl HTML (inklusive Cascading Style Sheets) als auch die Verwaltung eines FTP-Speicherplatzes auf dem gewünschten Server. Er weiß über verschiedene Browser und Computersysteme Bescheid und kann die Stärken und Schwächen von Werkzeugen wie JavaScript, Flash etc. abwägen. Seine Aufgabe ist auch, Prototypen des Auftritts zwischendurch immer wieder mit verschiedensten Kombinationen von Rechnern und Browsern zu testen.

Fügt zusammen

Da er mit allen Beteiligten zusammenarbeiten muss, sollte er ein offenes Ohr für Probleme besitzen und entscheidungsfreudig sein, wenn mal wieder ein Problem im Wege liegt. Sie sollten darauf achten, dass er nicht zu dogmatisch in irgendeine Richtung will („Ich mache einfach, was ich für richtig halte"), sondern sich Ihren Anforderungen anpasst. Das setzt natürlich voraus, dass er eine klare Zielvorgabe erhält und Sie im Zweifelsfalle auch mit sich reden lassen, wenn er ein Problem entdeckt hat.

Klare Zielvorgabe

8.6.5 Organisator

So egalitär ein Team auch ist, Sie benötigen trotzdem jemand, der die Zügel in der Hand hält und verantwortlich für das Projekt ist. Der Organisator sorgt deshalb dafür, dass die anderen Teammitglieder gute Arbeit leisten und voran kommen. Je nach Organisationsstruktur kann er als Schnittstelle zwischen Auftraggeber und den anderen Teammitgliedern dienen und das detaillierte Konzept entwerfen. In großen Agenturen nennt man diese Position „Konzepter".

Der Organisator bzw. Konzepter sollte sich mit allen technischen und konzeptuellen Aspekten des Auftritts so weit ausken-

Gesundes Halbwissen reicht

nen, dass er Entscheidungen treffen kann. Seine kommunikativen Fähigkeiten sollten sehr ausgeprägt sein, denn Probleme bei Zielvereinbarungen werden, wenn überhaupt, auf ihn geschoben. Er muss solche Probleme frühzeitig erkennen und die richtigen Stellen benachrichtigen. Je größer ein Auftritt wird, desto öfter werden Differenzen zwischen Konzept und Umsetzung auftauchen, die mit Bedacht geklärt gehören. Auch das Budget darf nicht aus dem Auge verloren werden.

8.6.6 Kosten

Die Kosten eines Internet-Auftritts teilen sich auf in fixe Kosten für die Technik und variable Kosten für Webdesign und Wartung. Die Technik ist noch recht einfach zu kalkulieren (s. Abschnitt 2.2.3). Spätestens beim Webdesign wird es kompli-

Zahl der Seiten

ziert. Um einen ungefähren Preis festmachen zu können, sollten Sie planen, wieviel Seiten Ihr Auftritt haben soll. Wenn dann der Preis für eine Seite ausgehandelt ist (mit der Agentur bzw. dem Team) können Sie zumindest grob die Kosten überschlagen. Spätestens mit Fertigstellung des detaillierten Konzepts sollte eine genauere Abschätzung der Kosten möglich sein, die auch einhaltbar ist.

Ein kleiner Auftritt mit weniger als 20 Seiten sollte nicht deutlich höher als 1000 Euro liegen. Ein mittelgroßer Auftritt (etwa 20–200 Seiten) schlägt oft mit mehr als 5000 Euro zu Buche, und ein sehr großer Auftritt (mit mehr als etwa 200 Seiten) kann sehr, sehr teuer werden. Wenn Sie eine Agentur beauftragen möchten, sollten Sie auf jeden Fall Preise und Leistungen verschiedener Agenturen miteinander vergleichen, um nicht am Ende zu merken, dass die Konkurrenz bei gleicher Leistung viel günstiger gewesen wäre.

8.7 Analog und digital

Erlauben Sie mir nun einen Tauchgang in die Tiefen der Informationstheorie, der vielleicht etwas abrupt beginnt, aber Sie nicht zu sehr ängstigen soll. Ich schiebe ihn hier ein, weil wir ab jetzt über Dateiformate reden wollen. Dafür sollten Sie einen wichtigen Aspekt der Technik kennen:

Eines der schwierigsten Konzepte im Umgang mit Computern und auch dem Internet ist der Unterschied zwischen „digital" und „analog". Die Begriffe werden schon umgangssprachlich gebraucht, aber so richtig sicher, was das jetzt überhaupt ist, ist sich kaum jemand. Technikern im Computerbereich hingegen ist es oft völlig unvorstellbar, dass jemand diesen Unterschied *nicht* kennen könnte, und die meisten machen sich deshalb gar keine Mühe, ihn zu erklären. Digital-Päpste wie der am MIT lehrende Nicholas Negroponte versuchen es zumindest (NEGROPONTE, 1995), aber ich behaupte, dass da immer noch zu fachmännisch erklärt wird. Das Wissen um diesen wichtigen Unterschied sollte meiner Meinung nach jeder besitzen, der im Rechnerbereich zu tun hat, und deshalb folgt hier der Versuch einer Erklärung. Da im folgenden Teil des Kapitels immer wieder von digitalisierten Daten die Rede sein wird, halte ich diesen Einschub hier für notwendig. Ich werde ohne Mathematik nicht auskommen, aber ansonsten versuche ich, mich auf eingängige Beispiele zu beschränken. Also auf in den Kampf...

Wirklich selbstverständlich?

Die fundamentale Unterscheidung von Information in der Computertechnik teilt Daten in *digital* und *analog* ein. Es wären auch noch mehr Unterscheidungen möglich, aber diese zwei reichen im Normalfall aus.

Analoge Daten repräsentieren sehr gut die Welt, in der wir leben. Ein Gemälde besteht etwa aus einer riesigen Zahl von Molekülen, die zusammengenommen eine farbige Schicht ergeben. Es hat keine wirkliche „Auflösung", wie man im Computerbereich sagen würde, da das Gemälde ja nicht gedruckt und damit gerastert wurde. Ein echtes gemaltes Bild ist damit absolut analog.

Reale Welt ist analog

Genauso analog wie zum Beispiel ein Quecksilberthermometer. Dort dehnt sich eine dünne Säule aus Quecksilber mit ansteigender Temperatur aus und mit fallender Temperatur sinkt es. Beim Ablesen kann man nur *ungefähr* sagen, wie warm oder kalt es ist. Es gibt also bei Vorgängen in der materiellen Welt immer unendlich viele kleine Zwischenzustände zwischen beispielsweise „warm" und „kalt". Heutige Computer können mit solchen analogen Daten nichts anfangen, sie verstehen sie schlicht und ergreifend nicht. Ein Computer muss immer absolut *genau* wissen, wie hoch die Temperatur ist, oder welcher exakte Farbtupfer in der obersten linken Ecke eines Bildes ist. Er ist sozusagen ein unglaublicher Pedant.

Was ist nun digital? Wenn Sie sich an Ihren Mathematikunterricht in der Schule zurück erinnern, wird Ihnen auffallen, dass zu Anfang der Grundschule nur ganze Zahlen auftauchten. Fünf. Sieben. Zwei. Keine Kommas. Zwischen zwei ganzen, aufeinander folgenden Zahlen gab es nichts, keinen Zwischenschritt. Bis zur Einführung der Brüche und der Kommazahlen waren Sie zum Beispiel nicht imstande, mit mathematischen Begriffen ein einziges Stück Kuchen in zwei Teile zu zerteilen. In der Mathematik nennt man diese abzählbaren ganzen Zahlen diskret verteilt. Von eins bis zehn gibt es genau zehn Zahlen. Nicht elf, nicht hundert. Das kleine Einmaleins funktioniert mit dieser Vorstellung, und die Welt hätte so einfach und schön sein können! Aber schon nach kurzer Zeit macht man die Grundschüler damit vertraut, dass das leider nur der Einstieg war in eine wilde Zahlenwelt. Der nächste Schritt sind meistens die Brüche. Ein Kuchenstück zweigeteilt? Das sind eben zwei mal ein halbes Stück oder 2 * 0,5. Das Schlimme ist: Mit Brüchen können Sie zwischen zwei Zahlen beliebig viele andere erzeugen, wo vorher keine waren. Zwischen drei und vier liegt 3,2 ebenso wie 3,6975. Natürlich sind Zahlen nicht greifbar, sondern der Versuch, Mengen in Ziffern umzusetzen, aber beängstigend ist das schon. Noch unangenehmer wird es in der weiterführenden Schule, wenn man zu den irrationalen Zahlen kommt.

Die Quadratwurzel der Zahl vier ist zwei, denn $2^2 = 2 * 2 = 4$. Was aber ist die Quadratwurzel von zwei? Eins wäre falsch, denn

$1^2 = 1 * 1 = 1$. Zwei wäre falsch, denn das wäre ja wieder vier. Durch Ausprobieren gelangt man zu einem Wert um etwa 1,4 herum, aber genau bestimmbar ist der Wert nicht, man kann sich (auch per Computer) immer nur weiter an ihn annähern. Mein Taschenrechner zum Beispiel errechnet etwa 1,41421356.

Man kann diese Zahlen also nie ganz genau ermitteln, sie haben einfach kein Ende und praktisch unendlich viele sich nicht wiederholende Stellen hinter dem Komma. Den Griechen war diese Vorstellung so unheimlich und gotteslästerlich, dass die griechischen Mathematiker, die diese Zahlen entdeckt hatten, sie jahrzehntelang vor dem Bekanntwerden behüteten. Eine Zahl hatte gefälligst durch eine ganze Zahl oder einen Bruch ausgedrückt zu werden, und etwas anderes konnte, nein: durfte es nicht geben. Eine nicht komplett zu bestimmende Zahl? Was für eine höllische Vorstellung[9].

Zahlen ohne Ende

Nun werden Sie mich fragen, warum ich Sie an Ihre Grundschulzeit erinnere und gar mit Quadratwurzeln traktiere, wo Sie doch nur den Unterschied zwischen analog und digital kennen lernen wollen.

Das Verrückte dabei ist, dass genau hier der Unterschied steckt, der auch zwischen digital und analog besteht. Ein digitaler Wert ist wie die ganzen Zahlen in der Grundschule. Es gibt eine bestimmte Menge an Werten, die erlaubt sind, und dazwischen gibt es nichts. Ein Computer, der einen Klang ausgibt, hat diesen in seinem Datenspeicher oder auf der Festplatte so gespeichert, dass es dabei normalerweise 65536 verschiedene Werte gibt, die jeder Bestandteil der ausgegebenen Schallwelle haben kann.

Diskrete Werte

Wenn wir einmal annehmen, dass es nur zwei erlaubte Werte für Entscheidungen gäbe, könnten wir damit recht wenig anfangen. Es gäbe nur den fundamentalen Unterschied in einer Aussage, der etwa dem Unterschied zwischen „Ja" und „Nein" entspricht — es gäbe kein „Jein". Für eine Frage der Art „Gehen wir heute zum Picknick an den See?" reicht das aus. Aber spätestens bei

Ja und Nein hat Grenzen

---

[9] Falls Sie sich ein wenig in das Thema Zahlen vertiefen möchten, empfehle ich Ihnen SEIFE (2000) und SINGH (2000).

der Frage „Und wieviel Brötchen soll ich schmieren?" kommen wir schon ins Stolpern. Eine Antwort auf „Wieviel" erfordert scheinbar viel mehr, als wir mit unserer Kapitalentscheidung zwischen „Ja" und „Nein" ausdrücken können. Nehmen wir einmal an, es gäbe wirklich keine andere Antwortmöglichkeit, und Sie müssten trotzdem eine Antwort erhalten. Entwickeln wir eine **Die Notlösung** Notlösung! Wir würden vermutlich auf die Idee kommen, unsere Fragen umzustellen und uns an die gewünschte Menge Brötchen herantasten: „Soll ich drei Brötchen machen?" — „Soll ich mehr als fünf Brötchen einpacken?" Der beste Weg, den Theoretiker dazu entworfen haben (er ist wirklich der beste, es gibt keinen besseren bei nur zwei Entscheidungsmöglichkeiten), ist, bei der Zahl Eins zu beginnen und danach immer nach dem Doppelten zu fragen. „Sollen wir ein Brötchen mitnehmen"?, dann „Sollen wir noch zwei Brötchen mehr mitnehmen?" — „noch vier?" — „noch acht?" und so weiter. Die Reihe bis zur sechzehnten Entscheidung geht so: 1, 2, 4, 8, 16, 32, 64, 128, 256, 512, 1024, 2048, 4096, 8192, 16384, 32768. Der Trick hierbei ist: Wenn Sie die Zahlen von vorne bis zu einem bestimmten Wert aufaddieren, kommen Sie auf den nächsten Wert minus eins. 1+2 ist 3 (also 4-1), 1+2+4+8+16 ist 31 (also 32-1). Jede einzelne Entscheidung ist nur mit „Ja" oder „Nein" zu beantworten, aber insgesamt können wir damit viel mehr ausdrücken als nur einen einzigen Unterschied.

Nehmen wir an, wir wollten zehn Brötchen zum Picknick mitnehmen, und nehmen wir an, wir würden obiges Spielchen andersherum machen, aus technischen Gründen fangen wir aber bei **Zehn Brötchen** den großen Zahlen an und wandern rückwärts zur Eins. Bis zur Entscheidung „Sollen wir acht Brötchen mitnehmen?" können wir immer nur mit „Nein" antworten, denn 16 Brötchen wollen wir nicht haben, und mehr als 16 sowieso nicht. Bei acht müssen wir jetzt aber „Ja" sagen, denn acht Brötchen wollen wir auf jeden Fall mindestens haben. Bei der vier überlegen wir uns, dass wir nicht noch vier Brötchen dazu haben wollen — Wir hätten ja dann zwölf, und das sind zu viele. Also „Nein". Die Entscheidung, ob wir noch zwei Brötchen mitnehmen möchten, passt jetzt genau ins Konzept — Acht haben wir, zwei dazu — zehn Stück! Wir sind fertig. Ab jetzt wollen wir gar nichts mehr, wir können die Frage nach „noch eins?" getrost mit „Nein" beantworten. Wenn wir unsere Entscheidungen nun von links nach rechts notieren und dabei „0" für „Nein." und „1" für „Ja." verwenden, erhalten wir 1010. Von rechts nach links gelesen (Können Sie noch folgen? Ich weiß, es ist kompliziert.) erhalten wir „Nicht ein Brötchen", „Zwei Brötchen", „Nicht vier Brötchen", „Acht Brötchen". Zehn! Geschafft.

Das ganze Vorgehen klingt unglaublich umständlich — Warum dieses komplizierte Spielchen, wo man doch einfach „zehn" sagen kann. Ja, Moment — das Problem ist: Wir *können* in diesem Fall nicht „zehn" sagen, sondern nur „Ja" oder „Nein".

Genau mit diesem Problem schlagen sich Computer herum. Was wir gemacht haben, nennt man *Umwandlung ins Binärsystem*. Die normale Zahl 10 ist digital ausgedrückt 1010, und das dazugehörige Zahlsystem nennt man „binär" (bi: vom griechischen Wort „bis" für „zwei"). Eine einzige Entscheidungsmöglichkeit, mit dem man die Entscheidung Ja/Nein ausdrücken kann, nennt man *Bit*. Um angenehmer mit diesen Entscheidungen umgehen zu können, fasst man immer acht dieser Bits zusammen und nennt dieses Bitbündel dann *Byte*[10]. Da das für größere Datenmengen immer noch unhandlich ist, hat man auch diese Bytes noch einmal zu Päckchen von 1024 gebündelt und nennt diese *KiloByte* (KB). Das hielt erst einmal über ein Jahrzehnt vor, bis eine noch größere Packung benötigt wurde, um über Datenmengen zu reden. Man nahm dann 1024 KiloBytes und nannte das ganze *MegaByte* (MB). Ein MegaByte sind also 1024 KiloBytes. 1024 KiloBytes sind $1024 * 1024 = 1048576$ Bytes. Und diese Zahl mal acht genommen (Denken sie daran, acht Bit sind ein Byte!) ergibt 8388608 Bit. Wenn heute also locker über Megabytes gesprochen wird, ist die Rede von über acht Millionen minimalen Entscheidungsmöglichkeiten.

Wenn Sie bisher eine Hochachtung vor Computern hatten, kann ich Ihnen diese gleich wieder austreiben, denn das einzige, was Computer wirklich gut können, ist mit diesen zwei mickrigen

Computer machen genau das

---

[10] Die Zahl von acht Bits ist übrigens historisch, man hätte (und hat zeitweise) auch neun oder vier Bit zur Bündelung verwendet.

Entscheidungsmöglichkeiten zu hantieren. Wenn ein Computer ein Bild anzeigt, arbeitet er digital (digit: engl. Ziffer, also etwa „ziffrig"). Er teilt das Bild in kleine Klötzchen bzw. Punkte *(Pixel)* ein und speichert zu jedem die Farbe, die er in Anteile von Rot, Grün und Blau zerlegt. Er fragt also „Wie rot ist der Punkt?", „Wie blau ist der Punkt?" und „Wie grün ist der Punkte?" und spielt unser obiges Brötchenspiel, um an diese drei Werte zu kommen. Das macht er zu jedem Bildpunkt! Stellen Sie sich einmal den Aufwand vor! Die absolute Hauptarbeit von Computern ist, mit den oben erwähnten Entscheidungsmöglichkeiten umzugehen, der Rest ist technisch gesehen mehr Nebensache.

Sie wissen jetzt im Idealfall, was ein digitaler Wert ist, aber was ist nun das Besondere? Der Clou ist, dass praktisch jede Information, egal ob als Ton oder als Bild oder als anderer Wert, so umwandelbar ist, wie wir es gerade gemacht haben. Diese Umwandlung nennt man *Digitalisierung.* Das digitale Verfahren zieht Informationen praktisch eine Uniform an. Ein Ton besteht aus einer Ansammlung von Schallwellen. Wenn wir ein Mikrofon aufstellen, werden in lauter extrem feinen Kohlestückchen in diesem Mikrofon elektrische Widerstände verändert, und wenn wir einen Verstärker anschließen, erhalten wir pro Zeiteinheit einen gewissen Strom, der so-und-so-viel Volt hat. Die Voltzahl ist als Zahl irrational (sie erinnern sich? Unglaublich viele Nachkommastellen, nicht genau bestimmbar), aber wir können sagen: Wenn es ungefähr dieser oder jener Wert ist, nehmen wir es einfach als genau diesen Wert. Sonst würden wir wahnsinnig werden und uns nie zufrieden geben können! Hier tritt ein typisches Merkmal der Digitaltechnik ein: Informationsverlust. Wenn wir nur noch ungefähr messen, verlieren wir kleinere Unterschiede. Je gröber wir messen, desto weniger genau ist das digitale Ergebnis; In der Technik nennt man dies einen *Quantisierungsverlust.* Eine Schallwelle, die wir hundert mal pro Sekunde gemessen haben (das ist eine Frequenz von 100 Hertz), ergibt ein miserables Ergebnis bei der Wiedergabe. Heutige Computer messen den Wert eines Klangs beim Aufnehmen 44.000 mal(!) in der Sekunde und geben jedem dieser 44.000 Meßergebnisse einen Wert von null bis 65535, je nach Druckstärke.

Die wichtigste Aufgabe jedes digitalen Geräts, egal ob CD-Player, Computer oder Handy, ist, die endlos durchlaufenden Bits und Bytes originalgetreu weiterzuleiten, ohne Fehler einzubauen. Wenn Sie analoge und digitale Technik salopp vergleichen möchten, stellen Sie sich Analogtechnik wie Mönche beim Kopieren von Handschriften vor und Digitaltechnik wie eine Rotationsdruckpresse. Die manuellen Kopierer machen recht oft Fehler und schreiben sehr individuell, während eine Druckpresse immer und immer wieder genau das gleiche abdruckt und Fehler höchstens durch falsche Druckvorlagen entstehen.

Wenn wir also gleich über Dateiformate reden, handelt es sich immer um uniformierte Daten, die in vielen Fällen aus der materiellen Welt für den Computer in digitale Daten übersetzt wurden. Diese Daten (die wie gesagt nur aus zwei unterschiedlichen Entscheidungsmöglichkeiten zusammengebaut sind) speichern digitale Geräte dann schön hintereinander in einer Datei.

Wenn Sie von Begriffen wie „Bit" und „Quantisierung" schon ganz verwirrt sind, lassen Sie es mich noch einmal einfacher zusammenfassen: Die meisten Unterhaltungsgeräte und alle Computer dieser Welt[11] arbeiten mit dem sogenannten „digitalen Code". Dieser ist eine Art Morsecode[12], nur wird statt der langen und kurzen Töne die Werte „null" und „eins" verwendet werden. In Dateien werden diese Nullen und Einsen hintereinander abgelegt, sie sind also sozusagen aufgezeichneter Morsecode.

Ich habe diesen Abschnitt auch in der Hoffnung geschrieben, dass er vielen Verantwortlichen die Augen öffnet, wie schutzlos Daten im Internet eigentlich sind. Wer soll das Vervielfältigen von so wunderbar einfach zu kopierenden Daten verhindern?

Eine kleine Ergänzung möchte ich noch hinzufügen: Wenn im nachfolgenden Text von Datenverkleinerung bzw. Komprimierung die Rede ist, geht es im Endeffekt um Fruchtsaft. Wie das? Nun, denken Sie an die Herstellung: Irgendwo auf der Welt werden Früchte geerntet und müssen um die halbe Welt transpor-

Komprimierung

---

[11] Abgesehen von einigen wenigen Ausnahmen.
[12] http://www.morsecode.dutch.nl/index2.html

tiert werden, um ausgepresst, in Flaschen abgefüllt und verkauft zu werden. Nun bestehen Früchte aber zu einem Gutteil aus Wasser, das ja eigentlich beim Transport überflüssig ist — entsprechend presst man heute oft bereits am Ernteort die Früchte aus und dampft den Saft ein zu Fruchtsaftkonzentrat. Für den Transport ist dies eine enorme Erleichterung, denn das Gewicht des Wassers fällt ja weg. Am Bestimmungsort angekommen, wird das Wasser einfach wieder hinzugefügt, und fertig ist der Saft.

Genauso funktioniert auch die Datenverkleinerung im Computer bzw. im Internet: Daten werden auf die geringste Größe konzentriert, so dass zwar ihre Eigenschaften erhalten bleiben, aber kaum noch überflüssige Informationen enthalten sind, die zum Transport nicht notwendig sind. Am Zielort werden aus diesem Datenkonzentrat wieder normale Daten gewonnen. Ob bei dieser Methode am Ende ein „Vitaminverlust" eintritt, hängt von der Art der Komprimierung ab. Einige im weiteren Verlauf beschriebene Verfahren sind nicht verlustfrei, d.h. am Ende kann nicht der gesamte Datensatz wieder komplett hergestellt werden. Andere funktionieren so gut, dass ein Verlust gar nicht erst entsteht. Je nach Verwendungszweck ist das eine oder das andere akzeptabel.

8.8 Textformate

Wenn Sie gerade neu in das Thema einsteigen, sind Sie womöglich schon erschlagen von den vielen Dingen, die im Internet wichtig sind. Der einfachste Weg für mich wäre, Ihnen alle technischen Probleme zu ersparen und zu empfehlen, die Entscheidungen anderen zu überlassen, aber ich halte es für unbedingt notwendig, einige technische Details zu vermitteln, weil sich daran bis heute entscheidet, ob ein Internet-Auftritt gut zu benutzen und erfolgreich ist. Dazu gehört unter anderem die Wahl der richtigen Textformate.

8.8.1 Warum Textformate?

Einen Text verfassen? Ein Tisch, ein Stuhl, ein Blatt Papier und ein Stift. In der normalen Welt reicht schon das, um Texte schreiben zu können. Aber wie zu erwarten, ist das Verfahren im Umgang mit dem Computer schon deutlich schwieriger. Ein Rechner speichert Text prinzipiell als Zahlen. Jeder Buchstabe hat also eine bestimmte korrespondierende Zahl. Heute praktisch vollständig durchgesetzt hat sich dabei der sogenannte ASCII, der *American Standard Code for Information Interchange*[13]. Mit diesem Codesystem werden aus immer den gleichen 127 Buchstaben und Ziffern immer die gleichen dazugehörigen Zahlen. Ein paar Sonderzeichen sind auch mit dabei.

Das Dumme ist nur: Mehr als Buchstaben und Ziffern erhält man damit nicht. Wie will man etwa ein Wort gesperrt schreiben? Oder unterstrichen? Oder noch kurioser: Wie will man einen Hyperlink setzen? Die einzige Lösung war, vor bzw. hinter betroffene Textstellen kurze Befehle (aus Buchstaben!) zu schreiben, was denn nun zu tun ist. Programme konnten dann beim Einlesen des Textes diesen auf dem Bildschirm oder dem Drucker wirklich so darstellen, wie es gedacht war. Auch hier gibt es wieder sehr verschiedene Dateiformate, die bestimmen, *wie* in Dateien diese zusätzliche Information gespeichert wird. Die Sperrung von Text wird in der World-Wide-Web-Sprache HTML zum Beispiel so erreicht: `<b>gesperrt</b>`, in dem Dokumenten- Austausch-Format RTF aber so: `{\b gesperrt}`. Mit dem Satzprogramm TeX ist es wieder anders, hier ergibt sich zum Beispiel: `{\bf gesperrt}`

Befehle als Text

Sie sehen schon: Das ganze ist ein weites Feld, und die „normalen" Benutzer können froh sein, dass sie von so etwas weitestgehend verschont bleiben. Da es aber im Internet nur recht wenige gut funktionierende Systeme für Text gibt und viele schlecht arbeitende, werde ich diese jetzt einmal durchgehen, damit Sie einen Überblick haben.

---

[13] `http://webopedia.internet.com/TERM/A/ASCII.html`

8.8.2 ASCII — American Standard Code for Information Interchange

Technisch
sehr einfach

Dies ist der Urvater aller anderen Formate, er enthält bis auf die Möglichkeit des Zeilenumbruchs keine Formatierungsmöglichkeiten[14] und ist im Internet nur eingeschränkt zu verwenden. Viele internationale Umlaute sind nicht benutzbar, ASCII orientiert sich an den geringen Anforderungen der amerikanischen Schrift. Eine brauchbare Erweiterung für die europäische Region ist das sogenannte Latin-1-System, das im World Wide Web der Standard ist, aber leider erst spät normiert wurde, als sich ASCII schon lange verbreitet hatte. Der unbestrittene Vorteil ist, dass dieses Format auf *jedem* gebräuchlichen Rechner angezeigt werden kann, auch auf einem dutzend Jahre alten PC.

8.8.3 HTML — Hypertext Markup Language

Im WWW
der Standard

Das typische Format des World-Wide-Web bietet viele Formatierungsmöglichkeiten und passt sich bei richtiger Verwendung jedem Computer und jedem Browser an. Es ist im Internet allen anderen vorzuziehen, wenn die Fähigkeiten des Formats ausreichen. Wir hatten es schon in 2.2.1 besprochen. HTML ist das einzige „echte" Web-Format und sollte so oft benutzt werden wie nur irgend möglich. Suchmaschinen sind, ganz davon abgesehen, auch darauf angewiesen. Nur mit HTML können Sie das Internet durchkämmen und von einer Seite zur anderen springen. Das Format wurde den Privatpersonen, Forschern und Unternehmen im Internet kostenfrei zur Verfügung gestellt und ist deshalb selber frei für jede Benutzung.

HTML hat auch einige große Brüder, zum Beispiel XML[15] und XHTML[16], und einen geistigen Übervater, SGML[17] genannt,

---

[14] Unter Formatierung versteht man die sichtbare Gliederung eines Textes mit Einrückungen, Schriftarten etc.

[15] `http://www.w3.org/XML/`

[16] `http://www.w3.org/MarkUp/`

[17] `http://www.w3.org/MarkUp/SGML/`

doch diese spielen auf den Rechnern der Internet-Besucher selber
derzeit keine Rolle.

8.8.4 RTF — Rich Text Format

Das Textaustauschformat RTF (etwa: Format für angereicherten
Text) wurde mit der Textverarbeitung Microsoft Word populär
und ermöglicht dort den meist problemlosen Transport von einfacher Formatierung (Fettschrift, Tabellen usw.) zwischen verschiedenen Wordversionen und anderen Programmen (zum Beispiel dem unter dem Alternativ-Betriebssystem Linux beliebten
StarOffice). Im Internet ist es bedingt einsetzbar, meist als klei-
neres Übel im Vergleich zum DOC-Format.

Statt Word-Dateien

8.8.5 PDF — Portable Document Format

Das Portable Document Format wurde von Adobe[18] zum elektronischen Austausch von Papierdokumenten entwickelt. Genau
diese Aufgabe erfüllt es auch recht gut, es ermöglicht mit Ab-
stand den besten Transport von Layout über das Internet. Designer mögen es sehr gerne, weil sie an ihrem bestehenden Ar-
beitsverhalten überhaupt nichts ändern müssen, doch das ist nur
die halbe Miete. Benutzerfreundlichkeits- Papst Jakob Nielsen[19]
rät von PDF als *Alternative* zum HTML-Format im World Wide Web ab, weil es in seiner Betrachtungsart weder den Compu-
termonitoren entspricht (es arbeitet meist mit DinA4-Formaten)
noch sich den jeweiligen Möglichkeiten des benutzten Computer-
Systems anpasst[20]. Seine und auch meine Schlussfolgerung ist
deshalb, das PDF-Format im Internet sparsam zu verwenden,
und zwar nur für Dokumente, die *gedruckt* werden sollen oder
unbedingt ein ganz besonders kompliziertes Layout brauchen.

Unter Designern beliebt

---

[18] http://www.adobe.com
[19] http://www.useit.com/jakob/
[20] http://www.useit.com/alertbox/20010610.html

Die Originalprogramme zum Erstellen von PDF-Dateien sind übrigens recht teuer (angefangen bei etwa 300 Euro), aber es gibt kostengünstigeren Ersatz[21].

Am PDF-Format zeigt sich auch sehr eindrucksvoll, dass der frühe Vogel auch hier den Wurm gefangen hat. PDF entstand, als HTML noch in den Kinderschuhen steckte und entwickelte sich aufgrund der Nische (HTML *beschreibt* Seiten, während PDF sich möglichst genau an ein jeweiliges Layout hält und dieses direkt umzusetzen sucht.) langsam aber sicher zum Quasi-Standard für fertige, auszudruckende Dokumente im Web. Die Internet-Gemeinde hat dem PDF-Format derzeit wenig entgegenzusetzen, höchstens die Formate PS/DVI, die aber eher leidlich von den großen Herstellern unterstützt werden.

8.8.6 DOC — Word File Format

Das Dokumentenformat von Microsoft Word, erkennbar an der Endung DOC, ist kein Austauschformat für Dateien, es ist nur für die Zwischenspeicherung auf *einem* Computer durch *ein* Programm (nämlich Microsoft Word) gedacht. Es gibt die verschiedensten Probleme damit, von Ladefehlern (weil die Versionen von Word nicht übereinstimmen, die zum Laden und zum Speichern verwendet wurden) bis hin zu Computerviren, die in DOC-Dateien lungern können (sogenannte Makroviren). Davon abgesehen enthalten DOC-Dateien oft sogar noch alte Bearbeitungszustände des Dokuments, die auf keinen Fall enthalten sein sollten. Ein genauer Blick kann aus einem solchen Dokument zu Tage fördern, wie es vor der letzten, vorletzten Bearbeitung etc. aussah. Falls das jetzt etwas sonderbar klingt, stellen Sie es sich vor wie bei alten Gemälden, denen mit Röntgenuntersuchungen oft genug die unterliegende Skizze des Künstlers entlockt werden kann. Mit etwas Phantasie kann man sich vorstellen, warum das bei Geschäftsdokumenten verheerend sein kann.

Proble-
matisch

---

[21] Siehe `http://www.pdfzone.com`

Das DOC-Format ist so problematisch, dass es nicht ins Internet gehört, egal für welchen Zweck. Ein Ersatz ist in praktisch jedem Fall durch das harmlosere RTF möglich. Da Microsoft Word schon seit langer Zeit auch HTML-Dateien abspeichern kann, ist eine Umwandlung auch in dieses Format sehr einfach zu bewerkstelligen.

Nicht ins WWW stellen

8.8.7 Exoten

Neben den bisher erwähnten Formaten gibt es noch einige Exoten, die im Internet weniger angebracht sind, weil sie nur von wenigen Computern angezeigt werden können.

PS — PostScript files. Besonders in der wissenschaftlichen Gemeinschaft wird das Postscript-Format, eigentlich ein Standardformat für Drucker(!), gerne und ausführlich benutzt. Oft werden solche Dateien zusätzlich mit Komprimierungsprogrammen verkleinert, so dass das schnelle Öffnen der Dokumente weiter erschwert wird. Die Verwendung ist dabei oft nicht einmal verkehrt in der jeweiligen Zielgruppe, denn das an den Universitäten sehr oft anzutreffende Betriebssystem Unix kommt mit den PostScript-Dateien gut klar. Es hilft aber wieder nichts: Ihr Auftritt sollte frei davon sein — eine Umwandlung in vorzugsweise das PDF-Format ist dringend anzuraten.

Druckerformat

DVI — DeVice Independent format. Das Satzprogramm TeX und seine Erweiterung, LaTeX, (mit denen unter anderem auch dieses Buch gesetzt worden ist) sind ebenfalls — aus gutem Grund — in der wissenschaftlichen Gemeinschaft sehr verbreitet, im World Wide Web ist das davon erzeugte Dateiformat DVI aber nur mühselig zu benutzen. Es ist auf vielen verschiedenen Wegen möglich, diese Dateien schnell und einfach in zum Beispiel das PDF-Format zu bringen. Dazu stehen Werkzeuge wie das Zusatzprogramm pdfTeX zur Verfügung.

Zwischenformat

PPS — Microsoft PowerPoint Slides. Diese vom Präsentationsprogramm Microsoft PowerPoint[22] erzeugten Folien finden sich öfter als zu erwarten wäre auch im World Wide Web. Zwar bietet das Format sehr angenehme und umfangreiche Möglichkeiten zur Erstellung von Präsentationen, funktioniert aber nur auf Rechnern, die Power Point oder ein entsprechendes Anzeigeprogramm installiert haben. Da es auch einige Sicherheitsprobleme gab und gibt, sollte von der Benutzung im World Wide Web eher abgesehen werden. Interessant wird es natürlich, wenn Präsentation etwa in einem internen Netzwerk (Intranet) herumgereicht und verbessert werden. Da dies aber zu weit führen würde, möchte ich dieses Thema nicht weiter beleuchten. Nur noch eins: Sie sollten die Dateien möglichst brauchbar konvertieren. Schon einige Autoren leisteten sich den Patzer, ihre Folien als große Bilder, je eine Folie pro Seite ins Netz zu stellen. Es gibt deutlich bessere Wege der Umwandlung, auch hier bietet sich wieder PDF an.

8.8.8 Und was verwenden?

Nach der obigen Aufzählung der verschiedenen Formate dürfte manchen Lesern schon der Kopf rauchen, aber spätestens bei der Entscheidung, welches eigentlich verwendet werden soll, wird es wirklich schwierig. Es gibt auch hier wieder Parteilichkeit auf allen Seiten. Die Designer lieben das PDF-Format, weil es so herrlich unkompliziert ist. Die Internet-Experten haben sich in das HTML-Format verschossen, weil es so wunderbar übertragbar auf andere Computer ist. Schreiber benutzen meist das DOC-Format, ohne es überhaupt zu wissen.

Ich möchte so an die Sache herangehen, dass jedes sinnvolle Format zu seinem Recht kommt. Die „Fahnenstange" im Internet beginnt dabei unten mit dem HTML-Format. Es ist die Basis für Internetseiten, ein Standard und sollte immer dann verwendet werden, wenn seine Fähigkeiten ausreichen. Warum mehr

---

[22] `http://www.microsoft.com/office/powerpoint/`

verwenden, wenn es für den Betrachter mehr Probleme verursacht und Zeit kostet? Der nächste Schritt ist PDF. Dies soll-   Sonst PDF
ten Sie verwenden, wenn Text besonderes Layout für den Ausdruck erhalten soll. Möglichst bieten Sie *sowohl* PDF *als auch*
HTML an, das gibt dem Besucher auch das gute Gefühl, dass
seine Bedürfnisse (schnell etwas zu finden und es gut lesen zu
können) verstanden werden. Wenn Sie Texte mit kompliziertem
Layout übertragen möchten, die dann ohne Probleme in Microsoft Word bearbeitet werden können (zum Beispiel, um die in
Word vergrabene, angenehme Korrekturfunktion zu verwenden,   Im Notfall
mit der man wie ein Lehrer anstreichen und verbessern kann),   RTF
verwenden Sie RTF. Die Formate DOC, PS, DVI und PPS verwenden Sie im World Wide Web besser überhaupt nicht, außer
für Spezialfälle.

Format	*für*	*Sinvoll im Web?*
ASCII	Sehr einfache Texte	Ja
HTML	Texte jeder Art mit Illustrationen	Ja
PDF	Texte und Präsentationen	Ja
RTF	Texte jeder Art mit Illustrationen	(Nein)
DOC	Spezialformat von Word	Nein
PS	Drucker–Ausgabe–Format	Nein
DVI	Spezialformat von $\mathrm{T_{\!E}\!X}$	Nein
PPS	Spezialformat von Power Point	Nein

Tabelle 8.1. Übersicht der geläufigen Textformate

8.9 Bildformate

Wir hatten oben bereits angerissen, dass Computer Bilder in Form von kleinen Klötzchen darstellen. Jedes dieser Klötzchen (Pixel) hat eine eigene Farbe, wie in einem Mosaik. Je kleiner die Steine, desto naturgetreuer ist ein Mosaik, und ebenso verhält es sich bei Bildern im Computer. Sie haben bestimmt schon einmal von „Auflösung" auf Webseiten gehört. „800 mal 600" oder „1024 mal 768" sind Schlagwörter, die aber oft kaum jemand versteht. Es geht dabei einfach nur um die Zahl der zur Verfügung stehenden Pixel auf dem Bildschirm. Bei einer Auflösung von 800 * 600 Pixeln haben sie 800 Bildpunkte horizontal und 600 Bildpunkte vertikal zur Verfügung, um darauf einen Computer zu bedienen bzw. eine Internet-Seite darzustellen — das sind 480.000 Klötzchen.

Bilder aus Klötzchen

Abbildung 8.2. Umwandlung einer Photographie in ein grobes Raster

Um den Unterschied deutlich werden zu lassen, schauen Sie sich einmal die Abbildung 8.2 an. Links sehen Sie die Photographie im Original[23], rechts wurde Sie in eine Art Mosaik umgewandelt. Ungefähr so würde auch ein Insekt mit Facettenaugen die Sonnenblume „sehen". Ein Bild auf dem Computer, und damit

Auflösung

---

[23] Ich habe sie ein wenig beschummelt. Natürlich wurde auch das sogenannte Original für den Druck dieses Buches in ein Raster gebracht. Das Druckraster ist aber viel feiner als im Mosaikbeispiel.

auch im Internet, liegt immer in einer gewissen *Auflösung* vor, d.h. das Bild selbst löst sich in viele kleine Mosaiksteinchen auf. Je feiner die Auflösung ist, desto mehr Platz benötigt solch ein Bild, und desto langsamer ist es im Internet zu übertragen.

Wenn es um Bilder geht, wird der Computerexperte übrigens ganz schnell zum Mathematiker. Sollten Sie sich noch dunkel an Koordinatensysteme aus der Schule erinnern, verstehen Sie wahrscheinlich am besten, warum man die horizontale „Breite" eines Bildes als „x" bezeichnet wird und die vertikale „Länge" eines Bildes als „y".

Ein anderer wichtiger Punkt ist die Menge an Farben in einem Bild. Sie mögen jetzt sagen, dass das doch ein ziemlich nebensächlicher Punkt sein müsste, aber Computer haben mit der Menge an Farben ziemlich zu kämpfen. Ursprünglich hatten Computer nur die Möglichkeit, monochrome schwarzweiße Bilder darzustellen. Es ging weiter über vier Farben, acht, 16 etc. bis hin zur heutigen Anzahl von Millionen Farben. Wenn Sie etwas von „Bit" lesen, zum Beispiel „16 Bit", können Sie die Anzahl Farben relativ einfach dadurch errechnen, dass Sie die Zahl 2 so-und-so oft mit sich multiplizieren, wie Bits vorhanden sind. Im Falle „16 Bit" wären das also 2^{16} (65536) eindeutige Farben, die jeder Bildpunkt annehmen kann. Man spricht in der Computerwelt deshalb von der „Tiefe" eines Bildes, was hauptsächlich ein Mathematismus ist. Es bedeutet einfach, dass ein Bild im Computer um so mehr einzelne Farben enthalten kann, je „tiefer" es ist.

Um das Ganze noch zu komplizieren, hat man auch noch eine Vielzahl von Wegen erfunden, Bilder in Dateien zu speichern, also praktisch: Bilder in für den Computer verständliche Zeichenfolgen umzuwandeln. Ich möchte hier nicht zu sehr ins Detail gehen, weil Ihnen das nicht viel mehr zum Verständnis helfen würde. Viel mehr möchte ich Ihnen zeigen, welche Bild„formate" für die Nutzung im Internet interessant sind.

8.9.1 GIF — Graphics Interchange Format

Das Grafik-Austausch-Format GIF wurde 1987 vom kommerziellen Netzwerk-Anbieter Compuserve entwickelt, um den kostengünstigen Austausch von Bildern über das Compuserve-Datennetz zu ermöglichen. Es ist beschränkt auf eine Maximalzahl von 256 Farben und daher hauptsächlich geeignet für kleine Logos auf WWW-Seiten. GIF-Dateien sind aufgrund einer Verkleinerungstechnik (Komprimierung), die die Bildpunkte möglichst optimal speichert[24], meist sehr kurz und damit den anderen Formaten überlegen.

Wenig Farben

Transparenz

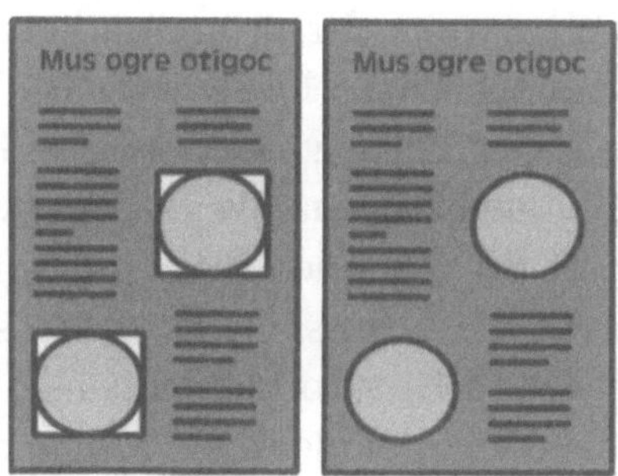

Abbildung 8.3. Bildtransparenz

Ein weiterer Vorteil betrifft die sogenannte Transparenz. Eine Webseite besteht oft aus einem Hintergrund (zum Beispiel einem Muster, um die Seite weniger eintönig zu gestalten) und darüberliegend einem Vordergrund. Da Bilder im Computer nur rechteckig gespeichert werden, entstehen oft sehr unangenehme Effekte.

Schauen Sie sich die Seiten in Abbildung 8.3 an, in denen ein heller Kreis über den Hintergrund gelegt wurde. Der helle Bereich um den Kreis herum ist unangenehm zu betrachten, er ist überflüssig und erscheint wie ein Klotz hinter dem eigentlich runden Bereich. Das GIF-Format kann das verhindern, indem es sich merkt, welcher Bereich des Hintergrunds durchscheinen soll und welcher nicht. Der WWW-Browser lässt in diesem Bereich dann den Platz frei und übermalt den vorher gezeichneten Hintergrund nicht. Das Bild ist immer noch rechteckig, aber man sieht es später gar nicht mehr. Mit dieser Transparenz sind übri-

Ermöglicht weiche Umrisse

---

[24] Das Verfahren selbst (LZW) ist zu kompliziert, um es länglich zu erklären. Eine ausführliche, technische Erklärung gibt es unter `http://dogma.net/markn/articles/lzw/lzw.htm` zu lesen.

gens nicht nur solche runden Formen möglich. Sie können jede beliebige Form (auch im Bild selber) durchscheinend machen.

Ein weiterer Vorteil, der in der Internet-Welt bisher recht einmalig für ein Grafikformat ist, ist die Möglichkeit, Daumenkino-Effekte mit dem GIF-Format zu nutzen. Man spricht dabei von animierten GIFs *(anim GIFs)*. In einer einzigen Datei können mehrere Bewegungsphasen eines Bildes gespeichert sein, so dass Sie die Form eines Diavortrags (bei langsamer Bewegung) oder eines kleinen Filmchens (bei schnellerer Bewegung) nachahmen können. Viele Werbebanner im Internet funktionieren so, weil mit den Bewegungen automatisch Aufmerksamkeit auf den Banner gezogen wird. Ich werde später noch darauf zurückkommen, ob das sinnvoll ist oder nicht. Hier soll erst einmal nur die technische Machbarkeit gezeigt werden.

Daumenkino

Interessant ist noch die Möglichkeit, Bilder im GIF-Format *progressiv* zu speichern. Hierbei wird das Bild in mehreren Schichten übertragen. Die erste Schicht ist noch sehr ungenau und grob, die zweite wird schon feiner und nach einigen Phasen ist das Bild komplett geladen. Für Benutzer im World Wide Web bietet das den Vorteil, dass ein Bild schon schemenhaft erkennbar ist, auch wenn erst eine kurze Zeit lang Daten übertragen werden.

Phasenweise einladen

8.9.2 JPEG — Joint Picture Experts Group format

Das JPEG-Format, ausgesprochen J-Peg, wurde von der oben erwähnten Entwicklergruppe[25], der Bildexpertengruppe der Internationalen Telekommunikations-Vereinigung in Genf[26], entwickelt, um eine möglichst effiziente Speicherung von Bildern auf Computern zu ermöglichen. Die Technik, die dahinter steckt, ist ausgesprochen kompliziert, jedoch lässt sie sich recht einfach erklären. Das Auge sieht bei Helligkeitsunterschieden in Bildern nicht so genau hin, wie es eigentlich sein sollte. Es ist damit

Nutzt Ungenauigkeit des Auges

---

[25] `http://www.jpeg.org/` — „Home site of the JPEG and JBIG committees“
[26] `http://www.itu.org/` — „International Telecommunication Union“

möglich, ein Bild so zu speichern, dass es viel weniger unterschiedliche Farben enthält, als eigentlich notwendig, und trotzdem wirkt es auf den Benutzer noch praktisch genauso. Man hat durch viele Experimente herausgefunden, welche Farben man „vereinfachen" darf und daraus ein Bildformat gemacht, mit dem man Fotografien und generell Bilder mit vielen ähnlichen oder flächigen Farben ausgesprochen gut verkleinern kann. Die Übertragung durch das Internet wird dadurch viel kürzer als üblich.

Angenehm bei der Verwendung ist, dass der Grad der Vereinfachung des Bildes bestimmt werden kann. Je mehr man verkleinert, desto mehr störende Fehler (sogenannte Artefakte) tauchen auf. Wie bereits erwähnt, verändert dieses Verfahren im Gegensatz zu GIF am Bild selber etwas. Es gehen also echte Bilddetails verloren, die später nicht wieder hergestellt werden können. Wenn Sie absolut originalgetreue Bilder über das Internet übertragen wollen, ist JPEG das falsche Format. Das Motto hier ist eher „Lieber schnell als absolut richtig". Trotzdem hat JPEG zu Recht durch das Internet einen überwältigenden Sieg gegen alle anderen Formate gewonnen.

Das JPEG-Format unterstützt leider weder Transparenz noch die Verkettung mehrerer Bildphasen (Diaschau bzw. Kurzfilm). Für Letzteres ist ein Filmformat, MPEG, entwickelt worden. Dazu später mehr.

8.9.3 PNG — Portable Network Graphics

Das PNG-Format wurde Anfang 1997 der Öffentlichkeit vorgestellt[27] und zielt darauf ab, das GIF-Format, das wegen diverser rechtlicher Querelen[28] unter Beschuß stand, zu ersetzen. Die Idee

Ersatz für GIF

---

[27] „History of the Portable Network Graphics Format"
http://www.libpng.org/pub/png/pnghist.html

[28] Die Firma Unisys war in schwieriger finanzieller Lage und wollte nun ausnutzen, dass ihnen das Patent über einen Teil des GIF-Bildformats gehörte. (Und um das sich vorher natürlich niemand geschert hatte, weil UniSys sich wohlweislich mit Informationen zurückgehalten hatte.) Als das GIF-Format längst im Internet etabliert war, forderten sie von jeder

war, das inzwischen fast zehn Jahre alte Format abzulösen und ohne rechtliche Bedenken zu gestalten, mit der Ende der Neunziger Jahre verfügbaren Technik.

Das Ergebnis ist erfolgversprechend. Mit dem neuen PNG-Format ist es möglich, Bilder mit beliebig vielen Farben und vielen Möglichkeiten der Transparenz zu speichern. Eigentlich müsste es daher längst den Siegeszug angetreten haben, aber dem ist nicht so. Zwar unterstützen die wichtigsten Browser das PNG-Format, aber meist eher halbherzig. Eines der wichtigsten Vorteile, die Transparenz, ist im Normalfall nicht per Browser darstellbar, und oft erscheinen PNG-Bilder überhaupt nicht, obwohl sie ganz normal auf Internet-Seiten auftauchen.

Technisch überlegen

Zusammenfassend kann man sagen, dass das PNG- technisch dem GIF-Format weit überlegen ist, aber wegen seiner schlechten Unterstützung in WWW-Browsern noch nicht empfohlen werden kann. Das wird sich über die Zeit ziemlich sicher ändern und ist damit nur eine Situationsbeschreibung. Aktuelle Änderungen publiziert die zuständige Entwicklergruppe auch selber[29]. Es ist zu erwarten, dass das PNG-Format über kurz oder lang das GIF-Format komplett ablösen wird — nur der Zeitpunkt ist noch nicht klar.

Verbreitung dauert noch

8.9.4 BMP — Bit MaP format

Das Bitmap-Format ist ein technisch ausgesprochen einfach zu realisierendes Bildformat, das in seiner Farbanzahl kaum Grenzen kennt und unter Windows bis vor kurzer Zeit das „normale" Format darstellte[30]. Für das Internet ist es völlig ungeeignet, da die entstehenden Dateien extrem groß sind und die WWW-Browser so belasten, dass Seiten mit BMP-Grafiken unangenehm zu bedienen sind.

Einfach zu benutzen

Nicht im WWW

---

kommerziellen Internetseite einen Pauschalbetrag von $5000 zur Nachlizenzierung der vorhandenen GIF-Bilder.

[29] `http://www.freesoftware.com/pub/png/pngstatus.html`

[30] `http://www.faqs.org/faqs/graphics/fileformats-faq/part3/section-18.html`

Die einzige sinnvolle Verwendung ist bei Bildern, die wirklich originalgetreu übertragen werden müssen, etwa bei einem professionellen Fotoarchiv. Aber selbst hier bieten sich das PNG- oder TIFF-Format als ernstzunehmende Alternative an.

8.9.5 TIFF — Tagged Image File Format

Profi-Format

Das TIFF-Format wird gerne in der Werbe- und Druckbranche verwendet bzw. generell dort, wo professionelle Bildbearbeitung stattfindet. Es ermöglicht diverse Möglichkeiten, Bilder zu speichern und die Dateigröße zu verkleinern (so gibt es etwa ein Projekt, JPEG-Daten in einer TIFF-Datei zu speichern), eine beinahe unendlich große Farbanzahl zu verwenden und Farbeigenschaften[31] von Geräten zu speichern. Ich möchte Sie nicht

Umwandlung empfohlen

unnötig verwirren, grundsätzlich lässt sich aber sagen: TIFF stellt damit die eierlegende Wollmilchsau unter den Bildformaten dar[32], wird jedoch im Internet sehr wenig verwendet. Es empfiehlt sich die Umwandlung in JPEG- bzw. GIF-Format, je nach enthaltenem Bildmaterial. Kleine, flächige Darstellungen mit wenigen Farben sind als GIF-Datei am besten aufgehoben, fotoähnliche größere Bilder passen am besten zum JPEG-Format.

---

[31] Geräte, die Bilder einlesen oder ausgeben, wie Scanner, Monitore etc. arbeiten dabei nicht immer mit neutraler Wiedergabe / Aufnahme der vom Auge gesehenen Farben. Deshalb geben die Hersteller dieser Geräte ab einer bestimmten Preisklasse an, wie sie dabei von der Norm abweichen. Nicht jedes Bildformat kann diese Information mit sich tragen.

[32] „The unofficial TIFF home page"
`http://home.earthlink.net/~ritter/tiff/`

8.9.6 Zusammenfassung

Format	für	Farbtiefe	Dateigrößen	Vorteile	Nachteile
GIF	plakative, kleine Bilder	gering	klein	Transparenz, Animation	maximal 256 Farben
JPG	größere Bilder mit vielen Farben (Fotos)	hoch	klein	Sehr kleine Dateien	Verlust an Bilddetails, keine Transparenz
PNG	beliebige Bilder	beliebig	mittel	Lizenzfreier Ersatz für GIF, technisch besser	Wenig unterstützt, Transparenz kaum einsetzbar
BMP	beliebige Bilder	hoch	sehr groß	Technisch sehr einfach realisierbar	Extrem große Dateien, nicht im Internet einsetzen!
TIFF	beliebige Bilder	beliebig	unterschiedlich	diverse Möglichkeiten beim Speichern, sehr flexibel	Im Internet eher ungewöhnlich, vorher in JPEG oder GIF umwandeln

Tabelle 8.2. Übersicht der geläufigen Bilddateiformate

8.10 Klangformate

Auch beim Klang gibt es wieder einige verschiedene Formate, die sich im Laufe der Zeit durchgesetzt haben, besonders im Internet. In der Frühzeit zu Anfang und Mitte der Neunziger gab es noch viele weitere Nischenformate, diese sind aber inzwischen ziemlich bedeutungslos geworden. Da viele der Diskussionen über die Klangqualität der jeweiligen Formate sehr akademisch sind und für den täglichen Gebrauch kaum eine Rolle spielen, werde ich sie nicht sehr weit auswalzen. Wichtig zu wissen ist nur: Je höher die sogenannte Abtastfrequenz (die bestimmt, wie oft eine „Probe" des echten Klangs aufgenommen und im Computer gespeichert wurde) ist, desto besser. Aber auch dies hat eine sinnvolle Grenze, denn Menschen hören nur bis zu einer gewissen Tonhöhe — in jungen Jahren oft bis weit über 12000 Hertz (also Tonschwingungen pro Sekunde), später oft nur noch bis zu wenigen tausend Hertz. Die übliche digitale Aufnahme (auf CDs und bei Computern) nutzt derzeit eine Abtastfrequenz von 44000 Hertz. Ein Mikrofon würde also vom Computer 44000 mal pro Sekunde(!) „gefragt", welche Tonstärke gerade im Raum ist. Aus der Klangtheorie her kann man begründen, dass damit alle Töne bis 22000 Hertz gespielt werden können[33], dies reicht für sehr viele Anwendungsbereiche. Das alte Telefonnetz der Telekom (also nicht ISDN) und die derzeit so beliebten Mobiltelefone verwenden übrigens, da die relevanten Töne der Sprache nur etwa bis 4000 Schwingungen pro Sekunde erreichen, meist nur 8000 Hertz Abtastfrequenz[34].

Übrigens löst die Antwort auf die Abtastfrequenz auch das Mysterium der lispelnden Aufzüge. Inzwischen sagen viele davon ja mit einer aufgezeichneten Stimme Dinge wie „erster Stock" an, aber es klingt stark gelispelt. Das liegt daran, dass die Aufzugbauer möglichst wenig Speicherplatz für diese Ansagen verbrauchen wollten. Sie haben also die Abtastfrequenz der Stim-

---

[33] Der Satz von Nyquist begründet dies auch, aber es ist sehr mathematisch. Siehe z.Bsp. `http://www.digital-recordings.com/publ/pubneq.html` oder `http://www.opus1.com/~violist/help/nyquist.html`

[34] `http://www.ddj.com/articles/1994/9412/9412b/9412b.htm?topic= realtime`

me stark reduziert, um Platz zu sparen — Der entscheidende
Nachteil ist aber, dass besonders die Zischlaute sich nicht in die
üblichen relativ tiefen Töne der Stimme einfügen, sondern recht
hohe Frequenzen haben. Da diese aber wegen der geringen Abtastfrequenz nicht richtig aufgezeichnet werden können, hört es
sich so sonderbar lispelnd an.

8.10.1 MP3 — MPEG Audio Layer-3

Das Format mit dem komplizierten Namen war der erste massen-
wirksame Durchbruch für Musik im Internet. Entwickelt wurde
es seit 1987 vom Institut für integrierte Schaltungen (Integrierte
Schaltungen werden landläufig „Chips" genannt) des Fraunhofer
Instituts in Erlangen[35], der Durchbruch gelang aber erst mit der
breiten Internet-Versorgung der Bevölkerung Ende der Neunziger. Mit dem MP3-Format kann Sprache oder Musik sehr stark
elektronisch verkleinert werden, obwohl relativ wenig Klangqua-   Nutzt
lität verloren geht. Wir hatten vorhin schon besprochen, dass   Schwächen
das Bildformat JPEG die Details vom Bild entfernt, die das Au-   des Ohres
ge sowieso nicht besonders gut wahrnimmt, und MP3 macht es   aus
ganz ähnlich, nur eben mit Klang. Man hat durch lange Forschung mit tausenden Hörtests herausgefunden, wie der Mensch
bestimmte Tonhöhen wahrnimmt, und hat sich dann ein Verfah-
ren überlegt, mit dem die „überflüssigen" Frequenzen aus Musik   Sehr kleine
und Sprache entfernt werden können, ohne dass man dies hörbar   Dateien
wahrnimmt[36]. Es werden also bei der Verkleinerung Klangin-
formationen weggenommen, man nennt das Verfahren deshalb
verlustbehaftet *(lossy)*[37].

MP3 (und sein Vorgänger MP2) eignen sich dank ihrer sehr guten Daten-Verkleinerung (Komprimierung) um erstaunliche 90%
sehr gut für die Internet-Übertraung von Musik und Sprache. Ein

---

[35] `http://www.iis.fhg.de/`
[36] `http://www.iis.fhg.de/amm/techinf/layer3/`
[37] Falls Sie das Thema Hören noch mehr interessiert: JOURDAIN (2001) hat
vieles mehr dazu zusammengetragen, er konzentriert sich vor allem auf
die musikalische Wahrnehmung und deren Entstehung.

übliches dreiminütiges Lied dauert bei üblicher Modem-/ISDN-Verbindung nicht mehr mehrere Stunden zum Herunterladen, sondern nur noch etwa 10-20 Minuten.

Leicht kopierbar

Sie sollten jedoch daran denken, dass die angenehm kleinen Dateien auch von Privat an Privat sehr leicht kopierbar sind. Dank Napster (inzwischen aufgekauft und kaltgestellt) tauschten Hunderttausende Benutzer Millionen Lieder über das Internet, ohne auch nur einen Pfennig dafür zu bezahlen. Die Rechtslage ist hinreichend unsicher, als dass sich sowohl Argumente für als auch wider dieses Vorgehen finden lassen. (Obwohl der gesunde Menschenverstand einem schon mitteilt, dass da Elemente des Diebstahls enthalten waren. Aber wie definiert man Diebstahl an einer Sache, die man beliebig kopieren kann?)

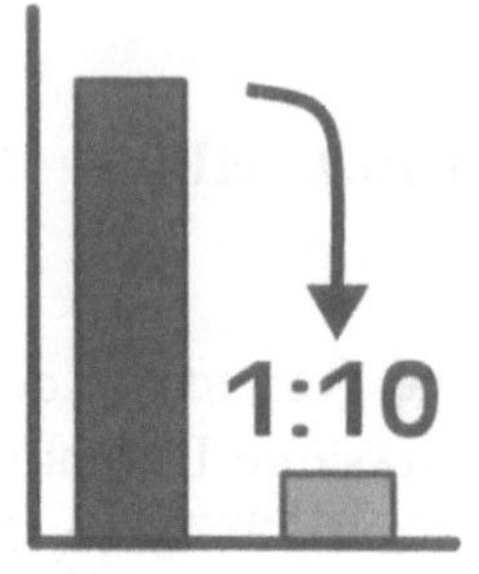

Abbildung 8.4.
Datenverkleinerung durch MP3

Kopierschutz gibt es nicht

Einen brauchbaren Kopierschutz gibt es übrigens nicht, und er wird wahrscheinlich auch nicht kommen, obwohl entsprechende Versuche seit Jahren laufen. Man spricht dabei von der sogenannten digitalen Rechteverwaltung *(DRM, digital rights management)*, an dem unter anderem auch das bereits erwähnte Fraunhofer-Institut arbeitet. Gehen Sie davon aus, dass findige Experten *immer* einen Weg finden werden, um solche Verfahren zu „knacken" und umgehbar zu machen.

Ein echter und absolut wirkungsvoller digitaler Kopierschutz ist zudem ein Widerspruch in sich (digitale Daten sind ja gerade digital, *damit* man sie leicht kopieren kann) und wird sich mit der derzeitigen Technologie nie realisieren lassen[38].

---

[38] Ein echter Musikkopierschutz würde technisch gesehen erst dann funktionieren, wenn man Menschen die Ohren lahmlegt und durch hörende Computerchips ersetzt, die genau kontrollieren, was gehört werden darf. Aber das wäre wohl etwas unpopulär, auch wenn wohl recht wenig Menschen Orwell und Huxley gelesen haben.

Die Musikindustrie versucht nichts desto trotz mit so viel Nebelkerzen wie möglich, diese Situation zu verschleiern[39]. Entsprechend kommt auch Prof. Edward Felten von der Princeton University zu dem vernichtenden Schluß: „Letztlich wird es immer technisch möglich sein, geschützte Inhalte zu kopieren, wenn ein Kunde diese Inhalte sehen oder hören kann."[40]

Ich erkläre dies detailliert, weil Sie nicht glauben dürfen, sie könnten mit irgendeinem zukünftigen Verfahren *alle* Benutzer davon abhalten, Musikdaten vor dem Kopieren zu schützen. Sie können vielleicht die unerfahrenen und naiven Benutzer davon abbringen, aber nicht die erfahrenen. Bauen Sie *keinen* Geschäftsplan auf anderslautende Mutmaßungen auf, damit sind schon zu viele Firmen baden gegangen.

8.10.2 WAV — Wave Format

Dieses eher urtümliche Format entspricht etwa dem bereits beschriebenen BMP-Format bei Bildern: Es ist sehr einfach aufgebaut, für Programmierer angenehm zu verwenden, aber benutzt keine Datenverkleinerung. Damit ist es im Internet nur für kurze Klänge oder für Musik/Sprache, die unbedingt ohne jede hörbare Veränderung verschickt werden soll, sinnvoll.

8.10.3 RA — Real Audio Streams

Die Firma Real[41] war eine der ersten, die Mitte der Neunziger das Potential der sogenannten Streaming-Technik ausnutzte. Streaming klingt für den Laien erst einmal nichtssagend, aber es verbirgt sich eine interessante Idee dahinter. Beim damals vorherrschenden WAV-Format mussten Klänge immer komplett als Datei heruntergeladen werden. Man wartete also im schlimmsten

---

[39] `http://www.heise.de/newsticker/data/cp-18.05.01-001/`
[40] Schlußsatz aus `http://cryptome.org/sdmi-attack.htm`
[41] `http://www.real.com`

Streaming

Fall minuten- oder gar stundenlang, um dann erst etwas hören zu können. Der Trick beim Streaming ist nun, dass man mit einem kleinen Trick dafür sorgt, dass der Klang bereits während des Herunterladens hörbar ist. Da der Begriff so abgehoben klang, übernahm man den Begriff „Datenstrom"[42] aus der Informationstheorie in etwas veränderter Form.

Passt sich an Geschwindigkeit

Das Abspielprogramm kommuniziert mit einem Serverprogramm der Firma mit einem auf die jeweils verfügbare Schnelligkeit der Internet-Anbindung entsprechenden Datenstrom (das sind schlicht und ergreifend aufeinander folgende Zahlenfolgen, bitte stellen Sie sich nichts abstrus kompliziertes darunter vor). Ein Benutzer mit einem langsamen Modem erhält dadurch einen Strom mit weniger Details, der dafür aber nicht mangels Leitungskapazität abreißt, sondern eben nur in der Qualität schlechter ist. Ein anderer Benutzer mit schneller Standleitung bekommt stattdessen die beste Qualität geliefert.

Je schneller, desto besser

Mit dieser Technik war es erstmals einfach möglich, Klänge für *alle* Internet-Benutzer bereit zu stellen — die Anpassung an die jeweilige Leistungsfähigkeit der Netzwerkanbindung wurde vom Real-Server mit dem Abspielprogramm RealPlayer erledigt. Leider stellte sich hier auch das erste Mal wirklich heraus: Für Texte mögen Modems und ISDN gut geeignet sein, aber für die Übertragung von Klängen ist die Kapazität schon sehr sehr ausgelastet, und mit Qualitätseinbußen muß gerechnet werden. Kritiker haben den Klang schon öfters beschrieben wie „in einer Kloschüssel" und schlimmeres. Dies liegt wie gesagt nicht an einem bestimmten Produkt, sondern schlichtweg an den schlechten Verbindungen der meisten Benutzer ins Internet. Daumenregel dafür ist:

Schnelle Modemverbindungen (etwa 3-5 Tausend Byte pro Sekunde) reichen bei Streaming-Technik für eine einigermaßen brauchbare Übermittlung

---

[42] Technisch gesehen ist eigentlich *jede* normale Übertragung vom und ins Internet ein Datenstrom, aber der Begriff war damals selbst unter den erfahrenen Benutzern unbekannt, deshalb konnte man ihn gut beibehalten.

von Klängen, so lange es nicht auf Qualität ankommt. Die Qualität bei ISDN-Verbindungen (etwa 6-8 Tausend Byte pro Sekunde) ist akzeptabel, aber noch nicht optimal. Gut wird es erst ab Datenraten, die Standleitungen bieten (zum Beispiel das gerade eingeführte T-DSL der Deutschen Telekom[43], dessen Leitungen unter anderem untervermietet werden und dann unter anderem Namen auftaucht.)

Real hat sich heute mit dem RealAudio-Format trotzdem längst etabliert, kleinere Konkurrenten sind schon länger von der Bildfläche verschwunden. Da Microsoft nach einiger Zeit feststellte, dass sie beim Streaming ins Hintertreffen gerieten, begannen sie vor einiger Zeit, Real Konkurrenz zu machen. Dazu jetzt mehr.

8.10.4 Windows Media Audio

Die Formate WMA und ASF *(Advanced Streaming Format)*, die vom Windows Media Player[44] verwendet werden, sind die Antwort von Microsoft auf den Streaming-Boom der späten Neunziger. Sie sind als Frontalangriff auf das Quasi-Monopol der Firma Real zu verstehen und haben inzwischen zur Bildung eines Oligopols (Real und Microsoft) geführt. Technisch kann der Media Player all das, was der RealPlayer auch kann, nur hat Microsoft sich noch etwas mehr Mühe gegeben, das Format an das Urheberrecht anzupassen. Es ist so möglich, eine prinzipiell brauchbare Verschlüsselung der Klanginhalte zu erreichen, so dass ein Kopieren der Klänge zumindest erschwert wird. Kopieren unmöglich machen, das hatten wir gerade besprochen, ist bei digitalen Daten eine Illusion.

Verschlüsselung

Ob sie das Windows-Media- oder das Real-Audio-Format verwenden, ist aus praktischer Sicht inzwischen herzlich egal. Die

50/50-Verteilung

---

[43] `http://www.telekom.de/t-dsl`
[44] `http://www.microsoft.com/windows/windowsmedia/`

Nutzerzahlen sind derzeit etwa ausbalanciert[45], wobei es bisher meistens so war, dass Microsoft allein durch seine Marktmacht mit dem Betriebssystem Windows im Rücken alle Mitbewerber entweder schluckte oder zahlenmäßig stark dezimierte. Es ist abzusehen, dass der Media Player bald eine Monopolstellung erhält.

8.11 Videoformate

Videodaten
sind riesig

Was wir bisher besprochen haben, war von der Datenmenge her noch relativ harmlos. Wenn es aber um bewegte Bilder geht, wird es wirklich heikel. Die Datenmengen sind ausgesprochen groß, verglichen mit den Internet-Anschlüssen der meisten Nutzer. Unkomprimiert sind Videodaten so riesig, dass sie praktisch untransportabel sind. Selbst die Fernsehprogramme, die im Kabelfernsehen gesendet werden, sind oft schon durch mehrere Stufen der Datenverkleinerung gelaufen, bevor sie bei der Kabelstation und den Haushalten ankommen.

8.11.1 MPEG — Motion Picture Experts Group

Urvater

Dieses Format, ausgesprochen „M-Peg", entwickelt von der Expertengruppe für bewegte Bilder[46] der internationalen Organisation für Standards in Genf, ist der Urvater der meisten anderen Verkleinerungsarten für Video. Es wurde zum Standard für alle großen digitalen Videoanwendungen. So verwenden zum Beispiel alle Video-CDs und alle DVDs diesen Standard. Technisch gesehen gibt es nicht nur ein einziges MPEG-Format, sondern derer mehrere — einige für Klangverkleinerung und einige für die Verkleinerung von Videodaten[47].

---

[45] „Windows Media Player gains on RealPlayer"
    http://www.upside.com/DigitalMedia/3a6cc4074d9.html
[46] http://bs.hhi.de/mpeg-video/
[47] http://www.faqs.org/faqs/compression-faq/part2/section-2.html

Ähnlich dem JPEG-Format (beide Formate sind sozusagen „seelenverwandt") verschluckt das MPEG-Format Bilddetails, um Platz einzusparen. Bevorzugt werden die Details ausgespart, die das menschliche Auge beim Ansehen sowieso nicht merkt, zum Beispiel feine Helligkeitsunterschiede.

Im Internet können Sie MPEG gut einsetzen, es funktioniert praktisch auf jedem Rechner. Sie sollten dafür sorgen, dass die Komprimierung die Filme nicht verunstaltet, die Dateien aber trotzdem akzeptabel kurz sind. Auch für den Aufbau einer großen Datenbank ist MPEG dank seiner Standardisierung eine gute Wahl.

Funktioniert überall

8.11.2 RV — Real Video format

Kurz nach der Entwicklung der RealAudio-Klangverkleinerung entwickelte die Firma Real[48] auch noch eine Verkleinerung für Videodaten. Mit dem sogenannten RealVideo-Format war es möglich, trotz sehr langsamer Internetverbindungen kleine Filmchen durch das Netz zu verschicken, die noch während der Übertragung abgespielt wurden — im Idealfall ohne größere Aussetzer. Diese Technik, Streaming genannt, hatten wir schon im vorigen Abschnitt zu RealAudio besprochen. Allerdings hat Real diese Technik nicht erfunden. Mitte der Neunziger gab es noch viele gleichwertige Programme, die inzwischen jedoch weitestgehend ausgestorben sind. Die einzige Konkurrenz, die noch geblieben ist, besteht aus Microsofts „Media Player" und dem „Quicktime"-System von Apple. Wir kommen gleich dazu.

Video-Stream-Pionier

Das Programm, das RealAudio und RealVideo abspielt, heißt „RealPlayer" und ist im Internet kostenlos erhältlich[49]. Sehr viele erfahrene Benutzer haben es installiert, und für den Rest ist die Installation relativ einfach zu bewerkstelligen.

Recht verbreitet

---

[48] `http://www.real.com/`
[49] `http://www.real.com/player/`

8.11.3 AVI — Audio Video Interleave format

Dieses Format (der Name steht für *Audio Video Interleave*, was in etwa „verschachtelte Klang- und Videodaten" heißt) wurde von Microsoft entwickelt und hat sich bei Rechnern mit dem Betriebssystem Windows rasch verbreitet. AVI ist erweiterbar, was gleichzeitig ein Vor- und ein Nachteil ist. Der Vorteil besteht darin, dass man die Datenverkleinerung[50] bei AVI-Dateien nachträglich den neuesten technischen Errungenschaften anpassen kann[51]. Der Nachteil ist, dass dadurch oft ältere Computer die neueren AVI-Dateien nicht mehr abspielen können, obwohl sie „eigentlich ja AVI abspielen können". Sie sollten bei der Benutzung von AVI-Dateien im Internet also darauf achten, dass keine hypermodernen Methoden der Datenverkleinerung zum Einsatz kommen. Internet-Auftritte sollten keine AVI-Dateien enthalten, deren Technologie erst in den letzten 18 bis 24 Monaten entwickelt wurde. Ansonsten ist kaum etwas gegen den Einsatz von AVI-Dateien im Internet zu sagen.

8.11.4 ASF — Advanced Streaming Format

Das Advanced Streaming Format[52] ist prinzipiell eine Weiterentwicklung des AVI-Formats von Microsoft. Es ist gedacht als Verpackung für „echte" Videoformate, besonders das MPEG-4-Format. Die Idee ist, in der ASF-Verpackung eine beliebige Anzahl verschiedener Datenströme *(streams)* unterzubringen, die dann synchron zueinander oder hintereinander abgespielt werden. Microsoft hat es geschafft, ASF als Patent anzumelden[53], womit einzelnen Programmierern und kleinen Firmen, die sich eine Lizenz von Microsoft nicht leisten können, die vollständige

---

[50] Technisch spricht man vom sogenannten *codec*, was aber lediglich ein Neologismus aus *code* für Kodieren und *decode* für Dekodieren ist. Es gibt für eine Datenverkleinerung meist jeweils zwei solcher Codecs. Einen für die Videodaten und einen für die Klangdaten.

[51] http://www.jmcgowan.com/avi.html

[52] http://www.microsoft.com/windows/windowsmedia/

[53] http://www.advogato.org/article/101.html

Benutzung des Formates quasi verboten worden ist. Für die dauerhafte Speicherung bzw. den Aufbau einer umfangreichen Videodatenbank eignet es sich daher nur sehr bedingt, da Microsoft jederzeit die Unterstützung dieses Formats einstellen kann.

Trotz alledem ist ASF technisch gelungen und wird sich (dank der Integration in das Betriebssystem Windows) immer weiter durchsetzen. Falls Sie normale Videos anbieten wollen, empfiehlt es sich, mindestens die Formate RealVideo *und* ASF anzubieten.

8.11.5 QT/MOV — Apple QuickTime

QuickTime ist nicht nur ein Videoformat, sondern ein umfangreiches System verschiedener Dienste, die zum Beispiel als QuickTimeVR einen beliebigen Rundumblick bzw. eine vollständig drehbare Produktansicht bieten. Das Format wurde von Apple[54] entwickelt und ist auf allen Rechnern dieses Herstellers der Standard.

Umfangreiches System von Apple

Da für das Anzeigen von QuickTime-Dateien unter Windows derzeit eine umfangreiche Installation notwendig ist, sollten Sie genau überlegen, welche Zielgruppe Sie haben. Technisch versierte bzw. erfahrene Benutzer haben diese Installation meist schon längst durchgeführt, während viele Einsteiger gar nichts von dessen Existenz wissen. Falls Sie sich für QuickTime entscheiden, bieten Sie auf jeden Fall einen Verweis zur entsprechenden Installationsseite bei Apple an[55]. Dies gilt selbstverständlich auch für alle anderen Softwarepakete, die Ihre Besucher unbedingt benötigen.

Nicht so verbreitet

Apple hält zwar auch Patente an der QuickTime-Technologie, hat sich aber seit einiger Zeit dafür entschieden, möglichst vielen Entwicklern Zugang zu ihrer Technik zu geben[56]. Die Ausgangsbasis für QuickTime-Verwendung ist damit deutlich breiter als

---

[54] http://www.apple.com
[55] http://www.apple.com/quicktime/download/
[56] http://www.opensource.apple.com/

zum Beispiel bei ASF. Viele Programme können QuickTime-Dateien erstellen, so zum Beispiel der MainActor von Markus Moenig[57].

8.11.6 DivX

Szene-Format für Videokopien

DivX ist gerade dabei, die Filmindustrie in Angst und Schrecken zu versetzen. Das Format, ursprünglich ersonnen für einen Dienst, bei dem man Fernsehprogramme je nach Wunsch *(on demand)* online bestellen konnte, hat sich im Internet zum wichtigsten technischen Werkzeug entwickelt, um Kinofilme kostenfrei von Privat an Privat zu tauschen[58]. Die Datenmengen werden von diesem Format so gut verkleinert, dass mit schnellen Internet-Verbindungen nur noch einige Stunden für einen ganzen Film notwendig sind.

Nicht im WWW verwenden

Da derzeit immer Zusatzprogramme notwendig sind, um DivX-Dateien abzuspielen und die rechtliche Lage des Formats derzeit nicht ganz geklärt ist, verbietet sich dieses Format für die normale Benutzung im Internet.

8.12 ZIP

Alt und bewährt

Diese drei Buchstaben stehen für ein Format, das seit vielen Jahren die Entwicklung der Personal Computer begleitet. Entwickelt wurde es 1986 von Phillip W. Katz, dessen verwirrende Vita irgendwo zwischen der eines Computerexperten und der eines chronisch Suchtkranken liegt[59]. Seine Idee war es, Daten möglichst platzsparend zu speichern. Mitte der Achtziger Jahre war Speicherplatz noch viel wertvoller als heute, und seine

Archive

---

[57] http://www.mainconcept.com/
[58] http://www.divx-digest.com/
[59] http://www.computeraddicts.com/pkzip.htm

Lösung war revolutionär: PKZIP sammelte viele Dateien in einer einzigen (der Archiv-Datei) und nutzte eine Datenkompression, die vom MIT-Professor David Huffman[60] entwickelt worden war[61] und sehr gute Resultate lieferte.

PKZIP[62] verbreitete sich wie ein Lauffeuer und ist heute der fast konkurrenzlose Standard für die Komprimierung vieler Dateien in einem sogenannten Archiv. Diese Archivdateien können im Internet dann platzsparend angeboten werden; die Übertragungszeit wird drastisch reduziert. Microsoft hat eine direkte Unterstützung für das ZIP-Format mit dem Betriebssystem Windows ME eingeführt, womit das Format nochmals weiter verbreitet wurde und wird. Inzwischen hat ZIP alle früher verwendeten Formate (ARJ, ARC und wie sie alle hießen) verdrängt. Eine große Zahl von Programmen verarbeiten ZIP-Dateien, zum Beispiel WinZIP[63] und WinRAR[64].

Zeitersparnis

Im Internet sollten Sie ZIP-Dateien dann anwenden, wenn Sie dem erfahrenen Besucher mehrere Dateien (zum Beispiel ein ganzes Computerprogramm) liefern möchten, die er dann bei sich per Hand installiert und weiterverarbeitet. Bitte verwenden Sie ZIP-Dateien nicht für Dateien, die direkt zu Ihrem Internet-Auftritt gehören. Unerfahrene Benutzer wissen mit diesen Dateien sonst nichts anzufangen und landen in einer Sackgasse. Zum reinen Besuchen Ihres Auftritts sollten deshalb keine ZIP-Dateien nötig sein.

Bei mehreren Dateien

8.13 Sicherheit im Internet

Nun sind wir einige Zeit durch die Untiefen der unterschiedlichen Dateiformate gewandert, aber eine nicht unwichtige Kleinigkeit fehlt noch: Zwei grundlegende Sicherheitsmaßnahmen, die den

---

[60] `http://www.cse.ucsc.edu/personnel/faculty/huffman.html`
[61] `http://www.eee.bham.ac.uk/WoolleySI/All7/huff_1.htm`
[62] `http://www.pkware.com/`
[63] `http://www.winzip.com/`
[64] `http://www.rarsoft.com/`

Datentransfer von und zum Anbieter eines Auftritts sichern helfen und besonders im geschäftlichen Bereich einige Bedeutung erlangt haben.

8.13.1 Sessioning

Die Sitzung

Eigentlich ist im WWW jeder Seitenabruf eine Einzeltat. Für den Webserver ist jeder Abruf eine Amtshandlung, die jedoch mit den vorigen und den folgenden nichts zu tun hat. Für ihn ist das Prinzip der „Sitzung" *(session)* fremd. Unter einer Sitzung im Web versteht man den gesamten Aufenthalt eines Besuchers vom Eintreten in den Auftritt bis zum Verlassen. Man vergibt dazu jedem Besucher eine Art Besucherausweis, eine Identifikationsnummer. Anhand dieser Nummer kann jede Seite Ihres Auftritts erkennen, wo der Besucher vorher war, ob er bereits etwas eingekauft hat und so weiter. Das ist der Vorteil für den Betreiber.

Einbruch
wird
erschwert

Der Vorteil für den Besucher ist die Sicherheit, die damit entsteht. Niemand Fremdes kann nach dem Eintreten vorgeben, jemand anders zu sein, der gerade den Auftritt besucht. Die Identifikationsnummern (die so vergeben werden, dass sie nicht zu erraten sind) sind verschieden und verhindern einen solchen Schwindel. Es ist zum Beispiel nicht möglich, dass Person A in einem Auftritt sich mit einem Passwort identifiziert und Person B daraufhin ohne Kenntnis des Passwortes mit seiner Identität „fremd geht"[65].

Es gibt zwei Möglichkeiten, die Identifizierungsnummer von Besuchern zu speichern. Die eine funktioniert so, dass in der Adresszeile des Browsers und in allen Hyperlinks diese Nummer automatisch eingefügt wird. Diese Methode funktioniert garantiert unter allen Browsern. Aus bestimmten technischen Gründen verfällt eine Sitzung dabei automatisch, wenn sie eine bestimmte Zeit (meist 15 Minuten) nicht benutzt wurde. Die andere

---

[65] Dies hat jedoch nichts mit der Möglichkeit zu tun, dass Person A abgehört wird und mit *diesen* Daten seine Identität gestohlen werden kann.

Möglichkeit ist es, die bereits erwähnten Cookies zu verwenden, um die Nummer beim Benutzer auf seinem Rechner zu speichern. Dies kann Probleme bereiten, wenn Cookies vom Besucher nicht akzeptiert werden, ist aber im Allgemeinen unproblematisch, wenn nur ein einziger Cookie verwendet wird.

Die größtmögliche Sicherheit bietet Sessioning dann, wenn es mit der folgenden Technik kombiniert wird.

8.13.2 SSL — Secure Socket Layer

Diese Abkürzung steht für „Secure Socket Layer"[66] und stellt eine sehr gute Möglichkeit dar, Daten während des Transports durch das Internet vor dem Abgehörtwerden zu schützen[67]. Verbindungen über das SSL-Protokoll werden ausreichend sicher verschlüsselt, so dass sie nur mit sehr sehr hohem Aufwand von Dritten entschlüsselt werden können. Sie erkennen eine SSL-Verbindung daran, dass statt dem bei URLs[68] üblichen `http://` ein `https://` dort steht. Alle relevanten Webserver unterstützen diese Technik seit langem, und Nachteile existieren nicht (was wirklich selten im Internet ist).

Erhöht Datensicherheit drastisch

Im Internet sollte jede Eingabe von sensiblen Daten nur über geschützte Verbindungen erfolgen. Wenn Ihr Auftritt also zum Beispiel die Eingabe von Kreditkartendaten oder persönlichen Details erlaubt, sollte dies unbedingt über SSL-Verbindungen erfolgen. Zwar wird mit diesem kein allumfassender Schutz ermöglicht (der derzeit im Internet nicht praktikabel ist), aber die Daten sind vor den meisten primitiven Spionagemethoden sicher.

Für sensible Daten

---

[66] Ein Socket ist eine spezielle Datenstruktur (ursprünglich vom Betriebssystem Unix stammend), die im Rechner des Benutzers genau einer Verbindung im Internet entspricht. Der Layer, also die Schicht, spielt auf ein theoretisches Modell an, in dem ein Netzwerk in einzelne Ebenen („Unten" das tatsächliche Netzwerk, „oben" die Datenverarbeitung im jeweiligen Computer) zerfällt. Dort wird SSL als Verschlüsselungsschicht zwischengeschoben, um die Datensicherheit zu gewährleisten. Weiteres bei `http://www.uwsg.iu.edu/usail/network/nfs/network_layers.html`

[67] `http://developer.netscape.com/tech/security/basics/index.html` bietet eine ausführliche Erklärung.

[68] URLs hatten wir in Abschnitt 2.2.2 besprochen

Da SSL selber eine Art Session-Management betreibt, ist eine eigene Verwaltung der Benutzer-Sitzungen nicht so dringend geboten (aber auch nicht unsinnig, je nach verwendetem System).

8.14 Die Wahl des Betriebssystems

Kommen wir zu einem der schwierigsten Entscheidungen, wenn es um die Serverrechner Ihres Auftritts geht. Wenn Sie diese selber aufstellen möchten oder das sogenannte Housing (Unterstellen des Rechners bei einem Internet-Anbieter) benutzen, kommt früher oder später die Frage, welches Betriebssystem auf diesen Rechnern laufen soll. Es gibt, technisch gesehen, drei große Welten, die dabei eine Rolle spielen.

8.14.1 Windows

Das Betriebssystem Windows wurde Anfang der Achtziger Jahre von der damals bereits bekannten Firma Microsoft eingeführt. Der noch relativ unbekannte Chef dieser Firma, William Henry Gates der Dritte, heute besser bekannt als Bill Gates[69], hatte 1980 dem Hardwaremonopolisten IBM die Betriebsprogramme für IBMs revolutionäres Personal-Computer-Projekt versprochen. Ein Betriebssystem ist (wir hatten es schon ganz kurz angerissen) für einen Computer so etwas wie die Infrastruktur um eine Firma herum: Zwar gehört sie nicht wirklich zur Hauptsache, aber sie ist unbedingt notwendig. Mit einem Betriebssystem wurde und wird es Programmierern erst möglich, einen Computer vernünftig zu programmieren, da es ihnen sehr viel Arbeit abnimmt.

DOS war der Anfang

Da es bei diesem Projekt schnell gehen mußte, griff Gates auf einen Trick zurück, der auch zwanzig Jahre später immer noch Erfolge bringt: Er ging einkaufen. Tim Paterson, zu der Zeit

---

[69] `http://www.microsoft.com/billgates/`

angestellter Programmierer einer Firma aus Seattle, hatte bereits ein Betriebssystem geschrieben und erklärte sich bereit, die Rechte an seinem Werk namens QDOS (*Quick and Dirty Operating System*, was Technikerslang ist für: hingeschlamptes Betriebssystem) an Microsoft zu verkaufen[70]. Aus diesem technisch primitiven System, das Paterson in etwa vier Monaten fertiggestellt hatte, wurde der erste große Sieg von Microsoft: MS-DOS (*MicroSoft Disk Operating System*, also das Diskettenbetriebssystem von Microsoft[71]) verbreitete sich rasant (vor allem per Raubkopie) auf der ganzen Welt und bildete die Grundlage für den nächsten cleveren Schachzug: Microsoft Windows, anfangs ein Programm, mit dem sich MS-DOS einfacher bedienen ließ. Windows bot plötzlich Grafik, wo vorher nur Text war. Es gab realistisch aussehende Knöpfe, Regler und Fenster (eben *windows*) auf dem Bildschirm zu sehen.[72] Windows verbreitete sich in rasender Geschwindigkeit über die Welt und hat inzwischen auf privaten Computern eine monopolartige Stellung erlangt.

Windows war buntes DOS

Anfang der Neunziger spaltete sich Windows auf in zwei grundlegend verschiedene Systeme: Die alte Technologie wurde weiter gepflegt und lief bis 1995 unverändert weiter, während die sogenannte NT-Reihe (für: *New Technology*), die neu entwickelt worden war, das professionellere Gegenstück dazu darstellte. Dieser Unterschied ist wichtig im Internet, da man folgende Daumenregel ableiten kann:

Rechner, die mit der alten Windows-Technologie ausgestattet sind (Windows 3.0, 3.1, 95, 98, ME) sollten im Geschäftsbereich niemals ungeschützt (also ohne vorgeschaltete Firewall) an das Internet angeschlossen werden. Die alte Windows-Technologie ist zum Betreiben von Server-Pro-

---

[70] `http://www.patersontech.com/Dos/Micronews/paterson04_10_98.htm`
[71] Da Disketten zu dieser Zeit ein Novum waren, wurde dies auch im Namen erwähnt. Vorher benutzte man zur Speicherung umständliche Bandlaufwerke ähnlich einem Videorekorder.
[72] Diese sogenannte Benutzeroberfläche war dabei den frühen Rechnern von Apple abgeschaut, die wiederum von Entwicklungen im Forschungszentrum PARC, Palo Alto Research Center, der Firma Xerox stark beeinflusst worden waren.

grammen (WWW-Server etc.) wenig geeignet, da sie immer wieder große Sicherheitslücken aufweist und systembedingt keinen brauchbaren Datenschutz gewährleisten kann.

Einen Geschäfts-Server unter der alten Windows-Technologie laufen zu lassen ist in etwa so, wie mit dem Fahrrad auf der Autobahn zu fahren — es kann funktionieren, ist aber sehr gefährlich.

Heilige
Kriege

Nun muß ich allerdings dazu sagen, dass Microsoft und sein Produkt Windows einer sehr negativen Propaganda-Kampagne von Computerexperten unterliegen. Durch eine oft ausgesprochen einseitige Betrachtung unterstellt man grundsätzlich, dass Windows unfähig zu allem sei, unsicher und ständig Probleme bereiten würde. Obwohl nicht alle „Anklagepunkte" von der Hand zu weisen sind, muss ich jedoch dringend anmerken, dass alle anderen Betriebssysteme (auch Unix) unter ähnlichen Problemen leiden. Der Unterschied liegt darin, *wie* die Probleme behoben werden, und da hat Windows in der Tat einen Nachteil. In der Windows-Welt dauert es oft Wochen oder sogar Monate, bis drängende Probleme gelöst werden, während in der professionellen Unix-Welt Usus ist, Probleme möglichst noch am gleichen oder nächsten Tag zu flicken. Nun wird dabei aber auch vergessen, dass Benutzer des Betriebssystems Unix und seiner Ableger in den meisten Fällen gut ausgebildete Computerexperten sind, während das Gros der Windows-Benutzer ganz normale Anwender sind, die oft gar nicht wissen, was ein Betriebssystem ist. Man verfranst sich sehr schnell in diesen „heiligen Kriegen", die vor allem im Internet immer wieder aufflackern, sobald irgendeines der Betriebssysteme wieder mal einen „typischen" Fehler aufweist.

NT-Server
möglich

Der Einsatz von Windows NT (und auch Windows 2000, es steckt in etwa das gleiche dahinter) für Serverrechner und Arbeitsplatzrechner ist jedenfalls durchaus möglich und hat den Vorteil, dass viele Benutzer bereits mit dem System an sich vertraut sind. Es gibt geregelte, umfangreiche Ausbildung dafür[73],

---

[73] `http://www.microsoft.com/GERMANY/ms/training/angebote/`

und gut organisierte, professionelle Helfer, falls es ein Problem
gibt. Eine große Zahl an gewerblichen Software-Produkten ist für
Windows NT verfügbar, zum Beispiel Datenbanken verschieden-
ster Hersteller.

Schade ist, dass Microsoft tendenziell sehr viele Sicherheitsprobleme selber schafft, indem man dort möglichst viele neuarti-   **Sicherheits-**
ge (und oft nicht ausreichend getestete) Fähigkeiten der Pro-   **probleme**
gramme grundsätzlich bei Auslieferung aktiviert hat[74]. Die letzten großen Wellen von Internet-Viren („Würmer" genannt wegen ihrer eigenständigen Verbreitung), namentlich „Code Red"[75]
und „Nimda"[76] waren nur durch fehlerhafte Microsoft-Produkte
möglich.

Wichtig ist auf jeden Fall, dass Korrekturen am Betriebssystem, die Microsoft unter verschiedenen Namen herausgibt, vom
zuständigen Betreuer immer so schnell wie möglich eingespielt
werden.

8.14.2 Unix

Wenn ein Bestandteil der Computerindustrie mehr Aufmerksamkeit bei der Nutzerschaft des Internets verdienen würde, dann
wäre sicher das Betriebssystem Unix ganz vorne in der Aus-
wahl. Das Internet basiert größtenteils auf Rechnern, die damit   **Mutter aller**
laufen. Viele angeblich neue Konzepte moderner Betriebssyste-   **Betriebs-**
me (mehrere Programme gleichzeitig laufen lassen, mehrere Be-   **systeme**
nutzer gleichzeitig versorgen, mehrere Bildschirme gleichzeitig
betreiben) hatte Unix schon Jahrzehnte früher als zum Beispiel
Windows oder MacOS parat.

Dass Unix sich nur sehr zaghaft bei Privatanwendern verbreitet
hat, mag an mehrerem liegen. Es ist ausgesprochen verschroben   **Schwierig zu**
und in seinen meisten Formen kompliziert zu bedienen. Seine   **bedienen**

---

[74] `http://www.heise.de/ct/01/21/140/`
[75] `http://www.europe.f-secure.com/v-descs/bady.shtml`
[76] `http://www.europe.datafellows.com/v-descs/nimda.shtml`

Wurzeln liegen in der akademischen Welt der Computerwissenschaftler zu Beginn der Siebziger Jahre[77]. Unix wurde von Anfang an darauf getrimmt, mit möglichst vielen Benutzern gleichzeitig klar zu kommen. Dies zeigt sich auch darin, dass Unix ein sehr gutes Sicherheitssystem mitbringt.

Im Serverbereich ist Unix unter anderem deshalb sehr stark verbreitet und bildet die Grundlage für alle wichtigen Internet-Knotenpunkte. Wenn nicht unbedingt Windows für einen Server Voraussetzung ist, sollte zu Unix gegriffen werden. Es existieren derzeit sehr viele verschiedene Versionen dieses Betriebssystems, die bekannteste davon ist das von Linus Torvalds entwickelte Linux-System[78].

Da Unix-Rechner recht schwierig zu installieren und zu warten sind, sollten Sie jemand an der Hand haben, der sich damit auskennt und Ihnen eine komplette Lösung zusammenstellen kann.

8.14.3 MacOS

Dieses Betriebssystem wurde von der Firma Apple[79] für deren Nischenrechner entwickelt, die besonders im Designbereich eine große Verbreitung gefunden haben. Zu den Rechnern gehört eine eigene Subkultur von Benutzern, die dem System bis heute eine große Unterstützung sichern.

Ungewöhn-
lich

Zwar ist MacOS als Basis für Server bisher recht ungewöhnlich, aber seit Apple sich entschlossen hat, als „Unterlage" für MacOS ein Unix-System zu verwenden, kommt es als ernsthafte Konkurrenz zu den bisherigen Unix-Servern in Frage. Das neue Betriebssystem heißt MacOS X[80] (lies: Mac OS ten).

---

[77] `http://www.bell-labs.com/history/unix/`

[78] Ganz streng genommen ist Linux allerdings kein „echtes" Unix, sondern ein Nachbau. Dies ist aber für die Funktion nicht relevant.

[79] `http://www.apple.com`

[80] `http://www.apple.com/macosx/`

Wichtig zu wissen ist, dass Programme für Apple-Rechner nicht auf Windows-Rechnern laufen und umgekehrt. Viele Hersteller bieten aber zu ihren Windows-Programmen auch eine Mac-Version an (und umgekehrt).

8.15 WWW-Zuckerguß — Interaktive Werkzeuge

So etwas wie „Die Site: www.studentenwerk-bielefeld.de ist für diesen Browser nicht verfügbar" kommt mir oft entgegen. Auch Thomas Tuma schreibt sich bei Spiegel Online die Last von der Seele:

> »Dauernd werde ich gefragt: „Brauchen Sie den Real Player?" oder „Wollen Sie Shockwave installieren?" Ja, ich würde wollen, hieße es dann nicht oft: „Browser Alert" oder: „konnte nicht geladen werden".«[81]

Was hat es damit auf sich? Nun, es geht um Interaktivität. Was man darunter versteht? Eigentlich war das Wort Interaktivität Anfang der Neunziger (noch vor „Multimedia") *das* Schlagwort der Computerszene. Alle Programme sollten auf den Benutzer besonders reagieren, ihn umschwärmen und „verstehen". Das Netz blieb von derlei lange Zeit verschont, doch mit Einführung des Netscape Navigator 2 wurde JavaScript (damals noch Live-Script genannt) ein fester Bestandteil des Netzes.

8.15.1 JavaScript

Was ist JavaScript? Im Prinzip handelt es sich um eine sehr, sehr einfache Programmiersprache, die direkt in HTML-Dateien verpackt werden kann. Es werden vom Schreiber kaum tiefere

Einfache Programmiersprache

---

[81] http://www.spiegel.de/spiegel/0,1518,60835,00.html

Programmierkenntnisse verlangt, was natürlich ein Vorteil ist. Fast jeder kann sich aus fremden HTML-Seiten ein sogenanntes Skript herausschneiden und in seine eigene Datei einfügen. Damit können Browser auch nach dem Laden der Seite noch auf den Benutzer reagieren und Teile der Seite beliebig verändern[82].

Fehler häufig Schade ist, dass JavaScript nicht stabil ist, im Gegensatz zu HTML. HTML wurde so entwickelt, dass es auch im schlimmsten Falle noch „irgendwie" funktioniert. JavaScript dagegen funktioniert bei Fehlern einfach gar nicht mehr und verwirrt den Benutzer durch Meldungsfenster, die kryptische Fehlermeldungen enthalten.

Das wäre alles nicht so schlimm, wenn Fehler rar wären, aber durch die inflationäre Benutzung und Erstellung von Skripten durch Laien tauchen ständig irgendwelche Fehler auf. Dies wird verstärkt durch einen von Microsoft und Netscape bewusst akzeptierten Detailstreit. Sowohl der Internet Explorer als auch der Netscape Navigator können zwar prinzipiell das gleiche JavaScript ausführen, aber im Detail unterscheiden sich beide Versionen so, dass viele Skripte, die für einen Browser geschrieben wurden, im jeweils anderen gar nicht funktionieren. Zwar ist dieses Problem bei den neuesten Browserversionen inzwischen größtenteils beseitigt worden, geistert aber immer noch durch das Internet und verursacht Störungen.

Sicherheit Ganz nebenbei gab es auch noch sehr große Sicherheitslücken in den JavaScript-Unterprogrammen der Microsoft- und Netscape-Browser, so dass besonders die erfahrenen Benutzer JavaScript oft ganz oder teilweise ausgeschaltet haben.

Da inzwischen kaum noch eine „moderne" Seite im Internet ohne JavaScript auskommen mag, wird es für Dinge verwandt, für die viel bessere weil kompatiblere Lösungen zur Verfügung stehen. Es ist fast aussichtslos, die heutige Verwendung von JavaScript aufzuzählen, weil sie fast die gesamten Möglichkeiten der darunterliegenden Sprache HTML umfassen. Deshalb möchte ich

---

[82] `http://developer.netscape.com/viewsource/husted_js/husted_js.html`

die drei Zwecke nennen, zu denen Sie JavaScript *gut* brauchen können:

- **Kontrolle von Formularen.** Auf WWW-Seiten mit Formularen kann JavaScript gut zur Kontrolle von Daten während(!) der Eingabe verwendet werden. So kann JavaScript darauf achten, dass Eingaben nicht zu lang werden oder zum Beispiel einem gewünschten Format (z.Bsp. bei Datumseingabe) entsprechen. Dies entbindet jedoch *nicht* davon, die Eingaben auch *nach* dem Absenden des Forumlars zu überprüfen und gegebenenfalls zur Korrektur aufzufordern. Ausserdem ist darauf zu achten, dass ein sogenannter „Go"-Knopf am Ende des Formulars ist, der auch ohne eingeschaltetes JavaScript das Absenden des Formulars ermöglicht.

  Eingabe-korrektur

- **Öfnnen kleiner Popup-Fenster.** Da HTML zwar das Öffnen neuer Browser-Fenster zulässt, diese jedoch nicht an eine bestimmte Größe anpasst, hat sich JavaScript für den Rest angeboten. Sie können Fenster damit öffnen, so viele und so groß Sie wollen. Bitte beachten Sie aber, dass Benutzer ohne JavaScript auch Ihren Auftritt durchsuchen möchten. Popups kamen bereits in Abschnitt 6.5.2 vor.

  Popups öffnen

- **Verbinden von Java-Applets.** Mit JavaScript können Applets auch auf die „Außenwelt" ausserhalb Ihres Bereichs zugreifen (wir kommen gleich zu Applets). Dies kann eine sehr sinnvolle Verknüpfung von Elementen Ihrer Webseiten ergeben und ist im Einzelfall zu erwägen.

  Java mit HTML verbinden

Für diese Zwecke bietet JavaScript tatsächlich die einzige Lösung und ist zumindest für den ersten und dritten Fall auch vollkommen empfehlenswert. Die Kontrolle von Formularen ist für Benutzer ohne JavaScript „transparent", weil sie auch ohne gut klar kommen.

JavaScript ist *nicht* sinnvoll für normale Weiterleitung von WWW-Seiten auf eine andere Adresse (dazu bietet HTML das sogenannte META-Tag) und auch nicht für den Zusammenbau von

Nicht für Weiterleitung

WWW-Seiten beim Benutzer. Bei ersterem wie bei letzterem schließen Sie die über 10% der Benutzer komplett aus, die JavaScript nicht zur Verfügung haben bzw. es abgeschaltet haben. Bei letzterem zeigen die Webdesigner, daß sie zu faul waren, den Zusammenbau von Seiten auf dem tatsächlichen Server zu erledigen. Dies geht mit Hilfe von Sprachen wie Perl[83], PHP[84] etc. problemlos und für *alle* Benutzer.

8.15.2 Java

Geschichte

Die Geschichte von Java[85] datiert zurück ins Jahr 1990. Patrick Naughton, Entwickler bei der Computerfirma Sun Microsystems[86], stand kurz vor dem Wechsel zur Konkurrenzfirma NeXT. Er teilte dies seinem Chef Scott McNealy mit, der ihn aufforderte, seine Verbesserungswünsche doch aufzuschreiben „als sei er Gott". Naughtons Bestandsaufnahme seiner Abteilung war schonungslos — was hatte er auch zu verlieren? Das Schreiben eilte durch die ganze Firma und fand große Zustimmung. Am letzten Tag bei Sun wurde ihm eine Offerte geboten, die wohl kaum ein Softwareentwickler dieser Welt abgelehnt hätte: Du bekommst ein Team von Experten, und ihr macht einfach, was ihr wollt. Nur *cool* muß es sein.

Geräte
sollten
miteinander
sprechen

Nach der Gründung ging das Team sogleich in Klausur. Das Ziel war bereits gefunden: Bisher konnten prozessorgesteuerte Heimgeräte, also zum Beispiel Videorekorder, Fernseher oder Kaffeemaschinen, nicht miteinander kommunizieren. Die Software solcher Geräte war (und ist immer noch) kompliziert zu schreiben und verglichen mit dem heutigen Stand der Computertechnik steinzeitlich primitiv. Die Mitglieder des konspirativen Sun-Teams wollten all dies ändern und die Geräte kompatibel untereinander machen. Das interessante Konzept, das sich nach einiger Zeit aus diesem Wunsch ergab, nannte sich Oak. Es ent-

---

[83] `http://www.perl.com`
[84] `http://www.php.net`
[85] `http://java.sun.com/nav/whatis/storyofjava.html`
[86] `http://www.sun.com`

puppte sich schon nach kurzer Zeit als Ladenhüter: Vertrag über
Vertrag platzte aus diesem oder jenem Grund.

Dem Team, inzwischen zur Firma First Person umgewandelt,
kam ein glücklicher Umstand zu Hilfe: Der erste Webbrowser,
Mosaic, war entwickelt worden, und Chefentwickler Bill Joy hatte eine geniale Idee. Das bisherige Konzept Oak wurde eingedampft bis auf eine recht einfache Computersprache und ein System drumherum, das sich wie ein eigenständiger Computer im
Computer verhielt. Das System bekam flugs den Namen Java
und wurde kostenlos im noch jungen World Wide Web verteilt.

Computer im Computer

Wenn Sie die Beschreibung „Computer im Computer" nun etwas verwirrt hat, möchte ich Ihnen kurz erklären, worum es geht.
Ein Computer ist prinzipiell nur ein Apparat, der Berechnungen
durchführt. Dazu bekommt er Anweisungen, zusammengenommen ergibt dies ein Programm. In jedem Computer steckt nun
ein Prozessor, der ständig Anweisungen ausführt, die aus dem
Programm kommen. Leider gibt es aber sehr unterschiedliche
Prozessoren auf der Welt (obwohl die Firma Intel ein Quasi-
Monopol bei Prozessoren für Heimrechner aufgebaut hat), und
jeder spricht praktisch eine eigene Sprache. Um dieses Problem
zu lösen, greift man zu einem cleveren technischen Kunstgriff.
Man schreibt ein Programm in jeder Prozessorsprache, das Programme in einer Art Computer-Esperanto ausführt. Das klingt
banal, ist aber auf den zweiten Blick sehr verwirrend, weil es
einen Metacharakter hat. Es gibt bei der Ausführung eines Pro-
grammes dann plötzlich zwei Prozessoren. Der eine ist ein echter
Chip im Computer, der andere ist ein Programm für diesen echten Chip. Dieses Programm tut so, als sei es selber ein Chip!
Auf diesem Pseudo-Prozessor läuft dann noch ein Programm(!)
in Computer-Esperanto.

Ein digitales Esperanto

Falls Sie jetzt immer noch verwirrt oder sogar noch verwirrter
sind, kann ich Sie beruhigen. Der Teil der Informatik, der sich
mit solchen *virtuellen Maschinen* beschäftigt, ist auch für Stu-
dierende ein hartes Brot. Als Vereinfachung stellen Sie sich am
besten einen Künstler vor, der sich selber malt, wie er ein Bild
malt. Der Künstler ist quasi zweimal vorhanden. Einmal phy-

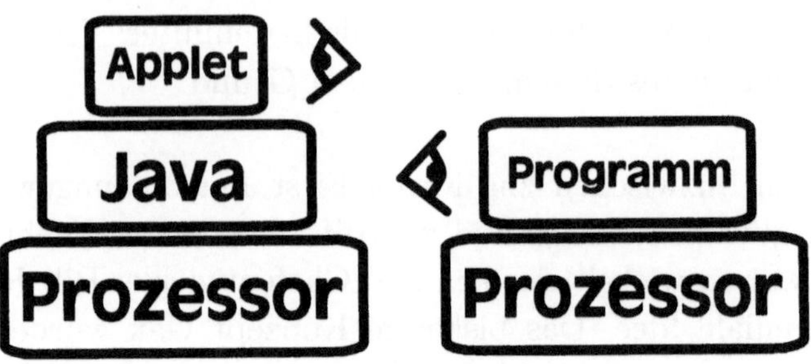

Abbildung 8.5. Links Java-Ausführung, rechts normales Programm

sisch, andererseits auch auf dem Bild. Der Grund, warum man solche Aufstände betreibt, um einen Quasi-Computer in einem bestehenden Computer zu simulieren, ist schlicht und ergreifend, weil es der einfachste Weg ist, Ihnen ein Computer-Esperanto beizubringen[87].

Applets laufen überall

Wie auch immer, ich möchte die Theorie nicht weiter vertiefen, weil es hinweg vom eigentlich Thema führt. Wichtig ist: Java hat sich als Computer-Esperanto etabliert. Programme, die „in Java" geschrieben wurden, laufen mit einigen Einschränkungen auf fast allen modernen Computern. Da sich Java als eigenständiges System nicht recht durchgesetzt hat[88], ist es heutzutage fast immer integriert in einen WWW-Browser (bzw. in einen WWW-Server bei großen Auftritten). Der Browser bietet die Infrastruktur für sogenannte Applets. Applets (vom Wort *application* für „Anwendung" stammend) sind eigenständige Java-Programme, die jedoch auf einen Webbrowser zum Funktionieren angewiesen sind. [89]

Ein wichtiger Aspekt im Java-Konzept ist das Sicherheitskonzept. Java-Applets laufen in einem sogenannten Sandkasten (kein Scherz, im Englischen heißt es entsprechend *sand box*.) Dort dürfen sie ihr Unwesen treiben, aber sie dürfen nicht aus die-

---

[87] Sogar Abenteuerspiele der ersten Stunde verwendeten ein (anderes) Esperanto. Siehe `http://www.csd.uwo.ca/Infocom/`

[88] Schon das erste Prestigeprojekt, eine Bürosoftware der Firma Corel, scheiterte an technischen Schwierigkeiten. Siehe `http://www.heise.de/newsticker/data/js-26.08.97-000/`

[89] `http://java.sun.com/applets/index.html`

sem heraus. So ist es ihnen prinzipiell verboten, Daten von/zur Festplatte von Benutzern zu transportieren, von einigen Einschränkungen abgesehen[90]. Viele andere Einschränkungen behindern Java-Applets im positiven Sonne. Applets sind damit einer der wenigen sehr sicheren Werkzeuge im Internet.

Da Java-Applets außerdem selbständige Programme sind, kann man mit ihnen so gut wie alle Anwendungen realisieren, die denkbar sind. Ein Nachteil ist, dass man für die Programmierung guter Applets sehr gut ausgebildete (und teure) Programmierer braucht. Vergleicht man diesen Nachteil aber mit den Ideen, die durch Applets realisiert werden können, ist Java durchaus eine gute Wahl zur Erweiterung von Internet-Auftritten. Für größere Auftritte hat Java inzwischen eine entscheidende Bedeutung gewonnen, da hier auf den Servern selber ein großes Java-System läuft, das den Auftritt unterstützt.

Applets können (fast) alles

8.15.3 Flash

Javascript und Java bieten bereits viele dynamische Fähigkeiten für Webseiten, aber sie sind entweder auf die Fähigkeiten von HTML angewiesen (Javascript) oder sehr kompliziert zu programmieren (Java). Die Firma Macromedia besetzte genau diese konzeptuelle Lücke mit ihrem Programm Flash[91]. Es ist besonders auf die Bedürfnisse von Designern zugeschnitten, erlaubt vielfältige optische Effekte, und Flash-Animationen erfordern nur wenig Übertragungskapazität, wenn man sie richtig einsetzt.

Einfach zu programmieren

Flash ist als kommerzielles Programm ein geschlossenes System, das nur von Macromedia selber erweitert wird. Es ist nicht standardisiert wie zum Beispiel die Websprache HTML und unterliegt deshalb ständigen Änderungen. Da dies jedoch alles eher

---

[90] Microsoft hat über diesen Hebel unter anderem versucht, Java als Standard zu verhindern `http://www.opensource.org/halloween/`. Inzwischen hat Microsoft die Angriffsmethode geändert, sie haben eine Java-Konkurrenz namens C-Sharp (C#) entwickelt.

[91] `http://www.macromedia.com/software/flash/`

akademische Probleme sind, möchte ich lieber auf ein viel größeres Problem zu sprechen kommen.

Designer dürfen damit viel

Designern wird bei der Benutzung von Flash kaum noch eine Begrenzung auferlegt. Sie dürfen eine bestimmte Größe des Flash-Bereichs festlegen, sie dürfen zeichnen und malen, wie sie wünschen. Sie erfinden neue, „innovative" Wege der Benutzerführung und entfernen sich damit massiv vom benutzerorientierten Prinzip des World Wide Web.

Keine gute Benutzerführung

Texte in Flash-Animationen fließen nicht, ihre Position ist für den Benutzer unveränderlich. Neue Elemente zur Benutzerführung sind keine gute Idee, da sie mit dem vom Benutzer gewohnten Aussehen meist nicht viel gemein haben — in der Arbeitswissenschaft spricht man von der sogenannten Erwartungskonformität. Ständig neue Bedienelemente (Knöpfe, Schieberegler etc.) benutzen zu müssen ist so, wie eine Treppe im Dunkeln herunterzulaufen, deren Stufengröße sich ständig ändert.

Sparsam anwenden

Das mag nun harsch klingen, aber leider verraten Designer mit Flash in der Hand oft alle Prinzipien, die zu einer guten Bedienbarkeit eines Internet-Auftritts sorgen. Auch Jacob Nielsen hat sich ausführlich damit beschäftigt und kommt zu dem Schluss, dass „derzeitiges Flash-Design Missbrauch fördert". Er schlägt deshalb vor, „dass Webdesigner, die sich für die Erhöhung der Bedienerfreundlichkeit interessieren [...], Flash nur sehr sparsam verwenden sollten."[92]

Wenn Designer die Verwendung von Flash vorschlagen, sollten Sie sehr genau überlegen, ob dies tatsächlich nötig ist. Phasenweise Animationen (der größte Anwendungsbereich von Flash) lassen sich mit dem Bildformat GIF ähnlich einfach und kompatibel zu den meisten Browsern realisieren. Falls es aber eine interaktive Animation sein soll, ist Flash in der Tat das richtige Werkzeug.

---

[92] aus `http://www.useit.com/alertbox/20001029.html`

Bitte widerstehen Sie der Versuchung, einen ganzen Auftritt nur
per Flash zu realisieren. Solche Seiten sind erfahrungsgemäß sehr
schlecht bedienbar, verwirren Besucher und haben oft nur die
Existenzgrundlage, dass die Designer nicht in echtes Webdesign
mit HTML und Konsorten einsteigen wollten und nur Flash
beherrschten. Beachten Sie auch, dass Suchmaschinen Flash-
Auftritte überhaupt nicht indizieren. Damit verbauen sich hy-
permoderne Seitengestalter die Möglichkeit, dass ihre Kreatio-
nen im Web einfach auffindbar sind.

*Keinen
kompletten
Flash-
Auftritt*

Grundsätzlich gilt, dass Flash-Animationen *nur* Dekoration, jedoch wenig textuelle Information und gar keine Navigation außerhalb der Animation selber enthalten sollten. So ist weitestgehend sichergestellt, dass auch Benutzer ohne Flash-Abspiel-
programm alle Informationen leicht betrachten können und Suchmaschinen (die ja textuell arbeiten) alle Informationen katalogisieren können.

8.15.4 VRML — Virtual Reality Modelling Language

Die Virtual Reality Modelling Language war als Standard für
3D-Anwendungen im Internet gedacht. Mitte der Neunziger erlebte VRML seinen Höhepunkt mit virtuelle Welten, Modellen
von Weltraummissionen und vielem mehr[93]. Dateien im VRML-
Format ließen sich einfach herunterladen und dann mit einem
der verschiedenen Anzeigeprogramme betrachten.

3D-Sprache

Leider hat VRML es nie in die großen Browser geschafft, und das
Interesse der kommerziellen Internet-Auftritte hielt sich in sehr
engen Grenzen. Inzwischen ist VRML auf dem Weg zu einem
neuen Standard namens X3D[94], der eine bessere Zukunft haben
soll.

---

[93] `http://www.web3d.org/about/historyofvrml.html`
[94] `http://www.web3d.org/technicalinfo/x3d/mrd09.htm`

8.16 Warum Sie keinen kunterbunten Zirkus brauchen

Wichtig ist mir hier, noch einmal die Gründe zusammenzufassen, weshalb Sie Ihren Auftritt nicht mit einem Jahrmarkt vertauschen sollten. Auch wenn dies schon anklang, möchte ich es hier nach Besprechung der Technik noch einmal als eine Art Waschzettel formulieren:

- **Erschrecken Sie Benutzer nicht!** Wenn Sie nicht gerade auf die MTV-Generation abzielen, lassen Sie besser die Finger von plötzlichen Geräuschen und flimmerndem Text und Bildern in Ihrem Auftritt. Normale Benutzer werden von solchen „Attraktionen" nur abgelenkt und finden sich schlechter zurecht.

- **Die Entwicklung von bunten, lärmenden, interaktiven, hyperdynamischen Inhalten auf Webseiten ist ein nicht zu vernachlässigender Kostenfaktor.** Er kann die Kosten des Webdesigns unnötig in die Höhe treiben und technische Probleme verursachen, die in vielen Fällen dazu führen, dass Benutzer einen Auftritt wenig oder gar nicht benutzen können.

- **Einstiegsseiten (im Englischen *splash page* genannt), die nur aus Animationen oder Logos bestehen, sind ausgesprochen lästig für Besucher, die nicht nur einmal, sondern öfters den Auftritt besuchen wollen.** Stellen Sie sich vor, sie müßten bei jedem Besuch im Supermarkt ein Werbevideo anschauen — würde Sie das nicht auch aufregen und vertreiben? Wenn Sie überhaupt eine solche Dekorationsseite benötigen, denken Sie immer(!) daran, einen Hyperlink zu setzen, der zur eigentlichen Hauptseite führt. So verärgern Sie niemand und erhalten die Durchsuchbarkeit per Suchmaschine. Halten Sie die Größe einer solchen Dekorationsseite möglichst klein, so dass sie möglichst nach wenigen Sekunden zur Verfügung steht.

Splash-Pages

8.17 WAP — Internet zum Mitnehmen

Als im Jahr 2000 der sogenannte WAP-Dienst (das steht für *wireless application protocol*, etwa: Protokoll für drahtlose Dienste) erstmals mit Mobiltelefonen benutzbar wurde, hoffte die gesamte Mobiltelefonbranche auf einen positiven Dammbruch. Wenn man ab jetzt mit dem Handy das Wetter abfragen, Nachrichten lesen und Partys finden konnte, müsste doch nun die schon lang erwartete Revoltion hereinbrechen, die das Internet letztendlich auf die kleinen mobilen Telefone bringen müßte.

Internet per Handy

Leider wurde der WAP-Dienst bei seiner Einführung mit mehreren Mankos mutwillig behindert:

- Die zu komplex geplante Technik wurde miserabel umgesetzt. Ein Handy braucht mit der derzeitigen Technik meist mehr als 20 Sekunden, um überhaupt eine Verbindung zu WAP aufzubauen. Jedes Handy stellt die sowieso schon sehr textlastigen Informationen per WAP anders dar, oft wird überhaupt nichts angezeigt. Die Verbindung zu WAP bricht oft genug grundlos zusammen. Technische Fortschritte der Handynetze selber werden nicht ausgenutzt.

Zu komplexe Technik

- Mobiltelefone sind darauf ausgerichtet, komfortabel die Wahl von Telefonnummern zu ermöglichen, für die Navigation und Eingabe von Informationsseiten sind sie deshalb aber denkbar schlecht geeignet. Die Texteingabe ist unangenehm und sehr zeitraubend (und Zeit ist bei WAP leider Geld).

Zu klein

- Der astronomische Preis von 20 Ct./Minute macht jeden Ausflug ins Internet mit dem Handy zum teuren (Nicht-)Vergnügen. Oft muss man über eine Mark nur dafür ausgeben, um eine einzige extrem kurze WAP-Seite zu lesen — Die Zeit fürs Lesen wird bei WAP mit zu den Gebühren gerechnet.

Zu teuer

*Keine
interessanten
Dienste*

- Bis heute weiß niemand so recht, welche Dienste man für diesen Preis (der ja für WAP *selber* anfällt, etwaige Benutzungsgebühren sind noch gar nicht eingerechnet) überhaupt publikumswirksam anbieten kann. Ganz davon abgesehen, dass nur recht wenige Handybesitzer überhaupt WAP nutzen können. Warum soll ich für mehrere Euro fitzelig kleine Buchstaben lesen, wenn ich nur mein Autoradio anschalten brauche, um Radio zu hören?

*Kein
Allheilmittel*

Ich bespreche WAP hier recht ausführlich, weil es oft als Allheilmittel oder als zwingender „nächster Schritt" des Internets bezeichnet wird. Obskure Namen wie der vom „ubiquitous computing" (allgegenwärtigen Computer) machen die Runde, aber oft handelt es sich dabei nur um unausgegorene Forschungsobjekte, alten Wein in neuen Schläuchen oder reine Marketingkampagnen. Ein gesundes Mißtrauen gegenüber hochtrabenden Prophezeiungen der allwissenden Analysten ist unbedingt angebracht. Wenn Ihnen jemand erzählen will, dass demnächst Millionen Menschen Hunderte von Euro für sein phantastisches Produkt ausgeben würden, sollten Sie dem nicht ungeprüft Glauben schenken. Gesunder Menschenverstand ist leider besonders in der jungen Informationstechnik-Branche oft Mangelware.

Im sonst gar nicht so pessimistischen Manager-Magazin[95] schreibt Anne Preissner folgerichtig vom „Weg in den Wahnsinn", ausgelöst von Analysten und Beratern — diese „suggerierten den Anlegern fantastische Geschäftspotenziale im mobilen Internet.", sodann die Telekommunikations-Manager „blauäugig auf tolle Technik und rasantes Marktwachstum" setzten. Und verloren.

„Information soll es per Telefon nicht umsonst geben." gibt also pflichtschuldig Stephan Richter, seines Zeichens Vizepräsident der Tomorrow Internet AG[96] im Newsticker des Heise-Verlags[97], einem der meistgelesenen Technologieticker, zum Besten[98]. Warum? „Das Internet hat sich zu einem Gratismedium

---

[95] Manager-Magazin 8/01, „Zu hoch gepokert"
[96] http://www.tomorrow-ag.de/
[97] http://www.heise.de/newsticker/
[98] http://www.heise.de/newsticker/data/jk-25.07.01-005/

entwickelt [...] Wir sehen sehr große Chancen im mobilen Internet." Das klingt herrlich, aber wie es funktionieren soll, wenn Internet-Einwahl von zu Hause 1,5 Cent/Minute kostet, mobile Internet-Einwahl aber astronomische 20 Cent/Minute oder manchmal 8 Cent/Minute kostet, bleibt völlig offen.

Man ist im Handybereich derzeit auf der Suche nach dem Stein der Weisen, mit dem man die große Schafherde der Handynutzer in Goldesel verwandeln kann, doch die Branche wimmelt von Quacksalbern und Phantasten. Bisher gibt es genau ein einziges Vorzeigeland, in dem mobile Datendienste per Handy florieren, und das ist Japan. Der Großkonzern DoCoMo[99] hat es dort geschafft, mit gut zu benutzenden Mobiltelefonen den Datendienst iMode[100] aus dem Boden zu stampfen, bei dem je nach Dienstart bezahlt wird. Es gibt allerdings einen großen Unterschied: In Japan ist man (unter anderem aufgrund der extrem kleinen Wohnungen in den Ballungsgebieten) sehr oft außer Haus unterwegs. Die Versorgung mit Computern ist deutlich geringer als etwa in Deutschland.

Japan und
iMode

Nun klingt das alles sehr vernichtend, aber ich möchte hinzufügen: Unbedingt sollte die technische Entwicklung hin zu mobilen Diensten weitergehen — in ihnen steckt ein großes Potential für die Zukunft. Wenn die technischen Mankos ausgemerzt sind und die Dienste zu akzeptablen Preisen (wenige Cent pro komplettem Informationsabruf) angeboten werden, wird sich solch ein System rasch verbreiten.

---

[99] `http://www.ntt.co.jp/index_e.html`
[100] `http://www.nttdocomo.co.jp/english/`

9. Entwicklung und Fertigstellung

Wir sind schon fast am Ende der Reise angekommen. Lassen Sie uns noch kurz einige rechtliche Fragestellungen durchgehen, bevor wir uns dem Start des Auftritts und dem Ausblick auf die Zukunft zuwenden.

9.1 Das Pflichtenheft

Zur Durchführung eines Webdesign-Projekts können Sie, wie schon erwähnt, eigene oder externe Fachkräfte beschäftigen. In jedem Fall sollte es dabei ein sogenanntes Pflichtenheft geben, in dem Sie bzw. ihre Arbeitsgruppe genau beschreiben, was der Internet-Auftritt können soll, in welchem Preisrahmen der Auftrag laufen soll (bei einer externen Agentur) und wie Ihre Rolle dabei sein soll. Definieren Sie genau, wie und wie oft Sie auf dem Laufenden gehalten werden möchten, aber übertreiben Sie die Kontrolle nicht. Das Pflichtenheft ist eine Art Vertrag mit Kostenvoranschlag, es sollte von beiden Seiten unterschrieben werden. Pochen Sie als Auftraggeber auf die dort angegebenen Fähigkeiten, immerhin handelt es sich üblicherweise um eine rechtsgültige Vereinbarung. Andersherum betrachtet: Fordern Sie von einer externen Agentur am Ende etwas, das nicht im Pflichtenheft stand, können Sie der Agentur keine Schuld zuweisen, denn diese hat sich eben an den vereinbarten Plan gehalten. Ich warne Sie ausdrücklich davor, ohne vertragliche Vereinbarung einen größeren Internet-Auftritt in Auftrag zu geben. Die Verlockung ist zwar groß (für beide Seiten), aber am Ende liegen sich oft Auftraggeber und Agentur in den Haaren, weil nie richtig geklärt wurde, was eigentlich wie funktionieren soll — und dann ist guter (rechtlicher) Rat teuer.

9.2 Prototyping

Teile des
Auftritts
testen lassen

Während der Entwicklung Ihres Auftritts sollten Sie immer wieder Teilbereiche des Auftritts zur Begutachtung anschauen und, wenn möglich, durch eine Gruppe von Versuchspersonen testen. Der Auftritt muss noch nicht komplett funktionieren (logisch), aber Einzelteile davon sollten bereits betriebsbereit sein. In der Arbeitstheorie nennt man dieses Vorgehen *Prototyping*, in der Softwarebranche oft auch *Betatesting*[1]. Melden Sie Probleme oder Abweichungen vom Pflichtenheft sofort, damit Fehler korrigiert werden können. Niemand ist geholfen, wenn Sie zu allem „Ja und Amen" sagen, aber am Ende überall Fehler finden. Falls Sie selber nicht kompetent sein sollten, beauftragen Sie am besten einen technisch kompetenten Mitarbeiter, der die Entwicklung überwacht. (Dieser sollte natürlich weisungsbefugt und auch entsprechend instruiert worden sein.) Bitte machen Sie nicht den Fehler, die Personen den Auftritt testen zu lassen, die ihn entwickelt haben. Das führt zu schlechten Ergebnissen, weil diese den Auftritt eben aus der Westentasche kennen. Sie haben ihn oft schon hunderte Male während der vorherigen Tests ausprobiert. Sie brauchen sozusagen „unverbrauchte" Testpersonen, zum Beispiel aus anderen Abteilungen. Die gefundenen Fehler nach einer Testsitzung werden korrigiert und die Korrektur in einer erneuten Sitzung überprüft. Das kann mehrfach so gehen, man spricht von *iterativem Prototyping*. Erfahrungsgemäß ist die Fehlerrate nach drei bis vier Testphasen aller Bereiche gering genug für die Endabnahme.

Immer
„frische"
Versuchs-
personen
nehmen

Da sich die Entwicklung eines Auftritts über Monate hinziehen kann, ändern sich vielfach die Anforderungen. Ein neues Pro-

---

[1] Im Alpha-Stadium, das davor kommt, werden noch keine externen Tester einbezogen.

dukt ist da, ein neuer Unternehmenszweig oder ein neues Firmenlogo. Wenn Sie grundlegende Änderungen des Pflichtenhefts benötigen, klären Sie auch dies mit einer externen Agentur genau ab. Schreiben Sie einen Änderungsantrag *(change request)*, den wieder beide Seiten unterschreiben, so dass erneut rechtliche Sicherheit besteht. In diesem Antrag steht auch, ob sich Übergabedatum, Kostenaufwand usw. durch die Änderung signifikant verändern. Sollte sich der Auftrag grundlegend gewandelt haben, wird oft ein völlig neues Pflichtenheft benötigt.

Änderungs-
anträge

Wenn Sie die vielen guten Ratschläge, die Sie mit Sicherheit bei der Planung Ihres Auftritts bekommen, umgesetzt haben, sollten Sie damit trotzdem nicht sofort ans Netz gehen, sondern erst einmal unter kontrollierten Bedingungen ausprobieren, ob der Auftritt wirklich das hält, was er verspricht. Testen Sie ihn nicht mit den „empfohlenen" Rechnern, sondern mit so vielen verschiedenen Internet-Browsern und Computertypen, wie Sie zur Verfügung haben. Die Darstellung sollte auf allen davon so sein, dass der Auftritt benutzbar ist, auch mit ausgeschalteten interaktiven Elementen (JavaScript, Flash usw.). Das ganze ist ein wenig vergleichbar mit den Tests, die Autohersteller mit Anzügen veranstalten, die einen Tester so weit körperlich belasten, wie es auch ein älterer Autofahrer erlebt. Da fällt dann sehr schnell auf, dass zum Beispiel Anzeigen zu klein, Knöpfe unerreichbar und andere Einbauten kaum benutzbar sind. Spätestens vor der Endabnahme sollten Sie schon Tests mit Personen aus der Zielgruppe durchgeführt haben, wenn das für Sie machbar ist.

Gang ins
Netz nicht
übereilen

Härtetest

Wenn Ihr Auftritt aufgrund hoher Anforderungen an die Erreichbarkeit mit einem Ersatzserver ausgerüstet ist, testen Sie unbedingt auch, ob dieser im Betrieb tatsächlich den Ausfall des eigentlichen Serverrechners ohne weiteres verkraftet. Dies bietet sich natürlich vor allem dann an, wenn Sie diese Geräte bei sich stehen haben. Ein Internet-Anbieter wird ihnen sehr wahrscheinlich keine Möglichkeit geben, dies zu testen.

9.3 Endabnahme

Vertragsziel
erreicht?

Ist die Arbeit fertiggestellt, sollten Sie gemeinsam entscheiden, ob das Vertragsziel (das im Pflichtenheft umschrieben ist) erreicht wurde und dies ausreichend dokumentieren. Besonders für externe Agenturen ist dies wichtig, aber diese werden Sie sehr wahrscheinlich schon selber darauf hinweisen. Etwas wichtiges, das gerne vergessen wird: Lassen Sie sich unbedingt einen Datenträger mit einer Kopie des vollständigen Auftritts aushändigen. Ich weiß, dass das jetzt etwas sonderbar klingen mag — was sollen Sie schon damit? Aber spätestens, wenn die bisherige Internet-Agentur insolvent, der den Auftritt betreuende Mitarbeiter verschwunden ist oder der Internet-Anbieter wegen technischer Störungen Datenverluste hat, stehen Sie im Regen. Achten Sie darauf, dass bei einem sich beständig verändernden Auftritt auch beständig Sicherungskopien gemacht werden. Eigentlich ist das eine Binsenweisheit für Computerleute, und man sollte erwarten, dass sie immer befolgt wird, aber dem ist nicht so. Achten Sie neben den Sicherungskopien auch auf eine ausreichende Dokumentation des Auftritts, so dass ein technisch versierter Mensch ihn bei Ausfall des bisherigen Betreuers ohne große Probleme übernehmen kann. Das sichert Sie auch gegen renitente Webdesigner ab, die sich durch Nichtdokumentation ihren Arbeitsplatz sichern wollen.

Sicherungs-
kopie
verlangen

Pflege
notwendig

Bitte bedenken Sie, dass die Endabnahme zwar vom Vertraglichen her ein wichtiger Schritt ist, aber ein Internet-Auftritt, wenn er nicht ausgesprochen einfach gestaltet ist, weiterhin Wartung und Pflege benötigt. Hier schlummern nochmals Kosten, die Sie von Anfang an einrechnen sollten. Der Aufwand ist natürlich je nach Auftritt sehr unterschiedlich, aber wenn dabei mehrere Stunden pro Monat oder gar pro Woche notwendig sind, kommen Sie schnell auf einige hundert oder gar tausende Euro pro Monat. Klären Sie mit einer externen Internet-Agentur unbedingt ab, wie sie es mit der Wartung hält und welche Preise anfallen.

Einen weit verbreiteten Kardinalfehler sollten Sie unbedingt vermeiden: Es ist inzwischen Usus bei vielen Internet-Agenturen, bei der Endabnahme direkt neben dem Auftraggeber zu sitzen und ihm den Auftritt „zu erklären". Sie erkennen so etwas an Formulierungen wie „Das haben wir uns so-und-so gedacht.". Bitte nehmen Sie den finalen Test *selber* ab, ohne Einflüsterungen. Die Besucher Ihres Auftritts haben auch niemand, der ihnen den Auftritt „erklärt". Sie sind auf sich allein gestellt, und Ziel des Konzepts ist ja gerade, genau das zu unterstützen. Wenn Sie bei der Endabnahme größere Probleme mit dem Auftritt haben, können Sie fast sicher sein, dass die Benutzer genau diese (und noch mehr) Probleme auch haben werden. Sollte dem so sein, ist es dringend notwendig, Verbesserungen durchzuführen, auch wenn es (finanziell) weh tut.

Einflüsterungen vermeiden

Testen Sie den ganzen Auftritt also unter den Bedingungen, die sie auch im Internet erwarten, und zwar am besten doppelt so stark. Falls Ihr Auftritt Datenbanken und Formulare enthält, unterziehen Sie diese einem Sicherheitstest: *Keine* Eingabe darf zu Schäden oder Datenspionage missbrauchbar sein. Sie brauchen dafür eventuell einige spezielle Programme, die so tun, als würde ein Benutzer den Auftritt mit zuviel Daten füttern. Diese sind sehr einfach zu programmieren, lassen Sie sich keine Unsummen aus der Tasche ziehen. Bevor Sie Ihren Auftritt auf das Internet loslassen, sollten Sie experimentell nachgewiesen haben, ab welcher Zahl gleichzeitiger Benutzer der Auftritt seinen Geist aufgibt. Diesen Extremwert sollten Sie später auf jeden Fall vermeiden und frühzeitig bei Wachstum der Nutzerzahl mehr Kapazität aufbauen. Besonders hier ist es wichtig, dass die verwendeten Server einfach erweiterbar (man nennt das „skalierbar") sind.

Sicherheitstest

9.4 Eröffnen Ihres Auftritts

Wenn Ihr Auftritt endgültig schlüsselfertig ist, sollten Sie ihn auf einen Schlag für das Internet sichtbar machen. Das erfordert natürlich, dass er vorher auf dem Server richtig positioniert wurde und alle Funktionen nochmals getestet wurden. Bei der

Auf einen Schlag

Eröffnung, dem sogenannten „Launch" (bzw. der Eröffnung eines überarbeiteten Auftritts, eines „Relaunchs") sollten selbstverständlich auch alle beteiligten Personen zur Verfügung stehen, falls sich irgendwelche Probleme zeigen.

Werbung

Nun ist die Arbeit aber noch nicht erledigt — Ihre Besucher in spe müssen natürlich erfahren, dass Ihr Auftritt überhaupt im Netz existiert. Vergessen Sie also nicht, gleichzeitig Werbung zu schalten. Dies betrifft die Medien, die Ihre Zielgruppe auch benutzt. Werbung auf anderen Seiten im Internet ist dann zu empfehlen, wenn Ihre potenziellen Besucher dort auch vorbei schauen. Sowohl fast alle Suchmaschinen (Google[2], Yahoo[3] etc.) als auch Dienstleister wie DoubleClick[4] bieten gegen Bezahlung entsprechende Vermittlung von Werbung an. Diese besteht meistens aus einem sogenannten Werbebanner (einer Grafik, die meist etwa 14 * 2 Zentimeter groß ist[5] und oben auf den werbenden Seiten angezeigt wird), das Sie selbst gestalten können.

Für regionale Dienstleistungen und Firmen lohnt sich auf jeden Fall eine Werbekampagne in den lokalen Zeitungen, eventuell sogar eine Plakatkampagne. Je nach Budget sollten Sie auch Fernsehwerbung in Erwägung ziehen. Auf jeden Fall jedoch sollten Sie (falls Sie nicht nur im Internet Kundschaft haben) Briefköpfe, Werbegeschenke und Visitenkarten mit Ihrer Internet-Adresse versehen, damit Ihre Stammkundschaft Sie auch im Netz erreichen kann.

9.5 Die ersten Tage und Wochen

Normaler Ablauf stellt sich ein

Wenn die Eröffnung Ihres Auftritts eine Weile zurück liegt, wird Ihnen auffallen, dass sich eine gewisse Normalität einstellt. Die Aufregung und die Erwartungen der ersten Tage ha-

---

[2] `http://www.google.de/`
[3] `http://www.yahoo.de`
[4] `http://www.doubleclick.net`
[5] s. `http://www.iab.net/iab_banner_standards/bannersizes.html`

ben sich gelegt, wahrscheinlich haben Sie deutlich weniger Besucher „bekommen", als Sie das erwartet haben. Seien Sie nicht frustriert, ein Internet-Auftritt spricht sich langsam aber sicher herum, wenn er eine Eigenschaft hat: Er ist lebendig. Die Nutzer schätzen besonders Auftritte, die sich ändern. Das mag jetzt selbstverständlich klingen, aber ein Großteil der bisherigen kommerziellen Internet-Auftritte (abgesehen von den „ganz Großen") liegt schwer im Internet wie Blei. Sie wurden einmal gestartet, aber danach tut sich gar nichts mehr. Das wirkt für Besucher so wie in einem Museum mit einigen Informationstafeln: Einmal dagewesen, alles gelesen, abgehakt. So wie Sie auch nicht gelangweilt werden wollen, so wollen Besucher unterhalten werden.

Sorgen Sie also dafür, dass möglichst jeden Tag, aber zumindest jede Woche irgend etwas neues Ihren Auftritt ziert, das Aufmerksamkeit weckt. Ich meine hier natürlich nicht nur irgendeine Animation oder einen aufgebauschten „Aufmacher", sondern echten Content. Überlegen Sie, was Ihre Besucher interessieren könnte, zum Beispiel neue Produkte (mit ausführlicher Produktbeschreibung) oder neue Software-Versionen. Ständige Veränderungen brauchen Sie natürlich nicht so oft, wenn Sie eine feste Zielgruppe haben, die bestimmte Angebote nutzen. Ein Auftritt, der Telefonnummern oder Postleitzahlen heraussucht, sollte nun einmal genau das tun, nicht mehr und nicht weniger. Sie sollten also darüber nachdenken, welchen Aufwand Sie für Ihre Zielgruppe(n) betreiben sollten.

Updates

9.6 Suchmaschinen

Die meistgenutzten Anbieter im World Wide Web sind Suchmaschinen[6] und Portalseiten. Aber was sind eigentlich Suchmaschinen? Der Name „Suchmaschine" ist ein Anglizismus, entstanden aus dem englischen *search engine*, mit dem man die Technik beschreibt, die die Suche nach Stichworten durchführt — Eigentlich

Automatische Recherche

---

[6] Unter `http://www.suchmaschinen.de` gibt es ein umfangreiches Verzeichnis.

wäre ein Name wie „Suchfunktion" oder „Auskunft" viel besser. Die Suchmaschinen haben deshalb einen so großen Erfolg, da das World Wide Web in seiner Struktur dem Internet ähnelt — es ist chaotisch und zerrissen in hunderttausende Serverrechner. Je größer das Angebot wurde, desto unmöglicher war das Unterfangen, alles per Hand zu katalogisieren. Stellen Sie sich das vor wie einen einzigen Bibliothekar, der eine Millionen Bände starke Bibliothek katalogisieren soll, deren Inhalt sich dauernd verändert. Entweder wird er jahrelang brauchen und ein komplettes (aber unaktuelles) Verzeichnis erstellen. Oder er wird hastig alles zusammenraffen, was um ihn herumsteht, Querverweise verfolgen und daraus etwas halbwegs aktuelles stricken. Suchmaschinen bestehen nun aus vielen Rechnern (teilweise über tausend!), die beständig und automatisch das gesamte verfügbare World Wide Web abklappern (Im englischen nennt man dies *crawler*, etwa: Krabbler) und gleichzeitig auch wie bei der Lektüre eines wissenschaftlichen Buches die Querverweise verfolgen, im Internet sind dies natürlich die Hyperlinks.

Spätestens nach ein paar Wochen haben die wichtigsten Suchmaschinen im Internet Ihren Internet-Auftritt in ihre Datenbanken aufgenommen, sie werden also bei Suchanfragen gefunden und erhalten damit eine gewisse „Laufkundschaft", unter denen sich auch eine Menge Irrläufer befinden, die nur durch ein zufälliges Stichwort auf Ihre Seiten gekommen sind. Die Suchmaschinen sind inzwischen so weit entwickelt, dass sie auch komplette Kopien Ihres sichtbaren Auftritts im Internet (also ohne direkte Kopien von Ihren Datenbanken) erstellen, sogenannte Spiegelungen *(mirrors)*. Obwohl man prinzipiell dafür sorgen kann, dass Informationen im Internet *nicht* in Suchmaschinen aufgenommen werden, möchte ich Ihnen diese Hoffnung trotzdem nehmen. Aus meinen Jahren im Internet kann ich Ihnen den Rat geben: Was Sie ins Internet an Informationen stellen, ist letztlich für jeden zu sehen und zu finden, wenn es interessant ist. Egal welche Methode des Versteckens Sie wählen, die Suchmaschinen werden Sie finden.

Obwohl es selbstverständlich sein sollte, Ihren neuen Auftritt auch manuell in die großen Suchmaschinen einzutragen, sollten

Sie sich keine großen Hoffnung damit machen. Suchmaschinen werden von Dutzenden Computerprogrammen (die zu horrenden Kosten verkauft werden) mit solchen Eintragungen bombardiert, so dass vieles einfach ungesehen in den „Papierkorb" wandert. Yahoo ist inzwischen sogar dazu übergegangen, kommerzielle Seiten nur noch nach Zahlung einiger hundert Dollar in ihr Web-Verzeichnis zu integrieren.

9.7 Sinnvolle Wartung

Nach der Öffnung Ihres Auftritts ist der größte Kraftakt im Normalfall geschafft. Je nach Art des Angebots verlagert sich die Arbeit nun auf alles, was „hinter" dem Auftritt liegt. Onlinebestellungen wollen abgewickelt werden, Kunden haben Fragen und Probleme mit den von Ihnen entwickelten Funktionen Ihres Angebots.

Bereits jetzt ist es wichtig, alle Hyperlinks regelmäßig zu kontrollieren. Es kann nämlich immer passieren, dass ein anderer Auftritt im WWW seine Adressen ändert oder anderweitig Seiten gelöscht oder umbenannt werden. Bei kleineren Auftritten reichen zum Überprüfen ein sogenannter Link-Validator[7], der die Hyperlinks in einer HTML-Datei systematisch auf ihre Funktion überprüft.

Verweise prüfen

Sorgen Sie auch dafür, dass Themen, die Sie in ihrem Auftritt präsentieren, aktuell gehalten werden. Ein Artikel über einen Sachverhalt, der sich längst verändert hat, ist alles andere als vorzeigbar. Gehen Sie deshalb von Zeit zu Zeit den Inhalt des Auftritts durch und prüfen Sie, ob er noch aktuell ist oder in ein Archiv wandern sollte.

Neue Inhalte sollten Sie sichtbar einhängen, damit auch Besucher, die zum zweiten Mal vorbei schauen, diese sofort als „neu"

---

[7] zum Beispiel mein Programm LiVe, das es unter `http://www.flavour-technologies.de/LiVe/` kostenlos gibt.

erkennen können. Oft verwendet man im Internet dazu ein kleines Bildchen, das an die entsprechende Überschrift angehängt wird und auf die Aktualität hinweist.

9.8 Das erste Jahr

Über das erste Jahr hin entwickeln sich mehrere Arten von Gewohnheiten. Zuerst einmal werden sich die Nutzerzahlen nach einiger Zeit der Steigung (wenn Ihr Auftritt funktioniert) auf einem gewissen Niveau einpendeln. Sie merken an Analysen des Nutzerverhaltens auch, welche Elemente Ihres Auftritts oft frequentiert werden, und welche wohl eher überflüssig sind. Schauen Sie sich deshalb unbedingt die aufbereiteten Logdateien (in denen die Zugriffe auf Ihren Auftritt stehen) an.

Ebenso sollten Sie ein Auge darauf werfen, wie die Wartung bisher verlaufen ist. Funktionierte sie gut? War der Auftritt immer auf dem neuesten Stand? Oder war erkennbar, dass sich niemand so recht für die Wartung interessierte? Falls eine WWW-Agentur beteiligt war, ziehen Sie ein Resumée der bisherigen Zusammenarbeit. Hat die Kommunikation gut geklappt?

Vielleicht stellen Sie fest, dass einige Ideen, die Sie sehr wichtig für den Auftritt fanden, von den Benutzern nicht angenommen wurden. Seien Sie darüber nicht frustriert, das kann immer einmal passieren und ist kein Zeichen für eine Fehlplanung. Nur wenn die Nutzerzahlen ganz massiv von den Prognosen abweichen, sollten Sie darüber nachdenken, ob nicht vielleicht das ganze Konzept des Auftritts uninteressant für das Internet ist. Nach einem totalen Fehlschlag sollten Sie erwägen, die Seiten komplett neu zu überdenken. Es ist besser, einen harten Schnitt zu vollziehen, als einen Auftritt durch langwierige Bastelei zum schwächelnden Patienten zu machen, der gesundgepflegt werden soll.

9.9 Resumée

Wir sind nun endgültig am Ende der Reise angelangt. Bevor Sie aussteigen und dieses Buch zuklappen, möchte ich Sie noch zu einem kleinen Resumée einladen.

Am Ende der Entwicklung Ihres Auftritts sollten Sie darüber nachdenken, was Sie gut fanden, und was beim nächsten Mal verbessert werden sollte. Hat das Zusammenspiel aller Beteiligten funktioniert? Wie waren die Rückmeldungen der Besucher? Hat die Technik ordentlich ihren Dienst versehen?

Oft kommt man in der Hetze der Entwicklung gar nicht dazu, noch einmal inne zu halten und über den Prozess zu reflektieren. Nach der „heißen Phase" der Umsetzung und der Eröffnung sollten Sie den ganzen Ablauf noch einmal Revue passieren lassen.

War das Konzept richtig? Haben Sie die richtige Zielgruppe angesprochen? Konnten Sie Ihre Ideen verwirklichen?

Die Antworten auf diese Fragen können wertvolle Hinweise für das nächste Projekt enthalten und können helfen, Fehler nicht zu wiederholen.

Auch ich habe mir immer wieder die Frage gestellt, ob dieses Buch tatsächlich die Zielgruppe, nämlich Sie, trifft. Vielleicht war es zu technisch und speziell? Oder zu untechnisch und oberflächlich? Es ist wohl fast unmöglich, es jedem Recht zu machen, aber nichtsdestotrotz versucht man es als Autor doch immer wieder.

Ich hoffe, dass ich Ihnen das Internet in seinen vielen bunten Facetten nahe bringen konnte, die seit je her die Magie dieses Mediums ausmachen. Viel von dem Pioniergeist, der es einst erschaffen hat, lebt noch heute weiter. Es sind nicht die Mengen an Computern und technischen Protokollen, die Formate und Browser und was noch alles dazu gehört.

Das wichtigste Ziel des Netzes war und ist es, Menschen mit
anderen Menschen in Verbindung zu bringen. Dabei wünsche
ich Ihnen viel Erfolg.

Thorsten Stocksmeier

im Februar 2002

Literaturverzeichnis

1. Amor, D. (2000) Die E-Business (R)evolution. Das umfassende Executive-Briefing. Galileo Press, Bonn

2. Bragg, M. (2000) Auf leisen Sohlen zum Erfolg — Der diskrete Charme der Einflußnahme. Klett-Cotta, Stuttgart

3. Hafner, K. / Lyon M. (1997) ARPA Kadabra — Die Geschichte des INTERNET. d.punkt, Heidelberg

4. Henkel, H.-O. (2000) Die Macht der Freiheit, Econ Verlag, München

5. Jourdain, R. (2001) Das wohltemperierte Gehirn, Spektrum Verlag, Heidelberg

6. Hacker, W. (1997) Allgemeine Arbeitspsychologie. Psychische Regulation von Arbeitstätigkeiten., H. Huber, Göttingen

7. Lange, W. (1998) Kleine Ergonomische Datensammlung, TÜV Rheinland, Köln

8. Lauster, P. (2001) Menschenkenntnis — Körpersprache, Mimik und Verhalten. Econ, München

9. Lessard, B. / Baldwin S. (2000) netslaves — True Tales of Working the Web, McGraw-Hill, New York

10. Levy, S. (1994) Hackers — Heroes of the computer revolution. Delta, New York

11. Negroponte, N. (1995) Being digital. Hodder&Stoughton, London

12. Rosen, Jeffrey (2000) The unwanted gaze — The destruction of Privacy in America. Random House, New York

13. Schneider, K. (Hrsg.) (2000) Werbung. M&S Verlag, Waiblingen

14. Seife, C. (2000) Zwilling der Unendlichkeit — Eine Biographie der Zahl Null. Berlin Verlag, Berlin

15. Singh, S. (2000) Fermats letzter Satz — Die abenteuerliche Geschichte eines mathematischen Rätsels. DTV, München

Index